中学生数学思维方法丛书

9 图表转换

冯跃峰 著

中国科学技术大学出版社

内 容 简 介

本书介绍数学思维方法的一种形式：图表转换．书中讨论了图表转换的目的、相关形式及其方法与技巧，其中一些内容是本书首次提出的．例如，直观模拟、关系表辅助解题、度分析、边分析、圈链分析等，这些都是作者潜心研究的成果，也是本书的特点之一．书中选用了一些数学原创题，这些问题难度适中而又生动有趣，有些问题还是第一次公开发表，这是本书的另一特点．此外，书中对问题求解过程的剖析，能给读者以思维方法的启迪；对每一个问题，并不是直接给出解答，而是详细分析如何发现其解法，这是本书的又一特点．

本书首次对"图表转换"进行比较完整而深入的研究，旨在对解题者在探索解题方法方面有所帮助．

图书在版编目(CIP)数据

图表转换/冯跃峰著．—合肥：中国科学技术大学出版社，2016.1(2024.9重印)
(中学生数学思维方法丛书)
ISBN 978-7-312-03902-7

Ⅰ.图… Ⅱ.冯… Ⅲ.中学数学课—教学参考资料 Ⅳ.G634.603

中国版本图书馆 CIP 数据核字(2015)第 311441 号

出版	中国科学技术大学出版社
	安徽省合肥市金寨路 96 号，230026
	http://press.ustc.edu.cn
	https://zgkxjsdxcbs.tmall.com
印刷	安徽国文彩印有限公司
发行	中国科学技术大学出版社
开本	880 mm×1230 mm 1/32
印张	9.5
字数	247 千
版次	2016 年 1 月第 1 版
印次	2024 年 9 月第 4 次印刷
定价	28.00 元

序

问题是数学的心脏,学数学离不开解题.我国著名数学家华罗庚教授曾说过:如果你读一本数学书,却不做书中的习题,那就犹如入宝山而空手归.因此,如何解题,也就成为了一个千古话题.

国外曾流传着这样一则有趣的故事,说的是当时数学在欧几里得的推动下,逐渐成为人们生活中的一个时髦话题(这与当今社会截然相反),以至于托勒密一世也想赶这一时髦,学点数学.虽然托勒密一世见多识广,但在学数学上却很吃力.一天,他向欧几里得请教数学问题,听了半天,还是云里雾里不知所云,便忍不住向欧几里得要求道:"你能不能把问题讲得简单点呢?"欧几里得笑着回答:"很抱歉,数学无王者之路."欧几里得的意思是说,要想学好数学,就必须扎扎实实打好基础,没有捷径可走.后来人们常用这一故事讥讽那些凡事都想投机取巧之人.但从另一个角度想,托勒密一世的要求也未必过分,难道数学就只能是"神来之笔",不能让其思路来得更自然一些吗?

记得我少年时期上学,每逢学期初发新书的那个时刻是最令我兴奋的,书一到手,总是迫不及待地看看书中有哪些新的内容,一方面是受好奇心的驱使,另一方面也是想测试一下自己,看能不能不用老师教也能读懂书中的内容.但每每都是失望而终:尽管书中介绍的知识都弄明白了,书中的例题也读懂了,但一做书中的练习题,却还

是不会.为此,我曾非常苦恼,却又万思不得其解.后来上了大学,更是对课堂中老师那些"神来之笔"惊叹不已,严密的逻辑推理常常令我折服.但我未能理解的是,为什么会想到这么做呢?

20世纪中叶,美国数学教育家G.Polya的数学名著《怎样解题》风靡全球,该书使我受益匪浅.这并不是说,我从书中学到了"怎样解题",而是它引发了我对数学思维方法的思考.

实际上,数学解题是一项系统工程,有许许多多的因素影响着它的成败.本质的因素有知识、方法(指狭义的方法,即解决问题所使用的具体方法)、能力(指基本能力,即计算能力、推理能力、抽象能力、概括能力等)、经验等,由此构成解题基础;非本质的因素有兴趣、爱好、态度、习惯、情绪、意志、体质等,由此构成解题的主观状态;此外,还受时空、环境、工具的约束,这些构成了解题的客观条件.但是,具有扎实的解题基础,且有较好的客观条件,主观上也做了相应的努力,解题也不一定能获得成功.这是因为,数学中真正标准的、可以程序化的问题(像解一元二次方程)是很少的。解题中,要想把问题中的条件与结论沟通起来,光有雄厚的知识、灵活的方法和成功的解题经验是不够的.为了判断利用什么知识,选用什么方法,就必须对问题进行解剖、识别,对各种信息进行筛选、加工和组装,以创造利用知识、方法和经验的条件.这种复杂的、创造性的分析过程就是数学思维过程.这一过程能否顺利进行,取决于思维方法是否正确.因此,正确的思维方法亦是影响解题成败的重要因素之一.

经验不止一次地告诉我们:知识不足还可以补充,方法不够也可以积累,但若不善思考,即使再有知识和方法,不懂得如何运用它们解决问题,也是枉然.与此相反,掌握了正确的思维方法,知识就不再是孤立的,方法也不再是呆板的,它们都建立了有血有肉的联系,组成了生机勃勃的知识方法体系,数学思维活动也就充满了活力,得到了更完美的发挥与体现.

序

G. Polya 曾指出,解题的价值不是答案本身,而在于弄清"是怎样想到这个解法的"、"是什么促使你这样想、这样做的".这实际上都属于数学思维方法的范畴.所谓数学思维方法,就是在基本数学观念系统作用下进行思维活动的心理过程.简单地说,数学思维方法就是找出已有的数学知识和新遇的数学问题之间联系的一种分析、探索方法.在一般情况下,问题与知识的联系并非是显然的,即使有时能在问题中看到某些知识的"影子",但毕竟不是知识的原形,或是披上了"外衣",或是减少了条件,或是改变了结构,从而没有现成的知识、方法可用,这就是我在学生时代"为什么知识都明白了,例题也看懂了,还是不会做习题"的原因.为了利用有关的知识和方法解题,就必须创造一定的"条件",这种创造条件的认识、探索过程,就是数学思维方法作用的过程.

但是,在当前数学解题教学中,由于"高考"指挥棒的影响,教师往往只注重学生对知识方法掌握的熟练程度,不少教师片面地强调基本知识和解决问题的具体方法的重要性,忽视思维方法方面的训练,造成学生解决一般问题的困难.为了克服这一困难,各种各样的、非本质的、庞杂零乱的具体解题技巧统统被视为规律,成为教师谆谆告诫的教学重点,学生解题也就试图通过记忆、模仿来补偿思维能力的不足,利用胡猜乱碰代替有根据、有目的的探索.这不仅不能提高学生的解题能力,而且对于系统数学知识的学习,对于数学思维结构的健康发展都是不利的.

数学思维方法通常又表现为一种解题的思维模式.例如,G. Polya 就在《怎样解题》中列出了一张著名的解题表.容许我们大胆断言,任何一种解题模式均不可能囊括人们在解题过程中表现出来的各种思维特征,诸如观察、识别、猜想、尝试、回忆、比较、直觉、顿悟、联想、类比、归纳、演绎、想象、反例、一般化、特殊化等.这些思维特征充满解题过程中的各个环节,要想用一个模式来概括,那就像用

数以千计的思维元件来构造一个复杂而庞大的解题机器.这在理论上也许是可行的,但在实际应用中却很不方便,难以被人们接受.更何况数学问题形形色色,任何一个模式都未必能适用所有的数学问题.因此,究竟如何解题,其核心内容还是学会如何思考.有鉴于此,笔者想到写这样一套关于数学思维方法的丛书.

本丛书也不可能穷尽所有的数学思维方法,只是选用一些典型的思维方法为代表做些介绍.这些方法,或是作者原创发现,或是作者从一个全新的角度对其进行了较为深入的分析与阐述.

囿于水平,书中观点可能片面武断,错误难免,敬请读者不吝指正.

冯跃峰

2015 年 11 月

目　　录

序 ·· (i)

1　几何模型 ··· (1)
　　1.1　函数图像 ··· (1)
　　1.2　几何意义 ··· (22)
　　1.3　直观模拟 ··· (47)
　　习题1 ··· (69)
　　习题1解答 ··· (72)

2　逻辑关系图表 ·· (98)
　　2.1　逻辑关系表解法 ··· (98)
　　2.2　逻辑关系图解法 ··· (116)
　　习题2 ··· (123)
　　习题2解答 ··· (127)

3　集合元素关系表 ·· (140)
　　3.1　关系恒等式 ·· (141)
　　3.2　关系表辅助解题 ··· (172)
　　习题3 ··· (183)
　　习题3解答 ··· (185)

4	图论方法	(200)
4.1	度分析	(202)
4.2	边分析	(225)
4.3	圈链分析	(254)
	习题 4	(271)
	习题 4 解答	(275)

1 几何模型

将题中的数学对象及其相互关系用一个图像或表格来描述,我们称这种分析方法为图表转换.

本章介绍一种图表转换方式:几何模型.

所谓几何模型,就是将若干数学对象的相互关系,用一个几何图形来描述.

1.1 函数图像

在有些代数问题中,用纯代数的方法解答较为困难或过程烦琐,如果恰当地引入相关函数,借助函数图像的直观及相关性质,常常能得到非常简单的解法.

利用函数图像解题的关键,是确定图像的存在区域,并判断有关点与图像的关系:在图像上或在图像划分的某个区域内.

特别值得注意的是,不能用直观代替推理.必须通过严密的代数分析,确定相关图像的特征与变化趋势,如分布范围、切线、渐近线、单调性、凹凸性、最高(低)点、曲线间的交点等,才能由图像得到相关结论.因此,一些代数变形与数值计算通常都是必不可少的.

例1 设 $0 \leqslant x \leqslant \dfrac{\pi}{2}$,求证 $\dfrac{2x}{\pi} \leqslant \sin x \leqslant x$. (约当不等式)

分析与证明 注意到不等式中的式子 $\dfrac{2x}{\pi}$、$\sin x$、x 都是关于 x 的基本函数,从而可以用图像来证明.

如图 1.1 所示,在同一个坐标系中作出 $f(x)=\dfrac{2x}{\pi}$,$g(x)=\sin x$,$h(x)=x$ 的图像,易知 $f(x)=\dfrac{2x}{\pi}$,$g(x)=\sin x$ 的图像交于点 $A(\dfrac{\pi}{2},1)$.

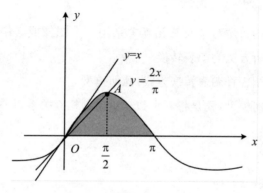

图 1.1

因为 $g'(x)=\cos x$,所以 $g'(0)=1$,即 $g(x)=\sin x$ 的图像在点 $O(0,0)$ 处的切线的斜率为 1,从而直线 $h(x)=x$ 是 $g(x)=\sin x$ 的图像在点 $O(0,0)$ 处的切线. 于是,在 $[0,\dfrac{\pi}{2}]$ 上 $g(x)=\sin x$ 的图像在直线 $h(x)=x$ 的下方,所以 $\sin x \leqslant x$.

因为 $g''(x)=-\sin x \leqslant 0 (0 \leqslant x \leqslant \dfrac{\pi}{2})$,所以 $g(x)$ 在 $[0,\dfrac{\pi}{2}]$ 上是凹函数,于是在 $[0,\dfrac{\pi}{2}]$ 上 $g(x)=\sin x$ 的图像在直线 $f(x)=\dfrac{2x}{\pi}$ 的上方,所以 $\dfrac{2x}{\pi} \leqslant \sin x$.

综上所述,不等式获证.

例 2 若关于 x 的方程 $\lg(x-1)+\lg(3-x)=\lg(a-x)$ 有唯一的实根,求实数 a 的取值范围.

分析与解 原方程等价于

$$\begin{cases} \left(x-\dfrac{5}{2}\right)^2=\dfrac{13}{4}-a, & \text{①} \\ 1<x<3, & \text{②} \\ x<a, & \text{③} \end{cases}$$

由方程①可知,$a \leqslant \dfrac{13}{4}$.

当 $a=\dfrac{13}{4}$ 时,方程变为 $\left(x-\dfrac{5}{2}\right)^2=0$,方程①恰有一个根 $x=\dfrac{5}{2}$,它合乎后面的不等式,所以 $a=\dfrac{13}{4}$ 合乎要求.

当 $a<\dfrac{13}{4}$ 时,在同一坐标系中作函数 $y=\left(x-\dfrac{5}{2}\right)^2 \ (1<x<3)$ 和 $y=\dfrac{13}{4}-a$ 的图像(图1.2).

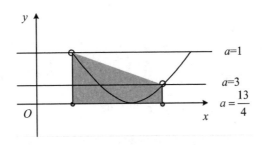

图 1.2

由图像可知,$1<a\leqslant 3$ 时,两个图像恰有一个交点,所以实数 a 的取值范围是 $1<a\leqslant 3$ 或 $a=\dfrac{13}{4}$.

注 这个图像不是"最好"的,若将 a 单独放一边,则解答更简单

(图 1.3).

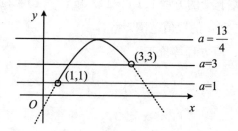

图 1.3

实际上,先将方程变为 $-\left(x-\frac{5}{2}\right)^2+\frac{13}{4}=a$,在同一坐标系中作函数 $y=-\left(x-\frac{5}{2}\right)^2+\frac{13}{4}(1<x<3)$ 和 $y=a$ 的图像,它过 $(1,1)$ 和 $(3,3)$,由此可知实数 a 的取值范围是 $1<a\leqslant 3$ 或 $a=\frac{13}{4}$.

例 3 设 $p=\log_{\frac{1}{3}}\frac{1}{2}$,$q=\log_2\frac{1}{3}$,$r=\left(\frac{1}{2}\right)^{\frac{1}{3}}$,试比较 p、q、r 的大小.

分析与解 首先,取中间量 0,则

$$q=\log_2\frac{1}{3}<\log_2 1=0,$$

$$p=\log_{\frac{1}{3}}\frac{1}{2}>\log_{\frac{1}{3}}1=0, \quad r=\left(\frac{1}{2}\right)^{\frac{1}{3}}>0,$$

所以 q 最小,以下只需比较 p、r 的大小.

因为 $r^3=\frac{1}{2}=\left(\frac{1}{3}\right)^p$,此式可看作是两个函数在不同点 r、p 处的值相等.

于是,在同一个坐标系中作出 $y_1=x^3$、$y_2=\left(\frac{1}{3}\right)^x$ 的图像(图 1.4),设它们的交点为 $A(a,b)$,则 $a^3=b=\left(\frac{1}{3}\right)^a$.

1 几何模型

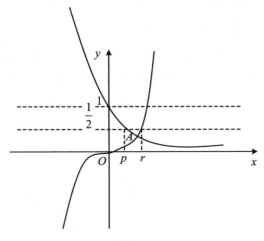

图 1.4

如果 $a \leqslant \dfrac{2}{3}$,则

$$b = a^3 \leqslant \left(\dfrac{2}{3}\right)^3 = \dfrac{8}{27} < \dfrac{1}{2}.$$

如果 $a > \dfrac{2}{3}$,则

$$b = \left(\dfrac{1}{3}\right)^a < \left(\dfrac{1}{3}\right)^{\frac{2}{3}} = \dfrac{1}{\sqrt[3]{3^2}} < \dfrac{1}{\sqrt[3]{8}} = \dfrac{1}{2}.$$

所以,恒有 $b < \dfrac{1}{2}$.

从而点 $A(a,b)$ 位于直线 $y = \dfrac{1}{2}$ 的下方,由图像可知 $p < r$. 故 $q < p < r$.

例 4 设 α、β 满足 $\lg \alpha + \alpha + 4 = 0, 10^\beta + \beta + 4 = 0$,求 $\alpha + \beta$.

分析与解 两个方程都是超越方程,只能用图像方法求解.

为了使构造的函数图像简单,先将两个方程变为

$$\lg \alpha = -\alpha - 4, \quad 10^\beta = -\beta - 4.$$

于是 α 是 $y=\lg x$ 与 $y=-x-4$ 的交点横坐标,β 是 $y=10^x$ 与 $y=-x-4$ 的交点横坐标.

在同一坐标系内作出 $y=\lg x$、$y=-x-4$ 和 $y=10^x$ 的图像,设 $y=-x-4$ 与 $y=\lg x$、$y=10^x$ 的交点分别为 A、B,则 $x_A=\alpha$,$x_B=\beta$ (图1.5).

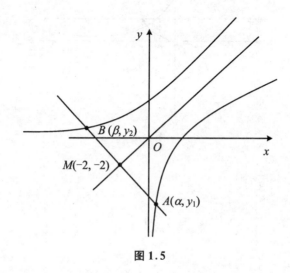

图 1.5

因为 $y=\lg x$ 与 $y=10^x$ 的图像关于直线 $y=x$ 对称,所以点 A、B 关于直线 $y=x$ 对称.

易知直线 $y=x$ 与直线 $AB(y=-x-4)$ 的交点为 $M(-2,-2)$,由 $x_A+x_B=2x_M$ 得
$$\alpha+\beta=2\times(-2)=-4.$$

例5 设 k 为自然数,若 $(x-2k)^2=ax$ 在区间 $(2k-1,2k+1]$ 上有两个不相等的实根,求实数 a 的取值范围.

分析与解 在同一坐标系内作出抛物线弧 $y=(x-2k)^2$($x\in(2k-1,2k+1]$)和直线 $l:y=ax$ 的图像(图1.6).

设 $A(2k,0)$、$B(2k+1,1)$,则原方程在 $(2k-1,2k+1]$ 上有两个不同实根的充要条件是上述抛物线弧与直线 l 有两个不同的

交点.

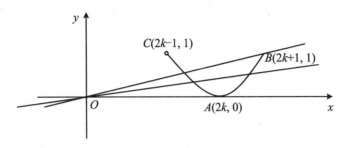

图 1.6

由图像可知,这等价于直线 l 介于直线 OA 与 OB（包括 OB）之间.

又直线 OA、OB 的斜率分别为 0、$\dfrac{1}{2k+1}$,故 a 的取值范围是 $0<a\leqslant \dfrac{1}{2k+1}$.

例 6 设实数 $a>0$,若 $x>1$ 时,不等式 $a^x-2^x-1>0$ 恒成立,求 a 的取值范围.(原创题)

分析与解 本题是涉及超越函数的不等式,而 a^x、2^x 等都是熟悉的函数,从而可利用函数的图像求解.但如果直接令
$$f(x)=a^x-2^x-1,$$
则 $f(x)$ 并不是常见的基本函数,难以作出其图像,由此想到将不等式变为
$$a^x-1>2^x,$$
再令
$$f(x)=a^x-1,\quad g(x)=2^x,$$
这样,原不等式变为对一切 $x>1$,有
$$f(x)>g(x).$$
在同一个坐标系内作出

$y=f(x)=a^x-1$, $y=g(x)=2^x$ 的图像,设两图像的交点为 $P(x_0,y_0)$,则不等式 $f(x)>g(x)$ 的解集为 $(x_0,+\infty)$.

依题意,有
$$(1,+\infty)\subseteq(x_0,+\infty),$$
所以 $x_0\leqslant 1$(图 1.7).

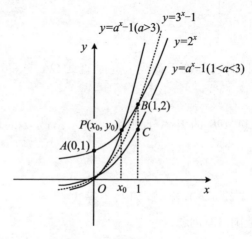

图 1.7

因为 $y=3^x-1$ 与 $y=2^x$ 的图像相交于点 $B(1,2)$,于是对所有 $x>1$,有 $3^x-1>2^x$,所以 $a=3$ 合乎条件.

当 $a>3$ 时,对所有 $x>1$,有 $a^x>3^x$,于是
$$a^x-1>3^x-1>2^x,$$
所以 $a>3$ 也合乎条件.

当 $1<a<3$ 时,$a^1-1<3^1-1$,于是 $y=a^x-1(1<a<3)$ 的图像与直线 $x=1$ 的交点 C 位于点 B 的下方,从而 $y=a^x-1(1<a<3)$ 与 $y=2^x$ 的图像的交点横坐标 $x_1>1$,所以 $1<a<3$ 不合乎条件.

最后,$0<a\leqslant 1$ 显然不合乎条件,故 a 的取值范围是 $[3,+\infty)$.

例 7 设 $a>0$,a、b、c 为实数,且 $a^2-2ab+c^2=0$,$bc>a^2$,求

证 $b>c>a$.

分析与解 视 a 为参数(未定常数), b、c 为变量(主元), 则由
$$a^2 - 2ab + c^2 = 0,$$
得
$$b = \frac{c^2}{2a} + \frac{a}{2},$$

由此可知, 点 $A(c,b)$ 在抛物线 $y = \frac{x^2}{2a} + \frac{a}{2}$ 上.

又由 $bc>a^2$ 可知, 点 $A(c,b)$ 在双曲线 $xy=a^2$ 的上方.

因为抛物线与双曲线相交于点 $P(a,a)$, 所以点 $A(c,b)$ 在抛物线位于点 P 上方的一段弧上(图 1.8).

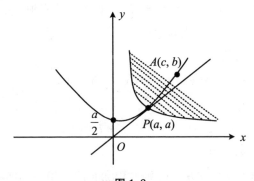

图 1.8

因为点 A 在 P 上方, 所以 $b = y_A > y_P = a$, 又 $y = \frac{x^2}{2a} + \frac{a}{2}$ 在 $(0, +\infty)$ 上是增函数, 所以 $c = x_A > x_P = a$.

此外, 方程 $x = \frac{x^2}{2a} + \frac{a}{2}$ 有两个相等的实根, 所以直线 $y=x$ 与抛物线 $y = \frac{x^2}{2a} + \frac{a}{2}$ 相切于点 P, 故点 A 在直线 $y=x$ 的上方, 从而有 $b>c$, 故 $b>c>a$.

下面介绍一个纯代数方法: 先判断符号, 由 $a^2 - 2ab + c^2 = 0$,

$a>0$,可知 $b>0$,再由 $bc>a^2$ 知 $c>0$.

由 $a^2-2ab+c^2=0$ 得 $2ab=a^2+c^2\geqslant 2ac$,可知 $b\geqslant c$.

若 $b=c$,则 $a=b=c$,与 $bc>a^2$ 矛盾,所以 $b>c$.再结合 $bc>a^2$,有 $b^2>bc>a^2$,所以 $b>a$.

下面判断 a、c 的大小.由两式消去 b(利用 $b>a$ 放缩消元),有 $0=a^2-2ab+c^2<a^2-2a^2+c^2=-a^2+c^2$,可知 $c>a$,故 $b>c>a$.

例8 设

$$f(x)=\begin{cases} x^2 & (x\geqslant -1),\\ -\dfrac{1}{x} & (x<-1). \end{cases}$$

方程 $(f(x))^2+af(x)+b=0$ 恰有 3 个互异的实根,求 a 的取值范围和点 (a,b) 的轨迹.(原创题)

分析与解 对于方程

$$(f(x))^2+af(x)+b=0, \quad ①$$

令 $t=f(x)$,则

$$g(t)=t^2+at+b=0, \quad ②$$

于是 $\Delta=a^2-4b\geqslant 0$.

(1) 若 $\Delta=a^2-4b=0$,则方程②有两个相等的实根 $t=t_0$,但方程①有 3 个互异的实根,从而方程 $f(x)=t_0$ 有 3 个互异的实根.

作出 $y=f(x)$ 的图像(图 1.9).

显然,要使直线 $y=t_0$ 与 $y=f(x)$ 的图像有 3 个不同的交点,则 $0<t_0<1$.

因为 $t_0=-\dfrac{a}{2}$,得 $0<-\dfrac{a}{2}<1$,所以 $-2<a<0$.

(2) 若 $\Delta=a^2-4b>0$,则方程②有两个不相等的实根 $t=t_1$、t_2,但方程①有 3 个互异的实根,从而方程 $f(x)=t_1$ 与方程 $f(x)=t_2$ 共有 3 个互异的实根.

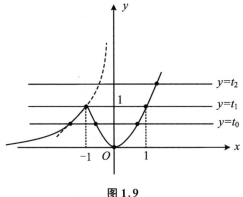

图 1.9

由图形可知,要使两直线 $y = t_1$、$y = t_2$ 与 $y = f(x)$ 的图像有 3 个不同的交点,则 $t_1 = 1, t_2 = 0$ 或 $t_1 = 1, t_2 > 1$.

由 $t_1 = 1$ 得 $g(1) = 0$,所以 $a + b = -1$.

① 若 $t_2 = 0$,则 $g(0) = 0$,所以 $b = 0$,此时 $a = -1$;

② 若 $t_2 > 1$,由于 $g(t)$ 图像的开口朝上,且 $g(1) = 0$,所以 $-\dfrac{a}{2} > 1$,此时 $a < -2$.

综上所述,a 的取值范围是 $a < 0$ 且 $a \neq -2$.

点 (a, b) 的轨迹(图 1.10)为

$$b = \dfrac{a^2}{4}(-2 < a < 0), a + b = -1(a < -2) \text{ 及点 } (-1, 0).$$

例 9 设 $0 \leqslant x \leqslant 1$ 时,恒成立不等式:$|\sqrt{1-x^2} - px - q| \leqslant \dfrac{\sqrt{2}-1}{2}$,求实数 p、q.

分析与解 先去掉绝对值符号,将原不等式变形为

$$\sqrt{1-x^2} - \dfrac{\sqrt{2}-1}{2} \leqslant px + q \leqslant \sqrt{1-x^2} + \dfrac{\sqrt{2}-1}{2}.$$

考察函数:

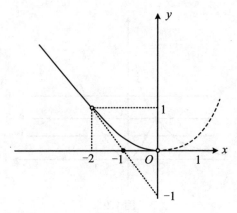

图 1.10

$$y_1 = \sqrt{1-x^2} - \frac{\sqrt{2}-1}{2}, \quad y_2 = \sqrt{1-x^2} + \frac{\sqrt{2}-1}{2},$$
$$y_3 = px + q \quad (x \in [0,1]).$$

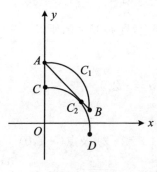

图 1.11

在同一坐标系内作出它们的图像（图 1.11），其中 y_1 的图像 C_1 是以 $A\left(0, \frac{\sqrt{2}+1}{2}\right)$, $B\left(1, \frac{\sqrt{2}-1}{2}\right)$ 为端点的 $\frac{1}{4}$ 圆弧，y_2 的图像 C_2 是以 $C\left(0, \frac{3-\sqrt{2}}{2}\right)$, $D\left(1, \frac{1-\sqrt{2}}{2}\right)$ 为端点的 $\frac{1}{4}$ 圆弧，y_3 的图像 C_3 是以 $E(0, q)$, $F(1, p+q)$ 为端点的线段.

原问题等价于曲线 C_3 介于曲线 C_1 与 C_2 之间，注意到线段 AB 与曲线 C_2 相切，但 AB 是介于 C_1 与 C_2 之间的唯一线段，所以 E 与 A 重合，F 与 B 重合，即

$$\frac{\sqrt{2}+1}{2} = q, \quad \frac{\sqrt{2}-1}{2} = p + q,$$

解得 $p = -1, q = \dfrac{\sqrt{2}+1}{2}$.

例 10 设二次函数 $f(x) = ax^2 + bx + c (a、b、c \in \mathbf{R}, a \neq 0)$ 满足条件：

(1) 当 $x \in \mathbf{R}$ 时，$f(x-4) = f(2-x)$，且 $f(x) \geqslant x$；

(2) 当 $x \in (0,2)$ 时，$f(x) \leqslant \left(\dfrac{1+x}{2}\right)^2$；

(3) $f(x)$ 在 $\mathbf{R}$ 上的最小值为 0.

求最大的 $m(m>1)$，使得存在 $t \in \mathbf{R}$，只要 $x \in [1,m]$，就有 $f(x+t) \leqslant x$.（2002 年全国高中数学联赛试题）

分析与解 由 $f(x-4) = f(2-x)$ 知，$f(x-1) = f(-1-x)$，即所述二次函数图像的对称轴为 $x = -1$，所以 $-\dfrac{b}{2a} = -1$，$b = 2a$. 于是，

$$f(x) = ax^2 + 2ax + c = a(x+1)^2 + c - a.$$

再由 $f(x)$ 在 $\mathbf{R}$ 上的最小值为 0，知 $a>0$，且 $a = c$. 所以，

$$f(x) = a(x+1)^2.$$

在条件(1)、(2)的不等式中令 $x = 1$，得

$$1 \leqslant f(1) = 4a \leqslant \left(\dfrac{1+1}{2}\right)^2,$$

于是 $a = \dfrac{1}{4}$，从而 $f(x) = \dfrac{1}{4}(x+1)^2$.

下面要寻找 $t \in \mathbf{R}$，使 $x \in [1,m]$ 时，有 $f(x+t) \leqslant x$，即在区间 $[1,m](m>1)$ 上函数 $y = f(x+t)$ 的图像位于直线 $y = x$ 的图像下方.

显然要将 $f(x)$ 的图像向右平移，于是 $t<0$，即将 $y = f(x)$ 的图像需向右平移 $-t$ 个长度单位（图 1.12）.

令 $g(x) = f(x+t)$，则

$$f(x+t) \leqslant x(\forall x \in [1,m]) \Leftrightarrow g(x) \leqslant x(\forall x \in [1,m]),$$

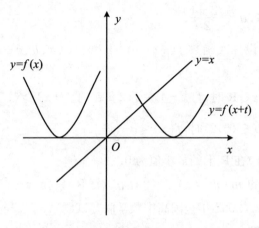

图 1.12

由于 $g(x)$ 是关于 x 的二次函数（凸函数），所以
$$g(x) \leqslant x (\forall x \in [1,m]) \Leftrightarrow g(1) \leqslant 1, g(m) \leqslant m.$$
所以问题等价于

$$f(1+t) \leqslant 1, \quad \text{①}$$
$$f(m+t) \leqslant m. \quad \text{②}$$

由①得 $-4 \leqslant t \leqslant 0$.

由②得 $m^2 - 2(1-t) + (t^2 + 2t + 1) \leqslant 0$.

解得 $1 - t - \sqrt{-4t} \leqslant m \leqslant 1 - t + \sqrt{-4t}$, 结合 $-4 \leqslant t \leqslant 0$, 有 $m \leqslant 1 - t + \sqrt{-4t} \leqslant 1 - (-4) + \sqrt{-4(-4)} = 9$.

当 $m = 9$ 时, 取 $t = -4$, 对于 $x \in [1, 9]$, 恒有 $f(x-4) \leqslant x$, 故 m 的最大值为 9.

例 11 试证：对任意自然数 n, 有
$$\sum_{i=1}^{n} \left[\sqrt[3]{\frac{n}{i}}\right] < \frac{5}{4} n,$$
其中 $[x]$ 表示不超过 x 的最大整数.

分析与证明 由于 $s = \sum_{i=1}^{n} \left[\sqrt[3]{\frac{n}{i}}\right] = \sum_{i=1}^{\infty} \left[\sqrt[3]{\frac{n}{i}}\right]$, 改记 i 为 x, 则

1 几何模型

$s = \sum\limits_{x=1}^{\infty} \left[\sqrt[3]{\dfrac{n}{x}} \right]$ 表示由曲线 $y = \sqrt[3]{\dfrac{n}{x}}$ 与 $x > 0, y > 0$ 所围区域中的整点数,即由同一条曲线 $x = \dfrac{n}{y^3}$ 与 $x > 0, y > 0$ 所围区域中的整点数(图 1.13).

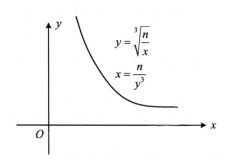

图 1.13

因此,$s = \sum\limits_{y=1}^{\infty} \left[\dfrac{n}{y^3} \right] \leqslant \sum\limits_{y=1}^{\infty} \dfrac{n}{y^3} = n \left(\dfrac{1}{1^3} + \dfrac{1}{2^3} + \dfrac{1}{3^3} + \cdots \right) < \dfrac{5}{4} n.$

其中,由归纳法易得 $\sum\limits_{i=1}^{n} \dfrac{1}{i^3} \leqslant \dfrac{5}{4} - \dfrac{1}{4n}.$

实际上,当 $n = 1$ 时,$\dfrac{1}{1^3} = \dfrac{5}{4} - \dfrac{1}{4 \times 1}$,结论成立.

设 $n = k$ 时结论成立,即 $\sum\limits_{i=1}^{k} \dfrac{1}{i^3} \leqslant \dfrac{5}{4} - \dfrac{1}{4k}$,那么 $n = k+1$ 时,

$$\sum_{i=1}^{k+1} \dfrac{1}{i^3} \leqslant \left(\dfrac{5}{4} - \dfrac{1}{4k} \right) + \dfrac{1}{(k+1)^3}.$$

因为

$$\left(\dfrac{5}{4} - \dfrac{1}{4k} \right) + \dfrac{1}{(k+1)^3} - \left(\dfrac{5}{4} - \dfrac{1}{4(k+1)} \right)$$

$$= \dfrac{1}{4(k+1)} + \dfrac{1}{(k+1)^3} - \dfrac{1}{4k}$$

$$= \dfrac{k(k+1)^2 + 4k - (k+1)^3}{4k(k+1)^3}$$

$$= -\frac{(k-1)^2}{4k(k+1)^3} \leqslant 0,$$

所以,$n = k+1$ 时结论成立.

值得指出的是,用函数图像解题未必是最简单的方法,有时候代数方法更为直截了当.我们看下面的例子.

例12 设 x 为实数,求 $M = \min\{4x+1, x+2, -2x+4\}$ 的最大值.

分析与解 本题容易想到利用平均数估计,考虑到抵消变量 x,有

$$M \leqslant \frac{1}{6}[(4x+1) + 2(x+2) + 3(-2x+4)] = \frac{17}{6}.$$

但遗憾的是,$\frac{17}{6}$ 无法达到.所幸可修正思路使问题获解:

$$M \leqslant \frac{1}{3}[2(x+2) + (-2x+4)] = \frac{8}{3},$$

而 $x = \frac{2}{3}$ 时,$M = \frac{8}{3}$,故 M 的最大值为 $\frac{8}{3}$.

上述方法很巧妙,关键是选择"部分元素"求平均值.不过这种方法也许难于想到,而借助几何直观,则思路简单而自然.

在同一坐标系中作出 $y_1 = 4x+1$,$y_2 = x+2$,$y_3 = -2x+4$ 的图像(图1.14),易知,M 在 $y_2 = x+2$,$y_3 = -2x+4$ 的交点 $C\left(\frac{2}{3}, \frac{8}{3}\right)$ 处达到最大值 $\frac{8}{3}$.

也可在由图像得到最值后,改用代数方法求解:

(1) 当 $x \leqslant \frac{2}{3}$ 时,$M \leqslant x+2 \leqslant \frac{8}{3}$;

(2) 当 $x > \frac{2}{3}$ 时,$M \leqslant -2x+4 < 4 - 2 \times \frac{2}{3} = \frac{8}{3}$.

而 $x = \frac{2}{3}$ 时,$M = \frac{8}{3}$,故 M 的最大值为 $\frac{8}{3}$.

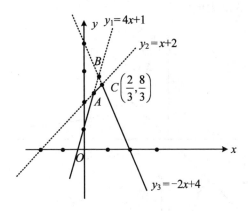

图 1.14

例 13 设 a、b、c 为实数,$a+b+c=2$,$ab=1$,求 $\min\{a,b,c\}$ 的最大值.

分析与解 因为 $b=\dfrac{1}{a}$,$c=2-a-\dfrac{1}{a}$,所以,

$$y=\min\{a,b,c\}=\min\left\{a,\dfrac{1}{a},2-a-\dfrac{1}{a}\right\}.$$

在同一坐标系内作出 $y_1=a$,$y_2=\dfrac{1}{a}$,$y_3=2-a-\dfrac{1}{a}$ 的图像,用黑线标出 $y=\min\left\{a,\dfrac{1}{a},2-a-\dfrac{1}{a}\right\}$ 的图像(图 1.15),其中 $A(-1,-1)$ 是 y_1 与 y_2 的交点,$B(1,0)$ 是 y_3 与 x 轴的交点.由于点 B 位于点 A 的上方,所以 y 在点 $B(1,0)$ 达到最大值 0.

另解 显然 a、b 同号.若 a、b 同正,则 $2=c+a+b\geqslant c+2\sqrt{ab}=c+2$,得 $c\leqslant 0$.

此时,$y=\min\{a,b,c\}\leqslant c\leqslant 0$.

若 a、b 同负,则 $y=\min\{a,b,c\}\leqslant a<0$.

综上所述,恒有 $y=\min\{a,b,c\}\leqslant 0$.

又当 $c=0$,$a=b=1$ 时,$y=\min\{a,b,c\}=c=0$. 所以,

$\min\{a,b,c\}$ 的最大值为 0.

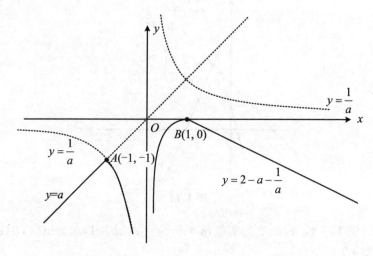

图 1.15

在利用函数图像解题时,如果需要判断曲线位置关系,则要注意曲线的适当选择,我们看下面的例子.

例 14 已知 $a>0, a\neq 1$,试求使方程 $\log_a(x-ak) = \log_{a^2}(x^2-a^2)$ 有解的 k 的取值范围.

分析与解 首先将对数化为"同底",原方程化为
$$\log_{a^2}(x-ak)^2 = \log_{a^2}(x^2-a^2),$$
它等价于
$$x-ak>0, \quad x^2-a^2>0, \quad (x-ak)^2 = x^2-a^2.$$
在同一坐标系内作出
$$y_1 = (x-ak)^2 \,(x>ak), \quad y_2 = x^2-a^2 \,(y_2>0)$$
的图像(图 1.16),设点 $A(ak,0), B(-a,0), C(a,0)$. 则当 A 在 B 的左边时,两个图像明显有交点,但当 A 在 B 的右边时,两个图像何时有交点,何时无交点则从直观上难以判断.

改进:将原方程化为

$$x^2 - a^2 > 0, \quad x - ak = \sqrt{x^2 - a^2},$$

令 $y_1 = x - ak\,(y_1 > 0)$,$y_2 = \sqrt{x^2 - a^2}\,(y_2 > 0)$.

在同一坐标系内作出这两个函数的图像(图 1.17),设 $A(-a,0)$,$B(ak,0)$,$C(a,0)$,则因为射线 $y_1 = x - ak\,(y_1 > 0)$ 平行于双曲线 $y_2 = \sqrt{x^2 - a^2}$ 的渐进线,所以当且仅当点 B 在点 A 的左边及线段 OC 之间(不含端点)时,两曲线有交点,由此得到 k 的取值范围是 $k < -1$ 及 $0 < k < 1$.

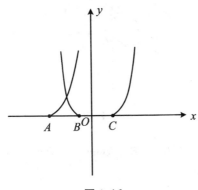

图 1.16

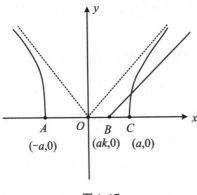

图 1.17

例 15 设 k 为实数,求关于 x 的方程 $|x^2-2|=3x+k$ 的实根个数的所有可能取值.

分析与解 在同一坐标系内作出函数 $y_1=|x^2-2|$ 和 $y_2=3x+k$ 的图像(图 1.18).

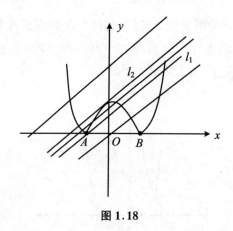

图 1.18

由图像可知,方程的实根个数的可能取值为 $0,1,2,3,4$,共有 5 种可能.

上述解答是错误的. 实际上,设 $A(-\sqrt{2},0),B(\sqrt{2},0)$,将过 A 且斜率为 3 的直线 $y=3(x+\sqrt{2})$ 记为 l_1,将其方程代入弧 AB 的方程

$$y=2-x^2(-\sqrt{2}\leqslant x\leqslant \sqrt{2}),$$

得 $x^2+3x+3\sqrt{2}-2=0$,解得两根为 $x_1=-\sqrt{2},x_2=\sqrt{2}-3$.

因为 $x_2<-\sqrt{2}$,所以直线 l_1 与曲线弧 AB 只有唯一的交点 A,所以 l_1 与 $y_1=|x^2-2|$ 的图像仅有两个交点(图 1.19).

同样可知,l_2 与弧 AB 没有交点(弧 AB 不存在斜率为 3 的切线,切点在抛物线位于 x 轴下方的弧上),故原方程的根个数的可能取值是 $0,1,2$.

1 几何模型

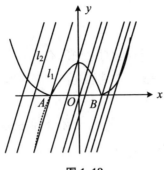

图 1.19

如果我们改用另外的函数图像(含有"水平"直线),则问题简单得多.

在同一坐标系内作出函数:

$y_1 = |x^2 - 2| - 3x$

$= \begin{cases} x^2 - 3x - 2 = \left(x - \dfrac{3}{2}\right)^2 - \dfrac{17}{4} & (x < -\sqrt{2} \text{ 或 } x > \sqrt{2}) \\ -x^2 - 3x + 2 = -\left(x + \dfrac{3}{2}\right)^2 + \dfrac{17}{4} & (-\sqrt{2} \leqslant x \leqslant \sqrt{2}) \end{cases}$

和 $y_2 = k$ 的图像(图 1.20).

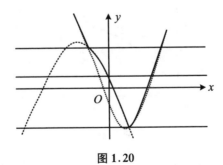

图 1.20

由图像可知,方程的实根个数的可能取值为 $0, 1, 2$.

1.2 几何意义

所谓几何意义,是指数学对象中的有关元素或式子的值,可用一个几何对象的数值来表示.常见的几何意义有线段的长、两点之间的距离、直线的斜率与截距等.

有些代数问题,可将有关式子看作某种曲线的方程,由此得到相关对象的一种几何直观.通过曲线方程中有关参数的几何意义,常可获得问题的简捷解答.

例1 已知 $0<a<b$,求证:$\sqrt{a+b}-\sqrt{b}<\sqrt{b}-\sqrt{b-a}$.

分析与解1 分别观察不等式中所含有的数,它们都是形如 $\sqrt{x}$ 的数,由此想到,将各个数分别看成是函数 $y=\sqrt{x}$ 在 $x=a+b$、b、$b-a$ 处的函数值.

于是,取函数 $y=\sqrt{x}$ 图像上的三个不同点 $A(b-a,\sqrt{b-a})$、$B(b,\sqrt{b})$、$C(a+b,\sqrt{a+b})$,则 $\sqrt{a+b}-\sqrt{b}$ 是 B、C 两点的纵坐标之差,$\sqrt{b}-\sqrt{b-a}$ 是 A、B 两点的纵坐标之差(图1.21).

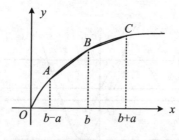

图 1.21

再注意到它们的横坐标之差相等:

$$(a+b)-b=b-(b-a)=a>0,$$

从而原不等式可以变为

$$\frac{\sqrt{a+b}-\sqrt{b}}{(a+b)-b} < \frac{\sqrt{b}-\sqrt{b-a}}{b-(b-a)},$$

即 $k_{BC} < k_{AB}$.

如何证明 $k_{BC} < k_{AB}$？观察图像，这似乎是显然的，但这样的"证明"却是有失严谨的. 下面需要利用函数的"斜率函数"的单调性来证明.

由 $y=\sqrt{x}$ 得 $y'=\dfrac{1}{2\sqrt{x}}$，所以函数 $y=\sqrt{x}$ 的"斜率函数"在 $(0,+\infty)$ 上是递减的.

由图像可知，AB 的斜率与函数图像上 A、B 之间的某点处的切线斜率相等，BC 的斜率与函数图像上 B、C 之间的某点处的切线斜率相等，由"斜率函数"的递减性有 $k_{BC} < k_{AB}$，从而不等式获证.

分析与解 2　分别观察不等式左右两边所含的式子，它们都是形如 $\sqrt{x}-\sqrt{y}$ 的结构，将其都看成是"坐标差"，并将不等式变为

$$\frac{\sqrt{b}-\sqrt{b-a}}{\sqrt{a+b}-\sqrt{b}} > 1,$$

则其左边是两点 $A(\sqrt{b},\sqrt{b-a})$、$B(\sqrt{a+b},\sqrt{b})$ 连线的斜率，所以不等式等价于 $k_{AB} > 1$. 注意到

$$(\sqrt{b})^2-(\sqrt{b-a})^2 = a = (\sqrt{a+b})^2-(\sqrt{b})^2,$$

从而点 A、B 都在等轴双曲线 $x^2-y^2=a$ 的右支上（图 1.22）.

因为双曲线 $x^2-y^2=a$ 的渐近线为 $y=x$，由渐近线性质可知，直线 AB 的斜率大于渐近线的斜率，所以 $k_{AB} > 1$，不等式获证.

分析与解 3　注意到不等式中所含数据的如下特征：

$$(\sqrt{b})^2-(\sqrt{b-a})^2 = (\sqrt{a})^2 = (\sqrt{a+b})^2-(\sqrt{b})^2,$$

由此可得

$$(\sqrt{b})^2 = (\sqrt{a})^2+(\sqrt{b-a})^2,$$
$$(\sqrt{a+b})^2 = (\sqrt{a})^2+(\sqrt{b})^2,$$

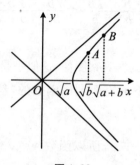

图 1.22

以上两式符合勾股定理的特征,由此想到构造 Rt△ABC,其中两直角边 $BC=\sqrt{a}$,$AC=\sqrt{b}$.在 AC 上取点 D,使 $CD=\sqrt{b-a}$,则 $AB=\sqrt{a+b}$,$BD=\sqrt{b}$(图 1.23).

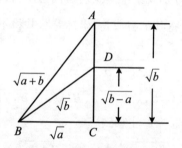

图 1.23

这样,原不等式变为

$$AB-BD < AC-CD.$$

在△ABD 中,$AB-BD < AD = AC-CD$,故不等式获证.

最后,值得一提的是,本题中的不等式有非常简单的"纯代数"证法:将不等式两边分别进行"分子有理化",则不等式变为

$$\frac{a}{\sqrt{a+b}+\sqrt{b}} < \frac{a}{\sqrt{b}+\sqrt{b-a}},$$

由 $\sqrt{a+b} > \sqrt{b-a}$,可知不等式显然成立.

但这并不是说,上述一些解法就没有意义.实际上,上述解答中"几何模型"的发现过程,对如何利用几何模型解题有一定的借鉴作用.

例 2 设 a 为实数,$b>0$,求 $(a-b)^2 + \left(\sqrt{2-a^2} - \dfrac{9}{b}\right)^2$ 达到最小值时 a、b 之值.

分析与解 $(a-b)^2 + \left(\sqrt{2-a^2} - \dfrac{9}{b}\right)^2$ 是点 $P(a, \sqrt{2-a^2})$ 与 $Q\left(b, \dfrac{9}{b}\right)$ 的距离的平方,其中 P 在半圆 $x^2 + y^2 = 2(y \geqslant 0)$ 上,Q 在双曲线的一支 $xy = 9(x > 0)$ 上(图 1.24).

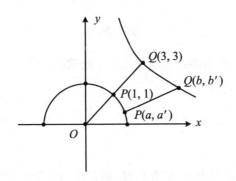

图 1.24

作直线 $y = x$,交两曲线于两点 $P(1,1)$,$Q(3,3)$,对应的 $|PQ|$ 最小,此时 $a = 1, b = 3$,$|PQ|_{\min} = 2\sqrt{2}$.

例 3 设 $f(x) = \sqrt{x^4 - 3x^2 - 6x + 13} - \sqrt{x^4 - x^2 + 1}$,求 $f(x)$ 的最大值.(1992 年全国高中数学联赛试题)

分析与解 为了使 $f(x)$ 表达式中的相关式子有明显的几何意义,先将其变为

$$f(x) = \sqrt{x^4 - 3x^2 - 6x + 13} - \sqrt{x^4 - x^2 + 1}$$
$$= \sqrt{(x-3)^2 + (x^2-2)^2} - \sqrt{(x-0)^2 + (x^2-1)^2},$$

于是 $f(x)$ 的几何意义是:抛物线 $y = x^2$ 上的一个动点 $P(x, x^2)$ 到两定点 $A(3,2)$、$B(0,1)$ 的距离之差(图 1.25).

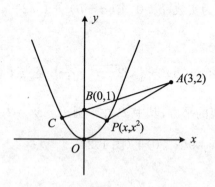

图 1.25

注意到 A 在抛物线的下方,B 在抛物线的上方,所以直线 AB 与抛物线必有交点.

易知直线 AB 的方程为 $y = \dfrac{x}{3} + 1$,代入抛物线方程消去 y,得 $3x^2 - x - 1 = 0$.

此方程常数项为负,必有负根,即直线 AB 与抛物线必在第二象限有一个交点 C. 于是,在 $\triangle PAB$ 中,

$$|PA| - |PB| \leqslant |AB| = \sqrt{10},$$

等号在 $P = C$ 时成立,所以 $f(x)$ 的最大值为 $\sqrt{10}$.

例 4 求 $f(x) = \sqrt{\dfrac{2x}{x+1}} + \sqrt{\dfrac{x+2}{x+1}}$ 的最值.

分析与解 令 $X = \sqrt{\dfrac{x}{x+1}}$,$Y = \sqrt{\dfrac{x+2}{x+1}}$,则

$$X^2 + Y^2 = 2 \quad (X \geqslant 0, Y \geqslant 0),$$

1 几何模型

它表示以原点为圆心的圆在第一象限的一段弧.

而 $f(x) = \sqrt{\dfrac{2x}{x+1}} + \sqrt{\dfrac{x+2}{x+1}}$ 可变为

$$f(x) = \sqrt{2}X + Y, \text{即 } Y = -\sqrt{2}X + f(x),$$

所以 $f(x)$ 是斜率为 $-\sqrt{2}$ 的直线(束)在 Y 轴上的截距(图 1.26).

由图像可得，$f(x)_{\min} = \sqrt{2}, f(x)_{\max} = \sqrt{6}$.

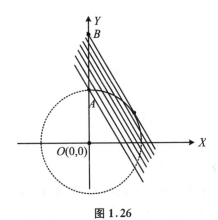

图 1.26

注意：若令 $X = \sqrt{\dfrac{2x}{x+1}}, Y = \sqrt{\dfrac{x+2}{x+1}}$，则 $P(X,Y)$ 在椭圆上。

例 5 设 a、b 为实数,方程 $x^4 + ax^3 + bx^2 + ax + 1 = 0$ 有实数根,求 $F = a^2 + b^2$ 的最小值.

分析与解 方程变为

$$\left(x + \dfrac{1}{x}\right)^2 + a\left(x + \dfrac{1}{x}\right) + b - 2 = 0.$$

注意到 $\left|x + \dfrac{1}{x}\right| \geqslant 2$，所以原方程有实根,等价于关于 t 的方程

$$t^2 + at + b - 2 = 0 \qquad ①$$

有"模大于2"的解,于是

$$\Delta = a^2 - 4(b-2) \geqslant 0, \qquad ②$$

在②的保证下，方程①的两个根为

$$t_1 = \frac{-a + \sqrt{a^2 - 4(b-2)}}{2}, \quad t_2 = \frac{-a - \sqrt{a^2 - 4(b-2)}}{2},$$

其中隐含了 $a^2 - 4(b-2) \geqslant 0$.

所以，原方程有实根，等价于 $\max\{|t_1|, |t_2|\} \geqslant 2$.

由于 $-a$ 恰与 $\sqrt{a^2 - 4(b-2)}$、$-\sqrt{a^2 - 4(b-2)}$ 中的一个同号，所以，

$$\frac{|a| + \sqrt{a^2 - 4(b-2)}}{2} = \max\{|t_1|, |t_2|\} \geqslant 2,$$

$$|a| + \sqrt{a^2 - 4(b-2)} \geqslant 4.$$

不妨设 $a \geqslant 0$，则

$$\sqrt{a^2 - 4(b-2)} \geqslant 4 - a. \qquad ③$$

至此，问题转化为在条件③（隐含了②）的约束下，求 $a^2 + b^2$ 的极值.

注意到约束条件③是一个无理式，应将其有理化，必须平方，从而要对 $4 - a$ 的符号进行讨论.

(1) 若 $a \leqslant 4$，则③等价于

$$\begin{cases} a \leqslant 4, \\ a^2 - 4(b-2) \geqslant (4-a)^2. \end{cases}$$

即

$$a \leqslant 4 \text{ 且 } 2a - b - 2 \geqslant 0. \qquad ④$$

因为 $a^2 + b^2$ 是点 $P(a, b)$ 到原点 $O(0, 0)$ 的距离的平方，其中 $P(a, b)$ 是区域④内的点（图1.27）.

显然，其最小距离为 $O(0, 0)$ 到直线 $2a - b - 2 = 0$ 之距离：$d = \frac{|2|}{\sqrt{1^2 + 2^2}} = \frac{2}{\sqrt{5}}$.

所以，$a^2 + b^2 \geqslant d^2 \geqslant \frac{4}{5}$，其中等号在 $a = \frac{4}{5}, b = -\frac{2}{5}$ 时成立.

1 几何模型

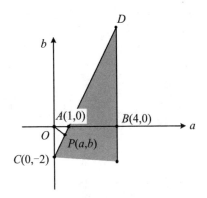

图 1.27

(2) 若 $a>4$,则 $a^2+b^2>16>\dfrac{4}{5}$.

综上所述,恒有 $a^2+b^2\geqslant\dfrac{4}{5}$,其中等号在 $a=\dfrac{4}{5}$,$b=-\dfrac{2}{5}$ 时成立. 故 a^2+b^2 的最小值为 $\dfrac{4}{5}$.

例 6 设 $x\geqslant 0$,$x^2+(y-2)^2=1$,求 $A=\dfrac{3x^2+2\sqrt{3}xy+5y^2}{x^2+y^2}$ 的取值范围.

分析与解 当 $x=0$ 时,$y=1$ 或 3,此时

$$A=\dfrac{3x^2+2\sqrt{3}xy+5y^2}{x^2+y^2}=\dfrac{5y^2}{y^2}=5.$$

当 $x\neq 0$ 时,令 $\dfrac{y}{x}=k$,设 $O(0,0)$,$P(x,y)$,则 k 是直线 OP 的斜率.

注意到 $P(x,y)$ 在半圆 $x^2+(y-2)^2=1$($x\geqslant 0$) 上,由图像可得 $k\geqslant\sqrt{3}$.

$$A=\dfrac{3x^2+2\sqrt{3}xy+5y^2}{x^2+y^2}=\dfrac{3+2\sqrt{3}k+5k^2}{1+k^2}=5+\dfrac{2\sqrt{3}k-2}{1+k^2},$$

令 $2\sqrt{3}k-2=t$,则 $k=\dfrac{t+2}{2\sqrt{3}}$,于是

$$A = 5 + \frac{2\sqrt{3}k - 2}{1 + k^2} = 5 + \frac{t}{\frac{t^2}{12} + \frac{t}{3} + \frac{4}{3}},$$

因为

$$\frac{\frac{t^2}{12} + \frac{t}{3} + \frac{4}{3}}{t} = \frac{t}{12} + \frac{1}{3} + \frac{4}{3t} \geqslant \frac{1}{3} + 2\sqrt{\frac{t}{12} \cdot \frac{4}{3t}} = 1,$$

所以

$$A = 5 + \frac{t}{\frac{t^2}{12} + \frac{t}{3} + \frac{4}{3}} \leqslant 5 + 1 = 6,$$

等号在 $\frac{t}{12} = \frac{4}{3t}$,即 $t = 4$ 时成立,由 $2\sqrt{3}k - 2 = 4$,得 $k = \sqrt{3}$,此时 $x^2 + (\sqrt{3}x - 2)^2 = 1$,解得 $x = \frac{\sqrt{3}}{2}, y = \frac{3}{2}$.

又 $k \geqslant \sqrt{3}$ 时,$t = 2\sqrt{3}k - 2 \geqslant 4$,于是

$$\frac{t}{\frac{t^2}{12} + \frac{t}{3} + \frac{4}{3}} > 0,$$

所以

$$A = 5 + \frac{t}{\frac{t^2}{12} + \frac{t}{3} + \frac{4}{3}} > 5.$$

综上所述,A 的取值范围是 $[5, 6]$.

例7 设 $0 \leqslant x \leqslant \frac{\pi}{2}$,试证:$\frac{2x}{\pi} \leqslant \sin x \leqslant x$.(约当不等式)

分析与证明 我们在 1.1 节例 1 中用函数图像给出了该不等式的一个证明,这里再用几何意义给出它的另一个证明.

作半径为 1 的圆 O,交 x 轴于点 A,设 P 是圆 O 上一点,使 $\angle POA = x$,作 $PQ \perp x$ 轴交 x 轴于点 M,以 M 为圆心、MP 为半径作圆,交圆 O 于另一点 Q,交 x 轴于 M 右边的点 B(图 1.28),则

1 几何模型

$$\sin x = \frac{PM}{OP} = PM,$$

$$\widehat{PBQ} = \pi \cdot PM = \pi\sin x,$$

$$\widehat{PA} = OB \cdot x = x,$$

注意到

$$OB = OM + MB = OM + MP \geqslant OP = OA,$$

所以 B 在 A 的右边,于是

$$PQ \leqslant \widehat{PAQ} \leqslant \widehat{PBQ},$$

$$2\sin x \leqslant 2x \leqslant \pi\sin x,$$

不等式获证.

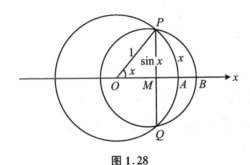

图 1.28

例8 设锐角 α 满足 $3\sqrt{41-40\cos\alpha} + 4\sqrt{34-30\sin\alpha} = 25$,求 $\sin\alpha$.(原创题)

分析与解 由 $3^2 + 4^2 = 5^2$,可设想

$$\sqrt{41-40\cos\alpha} = 3, \quad \sqrt{34-30\sin\alpha} = 4,$$

由此解得 $\sin\alpha = \dfrac{3}{5}$,我们猜想这就是问题的答案.

实际上,原式可变形为

$$25 = \sqrt{369 - 360\cos\alpha} + \sqrt{544 - 480\sin\alpha}$$
$$= \sqrt{15^2 + 12^2 - 2 \cdot 15 \cdot 12\cos\alpha}$$

$$+ \sqrt{20^2 + 12^2 - 2 \cdot 20 \cdot 12\cos(90° - \alpha)},$$

作两个具有公共边 CD 的 $\triangle ACD$、$\triangle BCD$，使 $\angle ACD = \alpha$，$\angle BCD = 90° - \alpha$，$AC = 15$，$CD = 12$，$BC = 20$（图 1.29），则由余弦定理，有

$$AD = 3\sqrt{41 - 40\cos\alpha}, \quad BD = 4\sqrt{34 - 30\sin\alpha},$$

于是，$AD + BD = 25$.

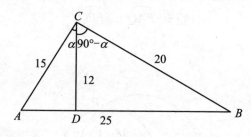

图 1.29

注意到 $\angle ACB = \alpha + (90° - \alpha) = 90°$，所以

$$AB = \sqrt{AC^2 + BC^2} = \sqrt{15^2 + 20^2} = 25 = AD + BD,$$

所以点 D 在 AB 上.

又 $S_{\triangle ABC} = \dfrac{1}{2} AC \cdot BC = 150 = \dfrac{1}{2} \cdot 12 \cdot 25 = \dfrac{1}{2} AB \cdot CD$，所以 $CD \perp AB$，$\angle ABC = \alpha$，故 $\sin\alpha = \dfrac{AC}{AB} = \dfrac{15}{25} = \dfrac{3}{5}$.

例9 设 $x \in \mathbf{R}$，求 $f(x) = \sqrt{4x^2 - 8x + 6} + \sqrt{4x^2 - 4x + 2}$ 的最小值.（原创题）

分析与解 当 $0 \leqslant x \leqslant 1$ 时，作一个直角边长为 $\dfrac{\sqrt{2}}{2}$ 的等腰直角三角形 ABC，作 $DA \perp AC$ 于 A，设 $DA = \dfrac{\sqrt{2}}{2}$，在斜边 AC 上取一点 P，使 $CP = x$，则 $AP = 1 - x$（图 1.30），于是

$$DP = \sqrt{(1-x)^2 + \left(\frac{\sqrt{2}}{2}\right)^2} = \sqrt{x^2 - 2x + \frac{3}{2}}$$
$$= \frac{1}{2}\sqrt{4x^2 - 8x + 6}.$$

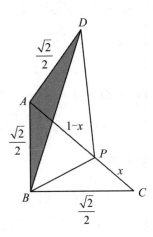

图 1.30

作 $PM \perp BC$ 于 M,则 $PM = MC = \frac{\sqrt{2}}{2}x$,于是

$$BP = \sqrt{\left(\frac{\sqrt{2}}{2} - \frac{\sqrt{2}}{2}x\right)^2 + \left(\frac{\sqrt{2}}{2}x\right)^2} = \sqrt{x^2 - x + \frac{1}{2}}$$
$$= \frac{1}{2}\sqrt{4x^2 - 4x + 2},$$

所以 $f(x) = 2BP + 2DP$.

因为 $\angle DAB = 90° + 45° = 135°$,而显然,

$$BP + DP \geqslant BD = \sqrt{\left(\frac{\sqrt{2}}{2}\right)^2 + \left(\frac{\sqrt{2}}{2}\right)^2 - 2 \cdot \frac{\sqrt{2}}{2} \cdot \frac{\sqrt{2}}{2} \cos 135°}$$
$$= \sqrt{1 + \frac{\sqrt{2}}{2}} = \frac{1}{2}\sqrt{4 + 2\sqrt{2}},$$

所以 $f(x) \geqslant \sqrt{4 + 2\sqrt{2}}$;

又∠DAB<180°,从而 DB 与 AC 必有交点,因此存在 $x_0 \in (0, 1)$,使 $f(x_0) = \sqrt{4 + 2\sqrt{2}}$.

此外,当 $x \leqslant 0$ 时,
$$f(x) = \sqrt{4x^2 - 8x + 6} + \sqrt{4x^2 - 4x + 2} \geqslant \sqrt{6} + \sqrt{2}$$
$$> \sqrt{4 + 2\sqrt{2}};$$

当 $x \geqslant 1$ 时,
$$f(x) = \sqrt{4x^2 - 8x + 6} + \sqrt{4x^2 - 4x + 2}$$
$$= \sqrt{4(x-1)^2 + 2} + \sqrt{4\left(x - \frac{1}{2}\right)^2 + 1}$$

在 $[1, +\infty)$ 上是增函数,所以
$$f(x) \geqslant f(1) = \sqrt{2} + \sqrt{2} = 2\sqrt{2} > \sqrt{4 + 2\sqrt{2}}.$$

所以,对一切 $x \in \mathbf{R}$,$f(x) \geqslant \sqrt{4 + 2\sqrt{2}}$,故 $f(x)$ 的最小值为 $\sqrt{4 + 2\sqrt{2}}$.

例10 已知 α、β、γ 都是锐角,且 $\cos^2\alpha + \cos^2\beta + \cos^2\gamma = 1$,求证:$\frac{3\pi}{4} < \alpha + \beta + \gamma < \pi$.

分析与证明 由题设条件 $\cos^2\alpha + \cos^2\beta + \cos^2\gamma = 1$,联想到长方体对角线的性质,即 $\cos^2\alpha + \cos^2\beta + \cos^2\gamma = 1$(其中 α、β、γ 是长方体对角线与其共端点的三条棱的夹角).可构造一个长方体 AC',对角线 BD' 与棱 AB、BC、BB' 的夹角分别为 α、β、γ(图 1.31).

在三面角 B-ACD' 中,$\angle ABD' = \alpha$,$\angle CBD' = \beta$,$\angle ABC = \frac{\pi}{2}$,由三面角的性质有
$$\angle ABD' + \angle CBD' > \angle ABC,$$
得 $\alpha + \beta > \frac{\pi}{2}$.同理,$\beta + \gamma > \frac{\pi}{2}$,$\gamma + \alpha > \frac{\pi}{2}$,三式相加得

1 几何模型

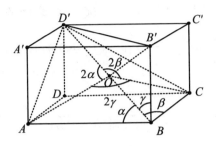

图 1.31

$$\alpha + \beta + \gamma > \frac{3\pi}{4}.$$

设 BD' 的中点为 O,连 OA、OC、OB'. 因为 $\angle AOD'$ 是 $\triangle OAB$ 的外角,且 $OA = OB$,所以 $\angle AOD' = 2\angle ABO = 2\alpha$. 同理, $\angle COD' = 2\beta$, $\angle B'OD' = 2\gamma$.

注意到 $\triangle B'OD' \cong \triangle AOC$,所以 $\angle AOC = \angle B'OD' = 2\gamma$. 于是,在三面角 $O\text{-}ACD'$ 中,由 $\angle AOD' + \angle COD' + \angle AOC < 2\pi$,得 $2\alpha + 2\beta + 2\gamma < 2\pi$,即 $\alpha + \beta + \gamma < \pi$.

例 11 设正 $\triangle ABC$ 的边长为 1,对任意实数 t,求 $|\overrightarrow{AB} + t\overrightarrow{AC}|$ 的最小值. (原创题)

分析与解 设 $t\overrightarrow{AC} = \overrightarrow{AP}$,作 $\square APQB$(图 1.32),则
$$|\overrightarrow{AB} + t\overrightarrow{AC}| = |\overrightarrow{AB} + \overrightarrow{AP}| = |\overrightarrow{AQ}|.$$

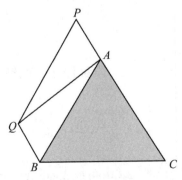

图 1.32

因为 $BQ \parallel AC$,所以 $|\overrightarrow{AQ}|$ 不小于 BQ、AC 之间的距离,即 $\triangle ABC$ 的高,所以 $|\overrightarrow{AQ}| \geqslant \dfrac{\sqrt{3}}{2}$,等号在 $AQ \perp BQ$ 时成立,此时 $t = -\dfrac{1}{2}$,故 $|\overrightarrow{AB} + t\overrightarrow{AC}|$ 的最小值为 $\dfrac{\sqrt{3}}{2}$.

另解 令 $\vec{a} = \overrightarrow{AB}, \vec{b} = \overrightarrow{AC}$,则 $|\vec{a}| = |\vec{b}| = 1$,$\vec{a}$、$\vec{b}$ 的夹角为 $60°$,于是,

$$|\overrightarrow{AB} + t\overrightarrow{AC}|^2 = |\vec{a} + t\vec{b}|^2 = (\vec{a} + t\vec{b})^2 = \vec{a}^2 + t^2\vec{b}^2 + 2t\vec{a}\vec{b}$$
$$= 1 + t^2 + 2t\cos 60° = 1 + t^2 + t$$
$$= \left(t + \dfrac{1}{2}\right)^2 + \dfrac{3}{4} \geqslant \dfrac{3}{4},$$

所以 $|\overrightarrow{AB} + t\overrightarrow{AC}| \geqslant \dfrac{\sqrt{3}}{2}$.

又当 $t = -\dfrac{1}{2}$ 时,$|\overrightarrow{AB} + t\overrightarrow{AC}| = \dfrac{\sqrt{3}}{2}$,故 $|\overrightarrow{AB} + t\overrightarrow{AC}|$ 的最小值为 $\dfrac{\sqrt{3}}{2}$.

例 12 设正数 x、y、z 满足

$$3x^2 + 3xy + y^2 = 75, \qquad ①$$
$$y^2 + 3z^2 = 27, \qquad ②$$
$$x^2 + zx + z^2 = 16. \qquad ③$$

求 $xy + 2yz + 3zx$ 的值.

分析与解 观察式①②③,发现它们与余弦定理的结构相似,于是把它们分别变形为

$$x^2 + \left(\dfrac{y}{\sqrt{3}}\right)^2 + 2x \cdot \left(\dfrac{y}{\sqrt{3}}\right) \cdot \dfrac{\sqrt{3}}{2}(可换成 \cos 30°) = 5^2,$$

$$\dfrac{y^2}{3} + z^2 + 2\left(\dfrac{y}{\sqrt{3}}\right) \cdot z \cdot 0(可换成 \cos 90°) = 3^2,$$

$$x^2 + z^2 + 2zx \cdot \frac{1}{2}(可换成 \cos 60°) = 4^2,$$

注意到 3、4、5 可构成一个直角三角形,而 x、$\frac{y}{\sqrt{3}}$、z 是形内一点到三顶点的距离,但 $30° + 90° + 60° = 180°$,不构成周角,如果将其中一个增加 $180°$,则无法利用余弦定理.于是想到诱导公式,即 $30° \to 180° - 30°$,$60° \to 180° - 60°$,得到如下变形:

$$5^2 = x^2 + \left(\frac{y}{\sqrt{3}}\right)^2 - 2x \cdot \left(\frac{y}{\sqrt{3}}\right)\cos 150°,$$

$$3^2 = \left(\frac{y}{\sqrt{3}}\right)^2 + z^2 - 2z \cdot \left(\frac{y}{\sqrt{3}}\right)\cos 90°,$$

$$4^2 = z^2 + x^2 - 2zx\cos 120°,$$

由此可作出如图 1.33 所示图形.

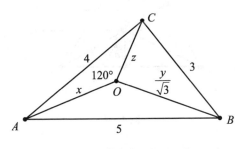

图 1.33

注意到 $\triangle ABC$ 是直角三角形,所以由

$$S_{\triangle OAB} + S_{\triangle OBC} + S_{\triangle OCA} = S_{\triangle ABC} = 6,$$

得

$$xy + 2yz + 3zx = 24\sqrt{3}.$$

例 13 给定正数 a、b、c 满足 $\sqrt{a} + \sqrt{b} + \sqrt{c} = \frac{\sqrt{3}}{2}$,求证:方程组

$$\begin{cases} \sqrt{y-a} + \sqrt{z-a} = 1, \\ \sqrt{z-b} + \sqrt{x-b} = 1, \\ \sqrt{x-c} + \sqrt{y-c} = 1, \end{cases}$$

有唯一的实数解.

分析与证明 先用构造的方法证明其实数解的存在性.

作一个边长为1的正三角形 ABC,在直线 BC 的含有点 A 的一侧作直线 p,使 $p \parallel BC$,且与 BC 的距离为 $\sqrt{a}$.在直线 CA 的含有点 B 的一侧作直线 q,使 $q \parallel CA$,且与 CA 的距离为 $\sqrt{b}$(图1.34).

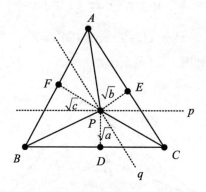

图 1.34

设 p、q 相交于点 P,作 $PD \perp BC$ 于点 D,$PE \perp CA$ 于点 E,$PF \perp AB$ 于点 F,则

$$PD = \sqrt{a}, \quad PE = \sqrt{b}, \quad PF = \frac{\sqrt{3}}{2} - \sqrt{a} - \sqrt{b} = \sqrt{c}.$$

注意:P 到 $\triangle ABC$ 三边的距离之和为三角形的高 $\dfrac{\sqrt{3}}{2}$.

因为
$$BD^2 = PB^2 - PD^2 = PB^2 - a, \quad CD^2 = PC^2 - PD^2 = PC^2 - a,$$
所以

$$BD = \sqrt{PB^2 - a}, \quad CD = \sqrt{PC^2 - a}.$$

而 $BD + CD = BC = 1$,所以 $\sqrt{PB^2 - a} + \sqrt{PC^2 - a} = 1$.

同样可知

$$\sqrt{PC^2 - b} + \sqrt{PA^2 - b} = 1, \quad \sqrt{PA^2 - c} + \sqrt{PB^2 - c} = 1,$$

所以 $(x, y, z) = (PA^2, PB^2, PC^2)$ 为方程组的解.

此外,设 (x', y', z') 也是方程的一个实数解,以 $\sqrt{y'}$ 为斜边、$\sqrt{a}$ 为直角边构造一个直角三角形 $\triangle P_1 BD$,以 $\sqrt{z'}$ 为斜边、$\sqrt{a}$ 为直角边构造一个直角三角形 $\triangle P_1 CD$,则 BDC 共线,且 $BC = BD + DC = \sqrt{y' - a} + \sqrt{z' - a} = 1$,由此得到以 $\sqrt{y'}$、$\sqrt{z'}$、1 为三边,以 $\sqrt{a}$ 为高的一个三角形 $\triangle P_1 BC$. 类似得到另两个三角形 $\triangle P_2 CA$、$\triangle P_3 AB$ (图1.35).

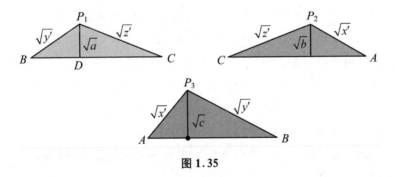

图 1.35

现在将它们拼成一个边长为 1 的正 $\triangle ABC$,作直线 $l_1 \parallel BC$,使 l_1 与 BC 的距离为 $\sqrt{a}$. 类似作直线 l_2、l_3,则三直线相交于一点 P,且 P_i 位于直线 l_i ($i = 1, 2, 3$) 上 (图1.36).

如果 P_1 与 P 不重合,不妨设 P_1 位于 P 的左边,由 $P_2 C = \sqrt{z'} = P_1 C$ 可知,P_2 位于 P 的上方.

最后由 $P_3 A = \sqrt{x'} = P_2 A$ 可知,P_3 位于 P 的上方,而由 $P_3 B = \sqrt{y'} = P_1 B$ 可知,P_3 位于 P 的下方,矛盾.

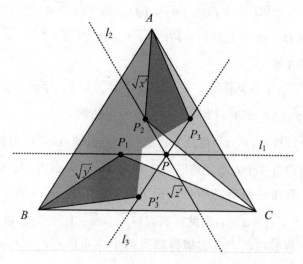

图 1.36

所以 P_1 与 P 重合. 同理, P_1、P_3 都与 P 重合, 从而

$$(x', y', z') = (x, y, z) = (PA^2, PB^2, PC^2)$$

为方程组的唯一解.

例 14 设 p、q 都是正整数, $(p, q) = 1$, 求证:

$$\left[\frac{p}{q}\right] + \left[\frac{2p}{q}\right] + \left[\frac{3p}{q}\right] + \cdots + \left[\frac{(q-1)p}{q}\right] = \frac{(p-1)(q-1)}{2}.$$

分析与证明 我们给出这个等式的一个几何证明(图形解释等式两边的意义).

考察等式左边的通项 $\left[\frac{ip}{q}\right]$ ($i = 1, 2, \cdots, q-1$), 其中 $\frac{ip}{q}$ 是函数 $f(x) = \frac{p}{q}x$ 在 $x = i$ 时的值, 而 $f(x) = \frac{p}{q}x$ 的图像是以 $\frac{p}{q}$ 为斜率过原点的直线, 由此可发现 $\left[\frac{ip}{q}\right]$ 的几何意义: 直线 $x = \frac{ip}{q}$ 上位于直线 $y = \frac{p}{q}x$ 下方的格点的个数.

由此可见，$\sum_{i=1}^{q-1}\left[\dfrac{ip}{q}\right]$ 就是 Rt△OAB 内部格点的个数，其中 $A(q,0),B(q,p)$（图 1.37）.

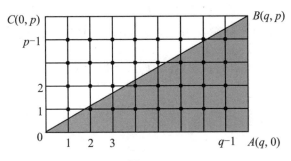

图 1.37

注意到 $(p,q)=1$，从而线段 OB 不过非端点的任何格点，实际上，如果线段 OB 过某个格点 $M(m,n)$，其中 $0<m<q$，那么 (m,n) 满足方程 $y=\dfrac{p}{q}x$，于是 $n=\dfrac{p}{q}m$，所以 $q\mid pm$，但 $(p,q)=1$，所以 $q\mid m$，与 $0<m<q$ 矛盾.

将 Rt△OAB 补充为一个矩形 $OABC$，其中 $C(0,p)$，则 Rt△ABC 内部(不包括边界)的格点个数恰好是 $q\times p$ 的矩形方格棋盘 $OABC$ 内部(不包括边界)的格点个数的一半，即 $\dfrac{(p-1)(q-1)}{2}$.

综上所述，等式获证.

下面介绍本题的一个代数证法.

令
$$A=\left[\dfrac{p}{q}\right]+\left[\dfrac{2p}{q}\right]+\left[\dfrac{3p}{q}\right]+\cdots+\left[\dfrac{(q-1)p}{q}\right],$$
则 $2A=\sum_{j=1}^{q-1}\left(\left[\dfrac{jp}{q}\right]+\left[\dfrac{(q-j)p}{q}\right]\right)$.

记 $\left[\dfrac{jp}{q}\right]=m,\left\{\dfrac{jp}{q}\right\}=t$，则

$$\left[\frac{jp}{q}\right] + \left[\frac{(q-j)p}{q}\right] = m + \left[p - \frac{jp}{q}\right] = m + p + \left[-\frac{jp}{q}\right]$$
$$= m + p + [-(m+t)]$$
$$= m + p - m + [-t] = p + [-t].$$

因为 $(p,q)=1$，若 $q \mid jp$，则 $q \mid j$，这与 $0<j<q$ 矛盾，所以 $t = \left\{\frac{jp}{q}\right\} > 0$，从而 $0<t<1$，所以 $[-t]=-1$，于是

$$\left[\frac{jp}{q}\right] + \left[\frac{(q-j)p}{q}\right] = p + [-t] = p - 1,$$

所以

$$2A = \sum_{j=1}^{q-1}\left(\left[\frac{jp}{q}\right] + \left[\frac{(q-j)p}{q}\right]\right) = \sum_{j=1}^{q-1}(p-1) = (p-1)(q-1),$$

故 $A = \dfrac{(p-1)(q-1)}{2}$.

例 15 设 $\alpha、\beta \in \mathbf{C}, \alpha、\beta \neq 0$，试证：$\left|\dfrac{\alpha}{\beta}\dfrac{|\beta|-\alpha}{|\alpha|-\alpha}\dfrac{|\alpha\beta|}{|\beta|}\right| \geqslant \dfrac{1+|\alpha|}{2}$.

（原创题）

分析与证明 当 $|\beta|=1$ 时，不等式化为

$$\left|\frac{\alpha}{\beta}\frac{|\beta|-\alpha}{|\alpha|-\alpha}\frac{|\alpha|}{}\right| \geqslant \frac{1+|\alpha|}{2},$$

$$\frac{|\beta-\alpha|}{\left|\beta-\dfrac{\alpha}{|\alpha|}\right|} \geqslant \frac{1+|\alpha|}{2}.$$

于是，我们先证明：当 $|z|=1$ 时，

$$\frac{|z-\alpha|}{\left|z-\dfrac{\alpha}{|\alpha|}\right|} \geqslant \frac{1+|\alpha|}{2}. \qquad ①$$

实际上，当 $|\alpha|=1$ 时，不等式①显然成立.

当 $|\alpha| \neq 1$ 时，设 $z、\alpha、\dfrac{\alpha}{|\alpha|}$ 对应复平面上的点 $A、B、C$，则由复数

几何意义可知,A、C 在单位圆上.

设 O 为原点,D 为 C 在圆 O 上的对径点,则

$$AB = |z - \alpha|, \quad AC = \left|z - \frac{\alpha}{|\alpha|}\right|, \quad CD = 2, \quad BD = 1 + |\alpha|.$$

于是,不等式①等价于

$$\frac{BD}{CD} \leqslant \frac{AB}{AC}.$$

作 $\angle BAC$ 的外角平分线 AE,当 $|\alpha| > 1$ 时,

$$\angle CAE = \frac{180° - \angle BAC}{2} < \frac{180°}{2} = 90° = \angle CAD,$$

所以 E 在线段 CD 上(图 1.38). 于是

$$\frac{BD}{CD} = \frac{BC + CD}{CD} = 1 + \frac{BC}{CD} \leqslant 1 + \frac{BC}{CE} = \frac{BE}{CE} = \frac{AB}{AC},$$

其中最后一步是利用外角平分线性质.

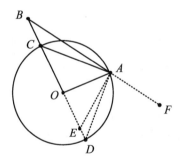

图 1.38

当 $|\alpha| < 1$ 时,

$$\angle FAE = \frac{180° - \angle BAC}{2} < \frac{180°}{2} = 90° = \angle FAD,$$

所以 E 在线段 CD 的延长线上(图 1.39). 于是

$$\frac{BD}{CD} = \frac{CD - BC}{CD} = 1 - \frac{BC}{CD} \leqslant 1 - \frac{BC}{CE} = \frac{BE}{CE} = \frac{AB}{AC},$$

所以不等式①成立.

在不等式①中，令 $z = \dfrac{\beta}{|\beta|}$，原不等式获证.

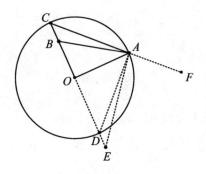

图 1.39

利用几何意义，有时可只运用于解题的某个环节，我们看下面的例子.

例 16 设 $f(x) = x^{n+1} - x^n - 1$，试求 $f(x)$ 有模为 1 的根的充分必要条件.

分析与解 设 α 是 $f(x)$ 的根，且 $|\alpha| = 1$，则
$$0 = f(\alpha) = \alpha^{n+1} - \alpha^n - 1,$$
即 $\alpha^n(\alpha - 1) = 1$，所以 $|\alpha|^n \cdot |\alpha - 1| = 1$.

但 $|\alpha| = 1$，所以 $|\alpha - 1| = 1$.

利用复数方程的几何意义，复数对应的点的轨迹为两个圆，通过求两圆的交点，得方程组 $|\alpha| = 1$，$|\alpha - 1| = 1$ 的解为 $\alpha = \cos\dfrac{\pi}{3} \pm i\sin\dfrac{\pi}{3}$.

将 $\alpha = \cos\dfrac{\pi}{3} \pm i\sin\dfrac{\pi}{3}$ 代入 $f(x) = 0$，得
$$\cos\dfrac{(n+1)\pi}{3} + i\sin\dfrac{(n+1)\pi}{3} - \cos\dfrac{n\pi}{3} - i\sin\dfrac{n\pi}{3} = 1,$$
比较上式的实部与虚部，有

$$\cos\frac{(n+1)\pi}{3} = 1 + \cos\frac{n\pi}{3}, \quad \sin\frac{(n+1)\pi}{3} = \sin\frac{n\pi}{3},$$

$$2\cos\frac{(2n+1)\pi}{6}\sin\frac{\pi}{6} = 0, \quad -2\sin\frac{(2n+1)\pi}{6}\sin\frac{\pi}{6} = 1,$$

所以

$$\cos\frac{(2n+1)\pi}{6} = 0, \quad \sin\frac{(2n+1)\pi}{6} = -1.$$

由 $\sin\frac{(2n+1)\pi}{6} = -1$,得 $\frac{(2n+1)\pi}{6} = 2k\pi - \frac{\pi}{2}$,所以 $2n+1 = 12k - 3$, $n+2 = 6k$, $6 \mid n+2$.

反之,当 $6 \mid n+2$ 时,直接验证可知

$$\alpha = \cos\frac{\pi}{3} \pm \mathrm{i}\sin\frac{\pi}{3}$$

为 $f(x) = 0$ 的根.

实际上, $f(\alpha) = \alpha^{n+1} - \alpha^n - 1 = \alpha^{-1} - \alpha^{-2} - 1 = 0$, 故所求的充分必要条件为 $6 \mid n+2$.

另解 设 x 是 $f(x) = x^{n+1} - x^n - 1$ 的根,且 $|x| = 1$,则 $x^{n+1} - x^n - 1 = 0$, $x^{n+1} = x^n + 1$, 所以 $|x^n + 1| = |x^{n+1}| = |x|^{n+1} = 1$. 两边平方,得

$$1 = |x^n + 1|^2 = (x^n + 1)(\overline{x}^n + 1) = 2 + \mathrm{Re}(x^n),$$

所以 $\mathrm{Re}(x^n) = -\frac{1}{2}$.

但 $|x^n| = 1$, 所以

$$x^n = -\frac{1}{2} \pm \frac{\sqrt{3}}{2}\mathrm{i}, \qquad ①$$

类似地,由 $|x^{n+1} - 1| = |x^n| = |x|^n = 1$, 得

$$x^{n+1} = \frac{1}{2} \pm \frac{\sqrt{3}}{2}\mathrm{i}, \qquad ②$$

①②两式相除,得 $x = \frac{1}{2} \pm \frac{\sqrt{3}}{2}\mathrm{i}$,再分别代入式①②,知 $3 \nmid n$,从

而 $6\nmid n, 6\nmid n+3; 3\nmid n+1$,从而 $6\nmid n+1, 6\nmid n+4$。又 $6\nmid n-1$,故 $6\mid n+2$。

例17 设 t 不是平方数,$t\equiv 1(\bmod 4)$,令 $\alpha=\dfrac{1+\sqrt{t}}{2}$。

(1) 求证:$1\leqslant [\alpha^2 n]-[\alpha[\alpha n]]\leqslant [\alpha]$ ($n\in \mathbf{N}$);

(2) 是否存在 $n\in \mathbf{N}$,使 $[\alpha^2 n]-[\alpha[\alpha n]]$ 取到 1 到 $[\alpha]$ 的所有整数?

分析与解 (1) 设 $t=4k+1, k\in \mathbf{N}$,则
$$4k+1=(2\alpha-1)^2=4\alpha^2-4\alpha+1,\quad \alpha^2=\alpha+k.$$
因为 t 非平方数,有 $t>1$,从而 $\alpha>1$,且 α 为无理数。

又设 $\alpha n=[\alpha n]+\theta, 0\leqslant \theta<1$,由于 t 非平方数,所以 α 为无理数,$\theta\neq 0$。所以
$$[\alpha^2 n]-[\alpha[\alpha n]]=[(\alpha+k)n]-[\alpha(\alpha n-\theta)]$$
$$=kn+[\alpha n]-[(\alpha+k)n-\alpha\theta]$$
$$=[\alpha n]-[[\alpha n]+\theta-\alpha\theta]=-[\theta-\alpha\theta].$$
因为 $[\theta-\alpha\theta]=[(1-\alpha)\theta]\leqslant -1 (1-\alpha<0)$,所以
$$-[\theta-\alpha\theta]\geqslant 1, [\theta-\alpha\theta]>\theta-\alpha\theta-1,$$
$$-[\theta-\alpha\theta]<1+\alpha\theta-\theta=1+\theta(\alpha-1)$$
$$<1+(\alpha-1)=\alpha, -[\theta-\alpha\theta]\leqslant [\alpha]。$$
$$1\leqslant [\alpha^2 n]-[\alpha[\alpha n]]\leqslant [\alpha](n\in \mathbf{N})。$$

(2) 结论是肯定的,即对任何 $1\leqslant m\leqslant [\alpha]$,均有 $n\in \mathbf{N}$,使 $[\alpha^2 n]-[\alpha[\alpha n]]=m$。

由上知 $[\alpha^2 n]-[\alpha[\alpha n]]=-[\theta-\alpha\theta]$,于是
$$[\alpha^2 n]-[\alpha[\alpha n]]=m\Leftrightarrow -[\theta-\alpha\theta]=m$$
$$\Leftrightarrow [\theta-\alpha\theta]=-m\Leftrightarrow -m\leqslant \theta-\alpha\theta<-m+1$$
$$\Leftrightarrow m-1<(\alpha-1)\theta\leqslant m\Leftrightarrow \dfrac{m-1}{\alpha-1}<\theta\leqslant \dfrac{m}{\alpha-1}。$$

这样,问题转化为:对 $1 \leqslant m \leqslant [\alpha]$,均有 $\theta \in \left(\dfrac{m-1}{\alpha-1}, \dfrac{m}{\alpha-1}\right)$.

记 $\theta_n = \alpha n - [\alpha n] = \{\alpha n\}(n \in \mathbf{N})$,易见 $\theta_i \neq \theta_j$,否则 $\alpha(i-j) = [\alpha j] - [\alpha i]$ 为整数,与 α 为无理数矛盾.

考虑 $\theta_1, \theta_2, \cdots$ 此无限数列中必存在 θ_i、θ_j,使 $|\theta_i - \theta_j| \leqslant \varepsilon$,其中 ε 为任意给定的正数(这只需将区间 $(0,1)$ 分成若干等份,使每一份的长不大于 ε).

现在,我们设法找到 $\theta_n \in \left(\dfrac{m-1}{\alpha-1}, \dfrac{m}{\alpha-1}\right)$.

将区间 $[0,1]$ 看作一条线段,将其转成一个圆周,则无穷序列 $\theta_1, \theta_2, \cdots$ 绕圆周运动,令 $\beta_1 = \theta_i, \beta_2 = \theta_j (i < j), \beta_3 = \theta_{j+k}, \beta_4 = \theta_{j+2k}, \cdots$ ($k = j - i$),则 $\beta_1, \beta_2, \cdots$ 也绕圆周运动,其间距可任意小.

用 $[\alpha]$ 个点:$\dfrac{t}{\alpha-1}(t = 1, 2, \cdots, [\alpha])$ 将圆周分为 $[\alpha]$ 份,每一份的长度为 $\dfrac{1}{\alpha-1} > \dfrac{\{\alpha\}}{\alpha-1}$ (除最后一份 $\left(\dfrac{[\alpha]}{\alpha-1}, \dfrac{1}{\alpha-1}\right]$ 外).

令 $|\theta_i - \theta_j| = \theta \leqslant \varepsilon$ (其中取 $\varepsilon < \dfrac{\{\alpha\}}{\alpha-1}$),考察等差数列:

$$\theta_i, \theta_j, \theta_{j+(j-i)}, \cdots$$

由 θ_i 到 θ_j 可能转过了若干圈,但 θ_j 与 θ_i 很接近,可能在 θ_i 前,也可能在 θ_i 后,不论怎样,其公差 $\theta \leqslant \dfrac{\{\alpha\}}{\alpha-1} < \dfrac{1}{\alpha-1}$.

因此,必有某个 θ_n 落在圆周的每一份(除最后一份外)中,从而必有某个 θ_n 落在第 m 份 $\left(\dfrac{m-1}{\alpha-1}, \dfrac{m}{\alpha-1}\right)$ 中,证毕.

1.3 直观模拟

所谓直观模拟,就是将题中的对象用一些简单直观的对象来代替,并用相应的规则描述各对象间的相互关系.这样,一些复杂而抽

象的问题便转化为一些简单直观的问题,问题的解决也就变得容易而方便.

由于直观模拟是用一个直观模型模拟客观事物,而模型选取并没有确定的规则,因而这样的图在构造方式上通常比较灵活,这也是用这样的分析方法解题的一个难点.

例 1 在较长一段时间内,每天都有一艘轮船从甲地开往乙地,并且每天的同一时刻,也有一艘轮船从乙地开往甲地.假定轮船在途中来与去的时间都是七昼夜,而且都是匀速航行在同一航线上.试问:一条轮船从甲地出发直到抵达乙地,在途中将会遇到对面开来的几艘轮船?其中不包括在码头遇到的轮船.

分析与解 本题很容易错误地认为答案为 7. 其实,一条轮船从甲地出发,它不仅要遇到它出发后才从对面开出来的轮船,还要遇到它在出发前就已从对面开出来的轮船.经过一番思考,答案似乎为 14,但也不对,正确的答案是 13.

为什么是 13? 要说清其理由,着实要费一些周折. 但是,设想一下,如果我们去实地考察:坐上这样的轮船去数一数,不就能直截了当地得到答案吗?

当然,我们不必也不可能真正进行实地考察,这一切只需在"实验室"里进行,用一个直观图形来模拟一下我们的旅程即可.

以甲地 O 为原点,以过 O 的直线为 t 轴建立直角坐标系. 假定 A 是一条从甲地出发的轮船,以 A 出发的时间为起始时间 0,对于任何时刻,每一艘轮船所在位置 P 都可用坐标 $P(t,s)$ 表示,其中 t 表示该轮船在位置 P 的时间与起始时间的差(单位:昼夜),当 $t>0$ 时,表示该时间是 A 轮船出发后的 t 昼夜;当 $t<0$ 时,表示该时间是 A 轮船出发前的 $|t|$ 昼夜. 此外,s 表示位置 P 与点 O 的距离. 假定甲、乙两地的距离为 a,则 A 从点 $O(0,0)$ 出发,到达乙地时可用 $M(7,a)$ 表示. 这样,A 从甲地到乙地经过的每一个位置形成一条联结 O、

M 的线段(图 1.40).

对于从乙地出发的任意一艘轮船,其起始位置可以表示为 $P(t,a)$,它到达甲地的位置可以表示为 $Q(t+7,0)$. 于是,该轮船的轨迹为一条联结 P、Q 的线段. 如果该线段 PQ 与线段 OM 有非端点的交点,则这两艘轮船必定在中途相遇.

由图 1.40 可知,当 $-6 \leqslant t \leqslant 6$ 时,线段 PQ 与线段 OM 有非端点的交点,这表明从甲地出发的轮船 A 直到抵达乙地,在途中将会遇到对面开来的 13 艘轮船.

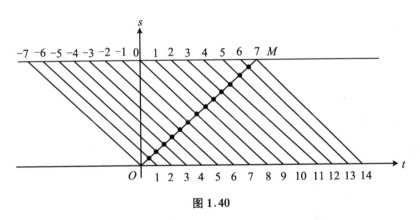

图 1.40

例 2 有 2012 支球队进行一次年度超级足球循环赛,每两支球队都恰比赛一场,每场比赛胜者得 3 分,负者得 0 分,平局各得 1 分. 比赛结束后,甲把他所在队的总分发信息告诉了乙,乙收到信息后马上知道了甲所在队在整个比赛中的胜负场数,试问:甲所在队在这次比赛中所得的总分是多少?(原创题)

分析与解 考虑有 n 支球队的情形,设整个比赛中甲所在队共胜 x 场、平 y 场、负 z 场,则该队的总分 $S=3x+y$,其中 $x+y+z=n-1$,x、y、$z \geqslant 0$.

因为 $x+y=n-1-z \leqslant n-1$,考察区域 Ω:

$$\begin{cases} x+y \leqslant n-1, \\ x \geqslant 0, \\ y \geqslant 0. \end{cases}$$

当 S 变化时,方程 $S=3x+y$ 表示一组斜率为 -3 的平行直线(图 1.41). 现在要确定 S 的值,使直线 $l(S=3x+y)$ 位于区域 Ω 内的线段上恰有一个整点,我们称这时的直线 l 为好直线.

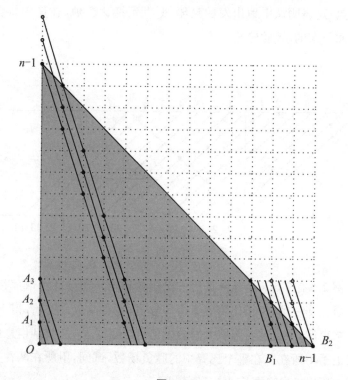

图 1.41

考察直线 l 与 y 轴的交点 $A(0,S)$,当 $S=0,1,2$ 时,l 为好直线.

当 $3 \leqslant S \leqslant n-1$ 时,l 至少过 Ω 内的 2 个整点,l 不为好直线.

当 $S \geqslant n$ 时,考察直线 l 与 x 轴的交点 $B(\dfrac{S}{3},0)$,当 $S=3n-9$

时，l 过 $B_1(n-3,0)$，此外，l 还过 Ω 内的整点 $(n-4,3)$，从而 l 不为好直线. 当 $S \leqslant 3n-9$ 时，l 与 x 轴的交点在线段 OB_1 上，l 至少过 Ω 内的 2 个整点，从而 l 不为好直线.

当 $S = 3n-4$ 时，由图可知，l 不过 Ω 内的任何整点，从而 l 不为好直线.

当 $3n-8 \leqslant S \leqslant 3n-5$ 或 $S = 3n-3$ 时，由图可知 l 恰过 Ω 内的一个整点，从而 l 为好直线.

综上所述，$S = 0、1、2、3n-8、3n-7、3n-6、3n-5、3n-3$，取 $n = 2\,012$，得 $S = 0、1、2、6\,028、6\,029、6\,030、6\,031、6\,033$.

例3 有 6 名乒乓球运动员穿着 4 种颜色的服装进行表演比赛，其中 2 人的服装为红色，2 人的服装为黄色，1 人的服装为蓝色，1 人的服装为黑色. 每次表演选 3 人出场，且仅在服装颜色不同的选手间对局比赛，具体规则如下：

(1) 出场的"3 人组"中若服装均不相同，则每两人都进行 1 局比赛，且比赛过的 2 名选手在另外的"3 人组"中再相遇时还要比赛.

(2) 出场的"3 人组"中若有 2 人服装相同，则这两人之间不比赛，且只在 2 名选手中派 1 人与另 1 人进行 1 局比赛.

试问：按照这样的规则，当所有的"3 人组"都恰好出场一次之后共进行了多少场比赛？

分析与解 题中信息量大，关系复杂，借助图形，可使其简化.

最容易想到的是用点表示人，两点之间的连线（边）表示对应两人进行的比赛. 但遗憾的是，表演赛是以"3 人组"为单位出场的，所有"3 人组"都出场一次，从而两个异色点之间并非只连一条边（可能要比赛多场），这样得到的图是一个有"重边"的图，难于计算比赛场次.

现在改为用直线表示人，两直线的交点表示这两人的比赛，其中同颜色服装的人（不比赛）用平行线表示. 但此时与题中的条件(2)不符:依照条件(2),当"3人组"中有2人服装相同时,只进行一场比赛,但3条直线有2个交点.

我们不必全盘否定上述几何转化方案,只需稍作修改即可.

我们仍用直线表示人,考察对于情形(2)的3条直线,其中有2条平行直线 a、b,且同时与第3条直线 c 相交(图1.42).此时,"3线组"有两个交点 A、B,但由题意知,这样的"3线组"只对应一场比赛,所以我们考虑是否有某种几何对象在这样的"3线组"中只有一个?这显然是2条平行直线 a、b 被第3条直线 c 截得的线段 AB.

由此想到,用"3线组"中一条直线被另两条直线截得的线段表示对应"3人组"中的比赛,如图1.42中的线段 AB,表示由 c 与 a、b 中一人进行的比赛.

现在,我们来考虑这一规定是否符合题中的情形(1).此时,"3线组"中任何两条直线不平行,根据题意,它们对应的"3人组"中要进行3场比赛,从而"3线组"要对应3条截得的线段,这只需规定3条直线不交于同一点即可.如图1.43所示,三直线 a、b、c 两两相交,得到3条线段 AB、BC、CA,其中直线 c 被另两条直线 a、b 截得的线段 AB 表示直线 a、b 对应两人之间的比赛.

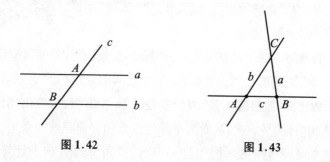

图1.42　　　　　图1.43

于是,用两条平行线 a_1、a_2 表示2名穿红色服装的运动员,用两条平行线 b_1、b_2(其中 a_1 与 b_1 相交)表示2名穿黄色服装的运动员,用两条相交直线 c_1、c_2 表示1名穿蓝色服装和1名穿黑色服装的运动员,其中 c_1、c_2 与 a_1、b_1 都相交.且任何 3 条不过同一点,因为任意 "3 人组"至少进行一场比赛,得到图 1.44.

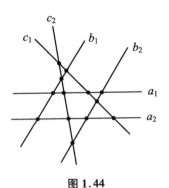

图 1.44

由上述可知,所有比赛的场数,就是以 6 条直线 a_1、a_2、b_1、b_2、c_1、c_2 的交点为端点的线段的条数(不含射线).

先考察直线 a_1,它上面有 4 个交点,产生 $C_4^2 = 6$ 条线段.由对称性知,a_2、b_1、b_2 上都有 6 条线段.

再考察直线 c_1,它上面有 5 个交点,产生 $C_5^2 = 10$ 条线段.同样 c_2 上也有 10 条线段.

所以,一共有 $4 \times 6 + 2 \times 10 = 44$ 条线段,即共比赛 44 场.

有些问题可以用不同形式的几何意义求解.

例 4 某班有 $2n$ 个学生,教室里有 n 张双人课桌,每张双人课桌可安排两人同座.问最多能排出多少张不同的座次表,使任意两个人最多在其中一张座次表中同座? (原创题)

分析与解 考察某个人 A,他最多与其余 $2n-1$ 人各同座一次,从而座次表不多于 $2n-1$ 张.

现在的问题是能否按要求排出 $2n-1$ 张不同的座次表.

对于任何一张合乎要求的座次表,可以用平面上 $2n$ 个点代表 $2n$ 个学生,若其中两个学生同坐一张课桌,则将相应的两个点用线段联结.

这样,每一张合乎要求的座次表对应于 n 条线段,这些线段的端点包含所有 $2n$ 个点(在图论中称为完全匹配).

现在要对 $2n$ 个点构造出 $2n-1$ 个不同的完全匹配,使任何两个完全匹配中没有公共的边.

为了叙述问题方便,任取其中一个完全匹配,不妨设点 $A_1, A_2, A_3, \cdots, A_{2n-1}$ 均匀地分布在圆周上,而点 A_{2n} 位于圆心,其中 A_1 与 A_{2n} 连边,A_2 与 A_{2n-1} 连边,$\cdots$,A_n 与 A_{15} 连边,则这个完全匹配中的 n 条线段构成一个关于直线 A_1A_{2n} 对称的轴对称图形(图1.45).

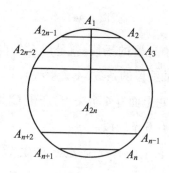

图1.45

为了构造其他 $2n-2$ 张不同的座次表,将这个图形绕圆心旋转 $2n-2$ 次,每次旋转的角度为 $\dfrac{360°}{2n-1}$,每旋转一次,便得到一个图形,代表一张新的座次表(每一次旋转相当于将前一种情形中的每个数都加上1,大于 $2n-1$ 的数取除以 $2n-1$ 的余数).

下面证明这 $2n-1$ 张座次表合乎要求.

先看点 A_{2n},在不同的座次表中它分别与 $A_1, A_2, A_3, \cdots, A_{2n-1}$ 连边,从而以点 A_{2n} 为端点之一的边不会在两张不同的座次表中出现.

再考察任意一条边 A_pA_q(p、$q \neq 2n$),如果它在两张不同的座次表中出现,设两张不同的座次表中分别含有边 A_iA_{2n}、A_jA_{2n}(即旋转 $i-1$、$j-1$ 次后的座次表),那么边 A_pA_q 既关于直线 A_iA_{2n} 对称,又关于直线 A_jA_{2n} 对称,从而 A_iA_{2n}、A_jA_{2n} 共线.

但 $2n-1$ 是奇数,A_1A_{2n},A_2A_{2n},$\cdots$,$A_{2n-1}A_{2n}$ 中没有线段共线,矛盾.

也可这样验证构造合乎条件:在第 $i(i=1,2,\cdots,2n-1)$ 张座次表中,含有边 A_iA_{2n},其他边 A_pA_q($1\leqslant p<q\leqslant 2n-1$)满足 $p+q\equiv 2i\pmod{2n-1}$,因为 $(2,2n-1)=1$,所以当 $i=1,2,\cdots,2n-1$ 时,$2i$ 构成模 $2n-1$ 的完系,所以当 $1\leqslant i<j\leqslant 2n-1$ 时,第 i 张座次表与第 j 张座次表所含有的边 A_pA_q($1\leqslant p<q\leqslant 2n-1$)互不相同.

又第 i 张座次表与第 j 张座次表以 A_{2n} 为端点之一的边 $A_{2n}A_i$、$A_{2n}A_j$ 也不同,从而任何两张座次表没有公共的边.

本题是根据图论中如下的基本结论改编:可以将 $2n$ 阶完全图 K_{2n} 的边分解为 $2n-1$ 个 n-匹配,使任何两个 n-匹配没有公共的边.

例 5 在一天内的不同时刻,经理把文件交给秘书打印,每次都将一份文件放在秘书所打印文件堆的上面,秘书有时间就将文件堆最上面的那份文件取出打印,每次取一份.

假定共有 n 份文件,按经理交来的顺序依次为 $1,2,\cdots,n$,试问:秘书打印这些文件的顺序有多少种?

分析与解 此题是《中等数学》2009 年第 7 期上臧殿高的论文《一个排序问题的解决》中提到的问题,原解答花了很长的篇幅.但若用图形来解,则很简单.

将经理在文件堆上放一份文件记为 1,秘书打印一份文件记为 -1,这样,一个打印顺序对应由 n 个 1 和 n 个 -1 组成的"起点和"恒非负(任何从首项起的部分和都非负)的排列.

这里要求"起点和"恒非负,是因为任何时刻秘书已打印的文件数不超过经理在文件堆上放的文件数.

用 S_k 表示排列的前 k 项的和,则问题又等价于所有点 (k, S_k) 都在 x 轴上或上方.其中 k、S_k 具有实际意义:

k = 经理在文件堆上放的文件数 + 秘书已打印的文件数

S_k = 经理在文件堆上放的文件数 − 秘书已打印的文件数

在直角坐标系中标出这些点 (k, S_k),并将点 (k, S_k) 与点 $(k+1, S_{k+1})$ 用线段联结($k = 0, 1, 2, \cdots, 2n-1$,其中 $S_0 = 0$),这样便得到一条联结 $O(0, 0)$ 与 $A(2n, 0)$ 的折线,此折线不经过 x 轴下方的任何点,我们称为好折线.

反之,一条联结 $O(0, 0)$ 与 $A(2n, 0)$ 的好折线(它不经过 x 轴下方的任何点),令各结点的纵坐标为 S_k,记 $x_k = S_k - S_{k-1}$,则 x_1, $x_2, \cdots, x_{2n}$ 是合乎条件的排列.

下面计算好折线的条数.

先考虑联结 O、A 的"自由"(无限定条件)折线的条数,共有 C_{2n}^n 条,这是因为折线共有 $2n$ 段,每一段或者上升,或者下降,从 x 轴出发到 x 轴结束,从而上升的段与下降的段条数相等,而在 $2n$ 段中选择 n 段为上升的有 C_{2n}^n 种方法.

好折线难于转化为"自由"折线,但坏折线易于转化为"自由"折线.

对每一条坏折线,它必与直线 $L(y = -1)$ 有一个公共点,设其横坐标最小的一个交点为 P(图 1.46),作折线位于点 P 右边的部分关于直线 L 的对称图(如图 1.46 中的虚线部分),其中 $A(2n, 0)$ 的对称点为 $B(2n, -2)$,这样,每一条坏折线(实线)都对应一条联结 O、B 的自由折线(虚线).

反之,对于任何一条联结 O、B 的自由折线,它必与直线 L 有交点,设其横坐标最小的一个交点为 P,作折线位于 P 右边的部分关于直线 L 的对称图,便得到一条联结 O、A 的坏折线.

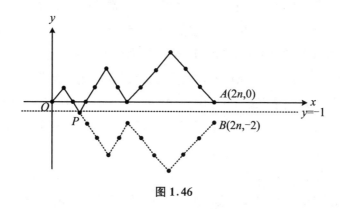

图 1.46

于是，上述对应为一一对应(坏折线 ⟷ 联结 O、B 的自由折线).

下面计算联结 O、B 的自由折线的条数.

由于 B 的纵坐标为 -2，在联结 O、B 的折线中共有 $2n$ 段，设其中有 p 段是上升的，q 段是下降的，则 $p+q=2n$，$p-q=-2$，从而 $p=n-1$，$q=n+1$，于是这样的折线的条数为 C_{2n}^{n-1}.

综上所述，合乎条件的折线有 $C_{2n}^{n} - C_{2n}^{n-1} = \dfrac{C_{2n}^{n-1}}{n}$ 条，这就是打印文件顺序的种数.

例6 甲乙两人参加竞选，结果是甲得 n 票，乙得 m 票($n > m$). 试问：唱票中甲累计的票数始终超过乙累计的票数的方法有多少种？

分析与解 本问题称为贝特朗(Betrand，法国数学家)问题，其解法也是用到与上题类似的"折线模型".

若唱甲当选，则记为 1；若唱乙当选，则记为 -1. 这样，每一种唱票方式都对应一个由 n 个 1 和 m 个 -1 组成的数列.

用 S_k 表示上述数列的前 k 项的和，在直角坐标系中标出点 (k, S_k)，并将点 (k, S_k) 与点 $(k+1, S_{k+1})$ 用线段联结($k=0, 1, 2, \cdots$,

$m+n$，其中 $S_0=0$），这样，每一种唱票方式都对应一条联结 $O(0,0)$ 与 $A(m+n,m-n)$ 的折线. 显然，甲累计的票数始终领先⇔折线上所有结点 (k,S_k) 都在 x 轴的上方，即折线与 x 轴无交点.

我们称合乎上述条件的折线为好折线，否则为坏折线.

反之，对一条联结 $O(0,0)$ 与 $A(m+n,m-n)$ 的折线，若它不与 x 轴相交，令各结点的纵坐标为 S_k，记 $x_k=S_k-S_{k-1}$，则 x_1，x_2，…，x_{m+n} 是合乎条件的排列.

由此可见，好折线与合乎条件的排列建立了一一对应.

先考虑联结 O、A 的"自由"（无限定条件）折线的条数，显然有 C_{m+n}^n 条，这是因为折线共有 $m+n$ 段，每一段或者上升，或者下降，由条件可知，有 n 段是上升的，有 m 段是下降的，而在 $m+n$ 段中选择 n 段为上升的有 C_{m+n}^n 种方法.

值得注意的是，好折线难于转化为"自由"折线，但坏折线易于转化为"自由"折线.

考虑任意一条坏折线，必与 x 轴有一个非 O 的交点，设其横坐标为正且最小的一个交点为 P，作折线位于点 P 右边的部分关于 x 轴的对称图（图 1.47 的虚线部分），其中 $A(m+n,m-n)$ 的对称点为 $B(m+n,n-m)$，则每一条坏折线（实线）都对应一条联结 O、B 的自由折线（虚线）.

但反之，对于一条联结 O、B 的自由折线（虚线），它未必与 x 轴有非 O 的交点，当其与 x 轴只有一个交点为 O 时，对称后的折线是好折线（图 1.48）.

于是，这种对应非一一对应，我们应将坏折线分类，以保证联结 O、B 的折线与坏折线能建立一一对应.

坏折线可分为如下两种情形：

(1) 坏折线过点 $S(1,-1)$，称为第一类坏折线；

(2) 坏折线过点 $T(1,1)$，称为第二类坏折线.

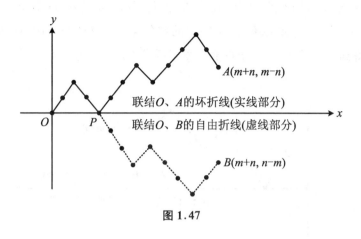

图 1.47

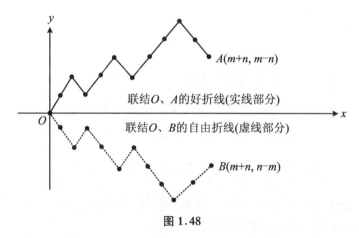

图 1.48

显然,当折线过点 $S(1,-1)$ 时,此折线一定是坏的,因此第一类坏折线是由 S 到 A 的自由折线,易知它的后 $n+m-1$ 段中有 n 段上升、$m-1$ 段下降.

实际上,可设有 x 段上升,y 段下降,则
$x-y=(n-m)-(-1)=n-m+1, x+y=n+m-1$,
求得 $x=n, y=m-1$,从而这样的坏折线有 C_{n+m-1}^{n} 条.

现在来计算第二类坏折线的条数,注意到过 $T(1,1)$ 的坏折线必

与 x 轴有非 O 的交点,设其横坐标为正且最小的交点为 P (图 1.49),作此折线位于 P 左边的部分关于 x 轴的对称图(虚线),便得到第一类坏折线,于是第二类坏折线的条数亦为 C_{n+m-1}^n.

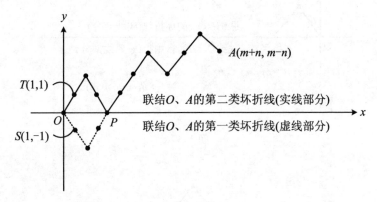

图 1.49

于是,合乎条件的折线的条数为

$$C_{n+m}^n - 2C_{n+m-1}^n = C_{n+m-1}^{n-1} - C_{n+m-1}^n = \left(1 - \frac{m}{n}\right)C_{n+m-1}^m.$$

由此,我们还可以求得甲始终领先的概率为

$$\left(1 - \frac{m}{n}\right) \cdot \frac{C_{n+m-1}^m}{C_{n+m}^n} = \frac{(n-m)C_{n+m-1}^m}{nC_{n+m}^n} = \frac{n-m}{n+m}.$$

例7 有 21 个女孩和 20 个男孩参加一次数学竞赛,已知:

(1) 每一个参赛者至多解出 6 道题;

(2) 对于每一个女孩和每一个男孩,至少有一道题被这一对孩子都解出.

求证:有一道题,至少有 3 个女孩和 3 个男孩都解出.(2004 年 IMO 中国集训队训练题)

分析与证明 用 $g_1, g_2, \cdots, g_{21}$ 表示 21 个女孩,用 $b_1, b_2, \cdots, b_{20}$ 表示 20 个男孩,作一个 21×20 的方格表(图 1.50),在该表的第 i ($1 \leqslant i \leqslant 21$) 行(即女生 g_i 所在的行)与第 j ($1 \leqslant j \leqslant 20$) 列(男生

b_j 所在的列)交叉处的方格标上 g_i 与 b_j 共同解出的一道题的标号(若有不少于 2 个共同答出的题目,则任选其中一个题号). 依题意,每一对孩子至少解出一道公共的题,从而每个方格都被标上一个题号.

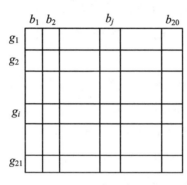

图 1.50

考察目标,我们只需找到一个题号,它在某一行中出现 3 次(被 3 个不同的男孩解出),且它在某一列中出现 3 次(被 3 个不同的女孩解出).

考察任意一行,若某个题号在这行出现不少于 3 次,则打上红圈. 因为每个女生至多答对 6 题,所以该行至多有 6 个不一样的题号. 由抽屉原理,至少有一种题号在该行中出现不少于 $\left[\dfrac{20}{6}\right]+1=4$ 次,所以该行至少一个红圈.

若该行不多于 9 个红圈,则至少有 $20-9=11$ 格没打红圈. 将这 11 个格归入剩下至多 $6-1=5$ 种没打红圈的题号,由抽屉原理,至少有一种题号在该行出现不少于 $\left[\dfrac{11}{5}\right]+1=3$ 次,从而该题号应打蓝圈,矛盾. 所以该行至少有 10 个红圈.

于是,整个表格至少有 $10\times 21=210$ 个红圈.

类似地,对于每一列,如果某个题号在这列出现不少于 3 次,则

打上蓝圈,同样可证,每一列至少有 11 个蓝圈,整个表格至少有 $11 \times 20 = 220$ 个蓝圈.

由于红圈与蓝圈个数的和为 $210 + 220 = 430$,而整个表格的方格个数为 $21 \times 20 = 420 < 430$,所以至少有一格被同时打上红圈和蓝圈.

设这格为 T,则 T 中的题号在 T 所在的行至少出现 3 次,在 T 所在的列至少出现 3 次,这表明题号在 T 中的一道题,至少有 3 个女孩和 3 个男孩都解出,命题获证.

例 8 有 n 只棋子被分成若干堆,现对状态进行如下操作:从每一堆中各取出一只棋,然后将取出的棋合在一起组成一个新的堆.每次操作后,各堆棋的棋子数按由小到大的顺序排成的数列称为 n 只棋的一种分布状态.如果存在 r 个不同的分布状态 $A_1, A_2, \cdots, A_r$,其中状态 A_i 操作一次之后变成状态 A_{i+1}($i = 1, 2, \cdots, r$,规定 $A_{r+1} = A_1$),则称这 r 个状态构成一个循环圈,记为:$A_1 \to A_2 \to \cdots \to A_r \to A_1$,其中 r 称为该循环圈的长度.例如,$n = 8$ 时,对各种不同的初始状态,操作共有 2 个不同的循环圈:

$(4, 2, 2) \to (3, 3, 1, 1) \to (4, 2, 2)$,

$(4, 3, 1) \to (3, 3, 2) \to (3, 2, 2, 1) \to (4, 2, 1, 1) \to (4, 3, 1)$.

其长度分别为 2 和 4.

对 n 只棋的所有不同的初始状态,求:

(1) 所有循环圈的长度的最大值;

(2) 所有长度不同的循环圈的个数 $f(n)$;

(3) 所有不同循环圈的个数 $g(n)$.(原创题)

分析与解 从特例出发,考察若干个具体的循环圈,看能否发现一些规律.

当 $n = 8$ 时,对各种不同的初始状态,操作共有 2 个不同的循环圈:

$(4,2,2) \to (3,3,1,1) \to (4,2,2)$,

$(4,3,1) \to (3,3,2) \to (3,2,2,1) \to (4,2,1,1) \to (4,3,1)$.

这两个循环圈本身似乎没有什么规律,但若将其换一种方式来描述,则其隐含的规律就可浮出水面.

想象每一堆棋子都堆成一列,我们可以用一列方格来代替,这样不难发现这两个循环圈的一个共同特征:棋子挤满了前 3 条对角线,而第 4 条对角线上有 2 只棋.

在第一个循环圈中,第 4 条对角线上的 2 只棋不相邻(图 1.51).

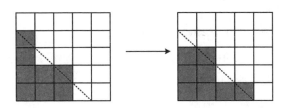

图 1.51

在第二个循环圈中,第 4 条对角线上的 2 只棋相邻(图 1.52).

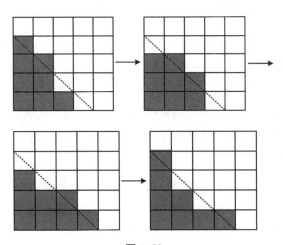

图 1.52

由此,我们可以猜想,对一般情况,当操作进入循环时,棋子挤满了前面若干条对角线,而紧接着的下一条对角线上有若干只棋,其他对角线上没有棋.

设 n 只棋的最初状态为 $(a_1, a_2, \cdots, a_m)$,其中 $a_1 \geqslant a_2 \geqslant \cdots \geqslant a_m, a_1 + a_2 + \cdots + a_m = n$.

构造一个 $n \times n$ 的方格棋盘(图形转化),它的各行从下至上依次称为第 1 行,第 2 行,$\cdots$,第 n 行,它的各列从左至右依次称为第 1 列,第 2 列,$\cdots$,第 n 列.将 n 只棋放在棋盘中,第 j 列的前 a_j 个方格中各放一只棋($j = 1, 2, \cdots, m$),放棋的方格用黑色方格表示,而空格用白色方格表示.

题给的操作由下述两个小操作构成:

(1) 将第 1 行的棋沿直线 $y = x$ 对称翻转到第 1 列,而其他的每只棋都同时向下和向右平移一格.

(2) 如果操作(1)中第 1 列的棋子数小于第 2 列的棋子数,则将第 1 列向右平移到某两列之间,使各列的棋子数按从左至右的顺序递减排列.

注意到操作(1)具有这样的特征:它使每只棋在倾斜角为 $135°$ 的对角线上从上至下连续运动。例如,第 r 条对角线上的棋子的运动轨迹为:$(r, 1), (r-1, 2), (r-2, 3), \cdots, (1, r), (r, 1)$。由此可发现操作(1)的一个不变量.

对于第 i 行第 j 列的棋子 (i, j),称 $i + j$ 为它的特征值,对某一个状态,称所有棋子的特征值之和为状态的特征值,记为 S.

易知,在操作(1)下,S 不变.

实际上,对于第 1 行的棋 $(1, j)$,操作(1)使其变为棋 $(j, 1)$,棋子的特征值不变.对于其他行的棋 (i, j) $(i \geqslant 2)$,操作(1)使其变为棋 $(i-1, j+1)$,棋子的特征值不变.从而状态的特征值 S 不变.

此外,在操作(2)中,S 减小.

实际上,操作(2)可以通过不断交换相邻两列来实现.假设第 p

列与第 $p+1$ 列交换,则第 p 列的棋子的特征值都增加 1,而第 $p+1$ 列的棋子的特征值都减少 1,但第 p 列的棋子数小于第 $p+1$ 列的棋子数,所以 S 减少.

由于 S 是正整数,所以 S 不能无限减小,所以必定存在某个时刻,在这个时刻之后,操作中只含有操作(1),而操作(2)不再出现,于是,操作进入循环圈后,其操作都是操作(1).

对给定的正整数 n,必存在正整数 k,使 $\frac{k(k+1)}{2} \leqslant n < \frac{(k+1)(k+2)}{2}$,设 $n = \frac{k(k+1)}{2} + q$,其中 $0 \leqslant q < k+1$.

设操作进入循环圈后棋子分布在棋盘的前 r 条 $135°$ 对角线上,即前 r 条对角线上都有棋子,而第 $r+1$ 条对角线上没有棋子.

当 $q=0$ 时,$n = \frac{k(k+1)}{2}$,因为前 $k-1$ 条对角线上方格个数为 $1+2+\cdots+(k-1) = \frac{k(k-1)}{2} < \frac{k(k+1)}{2} = n$,所以 $r \geqslant k$.

如果 $r > k$,则第 $k+1$ 条对角线上必有棋子,任取其中的一个棋子 A,假定 A 位于第 i 列.

此时,第 k 条对角线上必有空格,否则前 k 条对角线上都没有空格,于是棋子数不少于 $(1+2+\cdots+k)+1 = \frac{k(k+1)}{2}+1 > \frac{k(k+1)}{2}$,矛盾.任取第 k 条对角线上的一个空格 B,假定 B 位于第 j 列.

由于第 $k+1$ 条对角线比第 k 条对角线多一个方格,所以通过 $k+1$ 次操作(1)后,棋子 A 在第 $k+1$ 条对角线上经过一个循环又回到原来的位置第 i 列,而空格 B 则在第 k 条对角线上经过一个循环还多走了一格,从而走到了第 $j+1$ 列.如此下去,一定存在一个时刻,当棋子 A 经过若干个循环后,空格 B 也走到了第 i 列,此时,棋

子 A 位于空格 B 的正上方,矛盾.

所以 $r \leqslant k$,从而 $r = k$,此时,由于 $1 + 2 + \cdots + k = \dfrac{k(k+1)}{2}$,从而每条对角线上都没有空格,各堆棋子的棋子数分别为 $1, 2, \cdots, k$,即所有棋子恰好布满了前 k 条对角线.

当 $0 < q < k+1$ 时,由 $n = \dfrac{k(k+1)}{2} + q$,有 $\dfrac{k(k+1)}{2} + 1 \leqslant n < \dfrac{k(k+1)}{2} + (k+1)$,因为前 k 条对角线上方格个数为 $1 + 2 + \cdots + k = \dfrac{k(k+1)}{2} < n$,所以 $r \geqslant k+1$.

如果 $r > k+1$,则第 $k+2$ 条对角线上必有棋子,任取其中的一个棋子 A,假定 A 位于第 i 列.

此时,第 $k+1$ 条对角线上必有空格,否则前 $k+1$ 条对角线上都没有空格,于是棋子数不少于 $1 + 2 + \cdots + k + (k+1) + 1 = \dfrac{k(k+1)}{2} + k + 2 > n$,矛盾.任取第 $k+1$ 条对角线上的一个空格 B,假定 B 位于第 j 列.

由于第 $k+2$ 条对角线比第 $k+1$ 条对角线多一个方格,所以通过 $k+2$ 次操作(1)后,棋子 A 在第 $k+2$ 条对角线上经过一个循环又回到原来的位置第 i 列,而空格 B 则在第 $k+1$ 条对角线上经过一个循环还多走了一格,从而走到了第 $j+1$ 列.如此下去,一定存在一个时刻,当棋子 A 经过若干个循环后,空格 B 也走到了第 i 列,此时,棋子 A 位于空格 B 的正上方,矛盾.

所以 $r \leqslant k+1$,从而 $r = k+1$.

因为第 $k+1$ 条对角线上有棋子,由上面的讨论可知,第 k 条对角线上必没有空格,从而前 k 条对角线上都没有空格.此时,棋子布满了前 k 条对角线,而第 $k+1$ 条对角线上有 q 只棋.

由此可见,不论 $q(0 \leqslant q < k+1)$ 为何值,当操作进入循环圈后,

所有棋子布满了前 k 条对角线,而第 $k+1$ 条对角线上有 q 只棋.

(1) 因为第 $k+1$ 条对角线上有 q 只棋,不管这 q 只棋在第 $k+1$ 条对角线上如何分布,操作(1)都使它们在第 $k+1$ 条对角线上从上至下移动,每次移动一个方格,所以操作 $k+1$ 次之后必进入循环,于是循环圈的长度不大于 $k+1$. 另一方面,将 q 只棋放在第 $k+1$ 条对角线上的连续 q 个方格中,则对应的循环圈的长度为 $k+1$,故操作中出现的所有不同循环圈的长度的最大值为 $k+1$.

(2) 设 s 是某个循环圈的长度,则操作 s 次之后进入循环,于是第 $k+1$ 条对角线上棋子的分布以 s 为周期,所以 $s \mid k+1$.

设 $k+1=st$,则 $t \mid k+1$,由于第 $k+1$ 条对角线上棋子的分布以 s 为周期,所以第 $k+1$ 条对角线被分成 t 段(每段 s 个格),每一段上棋子的分布状态相同. 又第 $k+1$ 条对角线上恰有 q 只棋,这 q 只棋只能平均分配到 t 段中,所以 $t \mid q$.

所以,t 是 q 与 $k+1$ 的公约数.

由此可见,若 s 是某个循环圈的长度,则 $\dfrac{k+1}{s}$ 是 q 与 $k+1$ 的公约数,即 s 与 q、$k+1$ 的一个公约数对应.

反之,对 q、$k+1$ 的任意一个公约数 t,将第 $k+1$ 条对角线平均分成 t 段(每段 $\dfrac{k+1}{t}$ 个格),然后每一段的前 $\dfrac{q}{t}$ 个方格上各放一只棋,则对应的状态在操作中必产生长度为 $\dfrac{k+1}{t}$ 的循环圈.

所以,循环圈的长度与 q、$k+1$ 的公约数一一对应,于是所有长度不同的循环圈的个数就是 q、$k+1$ 的公约数的个数,也就是 $d=(q,k+1)$ 的约数的个数,其长度为 $\dfrac{k+1}{t}(t \mid d)$.

比如,$n=100$ 时,因为 $100=(1+2+\cdots+13)+9$,此时,$k=13$,$q=9$,$d=(q,k+1)=(9,14)=1$,操作只有一种长度为 14 的循

环圈.

(3) 这是一个难度相当大的未决问题,但对具体的 n 值,我们可以求出 $g(n)$.

例如,$n = 100$、$2\,012$、$2\,013$ 时,$g(100) = 143$,$g(2\,012) = 9\,455$,$g(2\,013) = 631$,证明如下.

当 $n = 100$ 时,因为 $100 = (1 + 2 + \cdots + 13) + 9$,当操作进入循环圈之后,所有棋子布满了前 13 条对角线,而第 14 条对角线上有 9 只棋.

由 $d = (q, k+1) = (9, 14) = 1$,可知操作只有一种长度为 14 的循环圈.

在第 14 条对角线上的 14 个方格中选取 9 个方格各放一只棋,有 C_{14}^5 种方法,从而有 C_{14}^5 个循环圈.但每一种方法在第 14 条对角线上可以移动到 14 个不同位置,这 14 个不同位置对应同一个循环圈,从而每个循环圈都被计算 14 次,所以,所有不同的循环圈的个数为 $\frac{1}{14} C_{14}^5 = 143$.

当 $n = 2\,012$ 时,因为 $2\,012 = (1 + 2 + \cdots + 62) + 59$,当操作进入循环圈之后,所有棋子布满了前 62 条对角线,而第 63 条对角线上有 59 只棋.

由 $d = (q, k+1) = (59, 63) = 1$,可知操作只有一种长度为 63 的循环圈.

在第 63 条对角线上的 63 个方格中选取 59 个方格各放一只棋,有 C_{63}^4 种方法,从而有 C_{63}^4 个循环圈.但每一种方法在第 63 条对角线上可以移动到 63 个不同位置,这 63 个不同位置对应同一个循环圈,从而每个循环圈都被计算 63 次,所以,所有不同的循环圈的个数为 $\frac{1}{63} C_{63}^4 = 9\,455$.

当 $n = 2\,013$ 时,因为 $2\,013 = (1 + 2 + \cdots + 62) + 60$,当操作进入

循环圈之后,所有棋子布满了前62条对角线,而第63条对角线上有60只棋.

由 $d=(q,k+1)=(60,63)=3$,因为 3 有 2 个不同的约数 1 和 3,可知操作有长度分别为 21 和 63 这两种长度的循环圈.

对于长度为 21 的循环圈,先将第 63 条对角线分成 3 段,每段 21 个方格,在第一段 21 个方格中放 $\frac{60}{3}=20$ 只棋,本质上只有一种放法,而其他段的放棋方法与第一段相同,有唯一方法,于是长度为 21 的循环圈只有 1 个.

对于长度为 63 的循环圈,先将长度为 21 的循环圈也看作是长度为 63 的循环圈(以 21 为周期,也一定以 63 为周期),于是在第 63 条对角线上的 63 个方格中选取 60 个方格各放一只棋,有 C_{63}^3 种方法,从而有 C_{63}^3 个循环圈.

但其中包含了一个长度为 21 的循环圈,该循环圈被重复计算 21 次,而每个长度为 63 的循环圈都重复计算 63 次,设共有 x 个长度为 63 的循环圈,则有 $63x+21=C_{63}^3$,解得 $x=630$.

所以,所有不同的循环圈的个数为 $630+1=631$.

习 题 1

1. 若关于 x 的方程 $|1-x|=1+ax^2$ 有 4 个不同的实数根,求实数 a 的取值范围.

2. 设 $f(x)=|\log_{\frac{1}{2}}(x+1)|$,且当 $-1<a<b<c$ 时,有 $f(a)>f(c)>f(b)$,判断 a、b、c 的符号.

3. 已知 $\{a_n\}$ 为等差数列,$\{b_n\}$ 为等比数列,其公比 $q\neq 1$,且 $b_i>0(i=1,2,\cdots,n)$,若 $a_1=b_1$,$a_k=b_k(k\in \mathbf{N}_+)$,试比较 $a_1+a_2+\cdots+a_k$ 与 $b_1+b_2+\cdots+b_k$ 的大小.

4. 设 $|x|\leqslant 1$ 时,有 $|ax^2+bx+c|\leqslant 1$,求证:$|x|\leqslant 1$ 时,有

$|2ax+b| \leqslant 4$. (门捷列夫不等式)

5. 设 a、b、c 为正数，$8a-b=4, ac=1$，求 $\max\{a,b,c\}$ 的最小值.

6. 设 a、b、c 为正数，且 $ac=1, a-b=2$，求 $y=\min\{a,b,c\}$ 的最大值.

7. 设 $f(x)=(x+1)^n-x^n-1$，求所有正整数 n，使 $f(x)$ 有重根.

8. 设 $0<x<a$ 时，不等式 $\dfrac{1}{x^2}+\dfrac{1}{(a-x)^2} \geqslant 2$ 恒成立，求 a 的最大值.

9. 给定实数 α，求最小实数 $\lambda=\lambda(\alpha)$，使得对任意复数 z_1、z_2 和实数 $x\in[0,1]$，若 $|z_1| \leqslant \alpha|z_1-z_2|$，则 $|z_1-xz_2| \leqslant \lambda|z_1-z_2|$.
(2011 年中国女子数学奥林匹克试题)

10. 已知三个正数 a、b、c 满足 $a \leqslant b+c \leqslant 3a, 3b^2 \leqslant a(a+c) \leqslant 5b^2$，求 $\dfrac{b-2c}{a}$ 的最小值. (2008 年全国高中数学联赛湖北省预赛试题)

11. 在一条线段上随机独立地取两点，然后从这两点处把线段分成三段. 请问得到的三条新线段能构成三角形的概率是多少? (2011 年全国高中数学联赛广东省预赛试题)

12. 设 $0<x,y<1$，求 $\min\{x^2+xy+y^2, x^2+x(y-1)+(y-1)^2, (x-1)^2+(x-1)y+y^2, (x-1)^2+(x-1)(y-1)+(y-1)^2\}$ 的最大值.

13. 设 $x^2+y^2-2x-4y+4=0$，求 x^2-6x+y^2 的最值.

14. 求函数 $f(x)=\sqrt{x^2-2x+5}+\sqrt{x^2-4x+13}$ 的最小值.

15. 已知 $x^2+y^2-2x-4y+4=0$，求 $\dfrac{y+2}{x+1}$ 的最值.

16. 设 $f(x) = \dfrac{\sqrt{3}\sin x}{2+\sqrt{3}\cos x}$,求 $f(x)$ 的最值.

17. 设 $f(x) = \dfrac{x^3+6}{\sqrt{-x^6-6x^3+4}}$,求 $f(x)$ 的最大值与最小值.

18. 求 $f(x) = \sqrt{8-x} + \sqrt{3x+6}$ 的最值.

19. 设 a、b、c 为实数,且 $c \neq 0$,若存在实数 x、y,使得 $ay - bx = c\sqrt{(x-a)^2+(y-b)^2} \neq 0$,求 a、b、c 满足的条件.

20. 求以实数 x、y 为自变量的函数 $u(x,y) = x^2 + \dfrac{81}{x^2} - 2xy + \dfrac{18}{x}\sqrt{2-y^2}$ 的最小值.

21. 求函数 $y = x - 2 + \sqrt{1+2x-x^2}$ 的最值.

22. 设 p、q 为实数,方程 $x^2 + px + q = 0$ 的两根 α、β 在复平面上对应的点为 A、B,且 $\triangle AOB$ 是正三角形,O 为坐标原点,若 $\alpha^8 + \beta^8 = -1$,求 p、q.

23. 设 z 为复数,$\arg(z^2-4) = \dfrac{5\pi}{6}$,$\arg(z^2+4) = \dfrac{\pi}{3}$,求 z.

24. 设 z_1、z_2 为复数,$|z_1| = |z_1+z_2| = 3$,$|z_1-z_2| = 3\sqrt{3}$. 求 $\log_3|(z_1\overline{z_2})^{2000} + (\overline{z_1}z_2)^{2000}|$. (1991年全国高中数学联赛试题)

25. 由 4 行 4 列方格构成了一个 4×4 的正方形,沿方格的边将 4×4 的正方形剪成两块,使得每块都含有 8 个方格,其中的每个方格都至少与本块中的一个方格有公共边,且两块的形状相同. 如果某种剪法与另一种剪法剪出来的图形相同,则认为它们是同一种剪法,求不同剪法的种数.

26. A、B 两人进行乒乓球比赛,规定先净胜 3 局者为胜,经过 13 局比赛后,A 才以 8 胜 5 负的成绩获胜,求这 13 局的胜负所有不同情况的种数.(原创题)

27. 两人约定在某天一同去 A 地,约好早上 7:00~8:00 在 B

地会合,并约定,先到达 B 地者最多在原地等待 5 分钟,如果还没有见到对方则自己先行. 如果两人到达 B 地的时间是随机的、独立的、等可能的,那么两人能够在当天一同去 A 地的概率是多少?(原创题)

28. 有 $2n$ 个人排队买戏票,每人限购一张. 票价为 5 元. 有 n 个人持 10 元币, n 个人持 5 元币,排成一列依次购票,售票员未带零钱,问有多少种不造成找钱困难的排队方法?

29. 某次考试有 5 道选择题,每题都有 4 个不同的答案供选择,每人每题恰选一个答案. 在 2 000 份答卷中发现存在一个数 n,使得任何 n 份答卷中都存在 4 份,其中每两份答卷选择的答案都至多有 3 题相同,求 n 的最小可能值. (2000 年中国数学奥林匹克试题)

30. 有 n 只棋子被分成若干堆,今对状态进行如下操作:从每一堆中各取出一只棋,然后将取出的棋合在一起组成一个新的堆. 每次操作后,各堆棋的棋子数按由小到大的顺序排成的数列称为 n 只棋的一种分布状态. 如果存在 r 个不同的分布状态 $A_1, A_2, \cdots, A_r$,其中状态 A_i 操作一次之后变成状态 $A_{i+1}(i=1,2,\cdots,r$,规定 $A_{r+1}=A_1)$,则称这 r 个状态构成一个循环圈,记为:$A_1 \to A_2 \to \cdots \to A_r \to A_1$,其中 r 称为该循环圈的长度. 对 n 只棋的所有不同的初始状态,记操作中出现的所有不同循环圈的个数为 $g(n)$. 求出所有的正整数 n,使 $g(n)=1$. (原创题)

习题 1 解答

1. 在同一坐标系中作出两曲线:$y=ax^2+1$ 与 $y=|x-1|$.

若 $a \leqslant 0$,则两曲线最多有两个交点(图 1.53(a)),所以 $a>0$.

又 $a>0$ 时,结合图像可知(图 1.53(b)),需要 $y=ax^2+1$ 与 $y=1-x(x<1)$ 有两个公共解,且 $y=ax^2+1$ 与 $y=x-1(x>1)$ 有两个公共解.

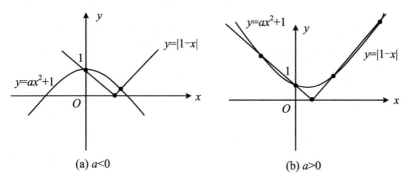

(a) $a<0$ (b) $a>0$

图 1.53

解方程组消去 y,利用 $\Delta>0$,得 $0<a<\dfrac{1}{8}$.

2. 作出 $f(x)=|\log_{\frac{1}{2}}(x+1)|$ 的图像(图 1.54),可见 $f(x)$ 在 $(-1,0]$ 上递减,在 $[0,+\infty)$ 上递增.

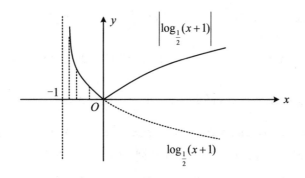

图 1.54

若 a、b、$c\leqslant 0$,因为 $f(x)$ 在 $(-1,0]$ 上是减函数,所以 $f(a)>f(b)>f(c)$,矛盾. 若 a、b、$c\geqslant 0$,因为 $f(x)$ 在 $[0,+\infty)$ 上是增函数,所以 $f(a)<f(b)<f(c)$,矛盾. 所以 a、b、c 中既有负数又有正数,故 $a<0$,$c>0$. 而 b 可为 0、正数、负数.

3. 当 $k=1$、2 时,显然有 $a_1+a_2+\cdots+a_k=b_1+b_2+\cdots+b_k$.

下设 $k \geqslant 3$，为比较 $a_1 + a_2 + \cdots + a_k$ 与 $b_1 + b_2 + \cdots + b_k$ 的大小，我们找一个充分条件，考察 $1 < i < k$ 时，a_i 与 b_i 的大小．

由指数函数的图像可知，$b_n = f(n) = a_1 \cdot q^n$ 的图像是凸的，而 $a_n = g(n) = a_1 + (n-1)d$ 的图像是直线，又 $f(1) = g(1), f(k) = g(k)$，由图像可知，当 $1 < i < k$ 时，$a_i > b_i$，故 $a_1 + a_2 + \cdots + a_k > b_1 + b_2 + \cdots + b_k$．

4. 令 $A = a + b + c, B = a - b + c$，则 $a = \dfrac{A}{2} + \dfrac{B}{2} - c, b = \dfrac{A}{2} - \dfrac{B}{2}$．又 $|x| \leqslant 1$ 时，$|ax^2 + bx + c| \leqslant 1$，令 $x = 1, -1, 0$，得 $|A| \leqslant 1$，$|B| \leqslant 1, |C| \leqslant 1$，所以 $|x| \leqslant 1$ 时，$|2ax + b| = |(A + B - 2c)x + \dfrac{A}{2} - \dfrac{B}{2}| = |(x + \dfrac{1}{2})A + (x - \dfrac{1}{2})B - 2xc| \leqslant |x + \dfrac{1}{2}| \cdot |A| + |x - \dfrac{1}{2}| \cdot |B| + |2x| \cdot |c| \leqslant (|x + \dfrac{1}{2}| + |x - \dfrac{1}{2}|) + |2x| \leqslant 2 + 2 = 4$．

其中，$|x + \dfrac{1}{2}| + |x - \dfrac{1}{2}| \leqslant 2 (|x| \leqslant 1)$ 可由绝对值的意义——x 到 $\dfrac{1}{2}, -\dfrac{1}{2}$ 的距离之和，得出在 $x = 1, -1$ 时最大．

另解 为证 $|2ax + b| \leqslant 4$，令 $g(x) = 2ax + b(x \in [0, 1])$，则只需证明 $|x| \leqslant 1$ 时，$|g(x)| \leqslant 4$．注意到 $g(x) = 2ax + b(x \in [0, 1])$ 的图像是一条线段，于是，只需证明：$|g(-1)| \leqslant 4, |g(1)| \leqslant 4$．令 $A = a + b + c, B = a - b + c$，则 $a = \dfrac{A}{2} + \dfrac{B}{2} - c, b = \dfrac{A}{2} - \dfrac{B}{2}$．又 $|x| \leqslant 1$ 时，$|ax^2 + bx + c| \leqslant 1$，令 $x = 1, -1, 0$，得 $|A| \leqslant 1, |B| \leqslant 1, |C| \leqslant 1$．所以，$|g(1)| = |2a + b| = |A + B - 2c + \dfrac{A}{2} - \dfrac{B}{2}| = |\dfrac{3A}{2} + \dfrac{B}{2} - 2c| \leqslant \dfrac{3}{2}|A| + \dfrac{1}{2}|B| + 2|c| \leqslant \dfrac{3}{2} + \dfrac{1}{2} + 2 = 4$，$|g(-1)| = |-2a + b$

$|=|-A-B+2c+\dfrac{A}{2}-\dfrac{B}{2}|=|-\dfrac{A}{2}-\dfrac{3B}{2}+2c|\leqslant\dfrac{1}{2}|A|+\dfrac{3}{2}|B|+2|c|\leqslant\dfrac{3}{2}+\dfrac{1}{2}+2=4$,所以$|x|\leqslant 1$时,$|g(x)|\leqslant 4$.

5. 先由题给条件消元:$b=8a-4,c=\dfrac{1}{a}$,所以 $y=\max\{a,b,c\}=\max\{a,8a-4,\dfrac{1}{a}\}$.

在同一坐标系内作出 $y_1=a,y_2=8a-4,y_3=\dfrac{1}{a}$ 的图像,用黑线标出 $y=\max\{a,8a-4,\dfrac{1}{a}\}$ 的图像(图 1.55),其中 $A(1,1)$ 是 y_1 与 y_3 的交点, $B\left(\dfrac{1+\sqrt{3}}{4},\dfrac{4}{1+\sqrt{3}}\right)$ 是 y_2 与 y_3 的交点. 由于点 B 位于点 A 的左边,所以 y 在点 $B\left(\dfrac{1+\sqrt{3}}{4},\dfrac{4}{1+\sqrt{3}}\right)$ 达到最小值 $\dfrac{4}{1+\sqrt{3}}=2\sqrt{3}-2$.

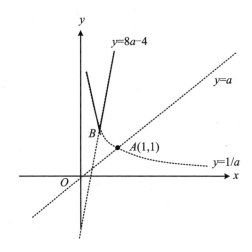

图 1.55

6. $y=\min\{a,b,c\}=\min\{a,a-2,\dfrac{1}{a}\}$.在同一坐标系内作出

$y_1=a, y_2=a-2, y_3=\dfrac{1}{a}$ 的图像,用黑线标出 $y=\min\{a,a-2,\dfrac{1}{a}\}$ 的图像(图 1.56),其中 $A(1,1)$ 是 y_1 与 y_3 的交点,$B(\sqrt{2}+1,\sqrt{2}-1)$ 是 y_2 与 y_3 的交点.

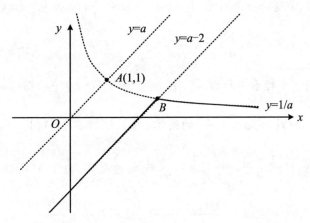

图 1.56

由于点 B 位于点 A 的右边,所以 y 在点 $B(\sqrt{2}+1,\sqrt{2}-1)$ 达到最大值 $\sqrt{2}-1$.

本题也可用代数方法证明:若 $c\leqslant\sqrt{2}-1$,则 $y\leqslant c\leqslant\sqrt{2}-1$. 若 $c>\sqrt{2}-1$,则 $a=\dfrac{1}{c}<\dfrac{1}{\sqrt{2}-1}=\sqrt{2}+1$,此时,$y\leqslant b=a-2\leqslant(\sqrt{2}+1)-2\leqslant\sqrt{2}-1$.

7. 易知 α 是 $f(x)$ 的重根,等价于 α 是 $f(x)$ 与 $f'(x)$ 的公共根. 实际上,一方面,设 α 是 $f(x)$ 的 $t(t\geqslant 2)$ 重根,令 $f(x)=(x-\alpha)^t \cdot g(x)$,则 $f'(x)=t(x-\alpha)^{t-1}g(x)+(x-\alpha)^t g'(x)$,所以 α 是 $f'(x)$ 的根. 另一方面,设 α 是 $f(x)$ 与 $f'(x)$ 的公共根,我们证明 α 是 $f(x)$ 的重根. 用反证法,假设 α 不是 $f(x)$ 的重根,令 $f(x)=(x-\alpha)g(x)$,其中 $g(\alpha)\neq 0$,那么 $f'(x)=g(x)+(x-\alpha)g'(x)$,于是 $f'(\alpha)=g(\alpha)\neq 0$,

矛盾.

解答原题：设 α 是 $f(x)$ 的重根，则 α 是 $f(x)$ 与 $f'(x)$ 的公共根，于是 $f(\alpha)=0, f'(\alpha)=0$，即
$$(\alpha+1)^n - \alpha^n = 1, \quad ①$$
式①两边再对 α 求导，得
$$n(\alpha+1)^{n-1} - n\alpha^{n-1} = 0. \quad ②$$
由式②有 $(\alpha+1)^{n-1} = \alpha^{n-1}$，将之代入式①，有 $\alpha^{n-1}(\alpha+1) - \alpha^n = 1$，即 $\alpha^n + \alpha^{n-1} - \alpha^n = 1$，所以 $\alpha^{n-1} = 1$. 将之代入式②，有 $(\alpha+1)^{n-1} = 1$. 所以 $|\alpha|=1, |\alpha+1|=1$.

利用方程的几何意义，由两圆求交点，得此方程组的解为 $\alpha = \cos\dfrac{2\pi}{3} \pm \mathrm{i}\sin\dfrac{2\pi}{3}$. 代入方程，比较实部与虚部，得 $6 \mid n-1$. 反之，当 $6 \mid n-1$ 时，直接验证可知，$\alpha = \cos\dfrac{2\pi}{3} \pm \mathrm{i}\sin\dfrac{2\pi}{3}$ 为 $f(x)$ 与 $f'(x)$ 的公共根，即 $f(x)$ 的重根. 故所求的充分必要条件为 $6 \mid n-1$.

8. 设 $X = \dfrac{1}{x}, Y = \dfrac{1}{a-x}(X>0, Y>0)$，则 $X^2 + Y^2 \geqslant 2$ 表示在 XOY 坐标系第一象限内以原点为圆心，$\sqrt{2}$ 为半径的圆及其外部.

由 $X = \dfrac{1}{x}, Y = \dfrac{1}{a-x}$ 得 $aXY = X+Y$，又 $aXY = X+Y \geqslant 2\sqrt{XY}$，所以 $XY \geqslant \dfrac{4}{a^2}$，它表示双曲线 $XY = \dfrac{4}{a^2}$ 位于第一象限内的一支及其上方部分（图 1.57）. 依题意，双曲线 $XY = \dfrac{4}{a^2}$ ($X>0$) 与圆弧 $X^2 + Y^2 = 2$ ($X>0, Y>0$) 相切或相离，从而 $\dfrac{8}{a^2} \geqslant 2$，即

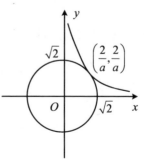

图 1.57

$0 < a \leqslant 2$. 所以 $a_{\max} = 2$.

9. 如图 1.58 所示，在复平面内，点 A、B、C 对应的复数分别为 z_1、z_2、xz_2. 显然，点 C 在线段 OB 上. 向量 $\overrightarrow{BA}$ 对应的复数为 $z_1 - z_2$. 向量 $\overrightarrow{CA}$ 对应的复数为 $z_1 - xz_2$. 由 $|z_1| \leqslant \alpha|z_1 - z_2|$，得 $|\overrightarrow{OA}| \leqslant \alpha|\overrightarrow{BA}|$.

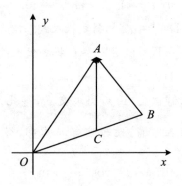

图 1.58

于是

$$|z_1 - xz_2|_{\max} = |\overrightarrow{AC}|_{\max} = \max\{|\overrightarrow{OA}|, |\overrightarrow{BA}|\}$$
$$= \max\{|z_1|, |z_1 - z_2|\}$$
$$= \max\{\alpha|z_1 - z_2|, |z_1 - z_2|\},$$

故 $\lambda(\alpha) = \max\{\alpha, 1\}$.

10. 已知不等式可变形为 $1 \leqslant \dfrac{b}{a} + \dfrac{c}{a} \leqslant 3, 3\left(\dfrac{b}{a}\right)^2 \leqslant 1 + \dfrac{c}{a} \leqslant 5 \cdot \left(\dfrac{b}{a}\right)^2$. 设 $\dfrac{b}{a} = x, \dfrac{c}{a} = y$，则有

$$\begin{cases} 1 \leqslant x + y \leqslant 3, \\ 3x^2 \leqslant 1 + y \leqslant 5x^2, \\ x > 0, y > 0, \end{cases}$$

它表示的图形为阴影区域 $ABCD$（图 1.59）.

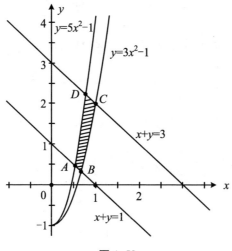

图 1.59

令 $u = \dfrac{b-2c}{a} = x - 2y$,则 $y = \dfrac{1}{2}(x-u)$,它表示斜率为 $\dfrac{1}{2}$ 的动直线. 易知,当动直线经过点 D 时,u 取得最小值. 解方程组

$$\begin{cases} x+y=3, \\ 1+y=5x^2, \end{cases}$$

可得点 D 的坐标为 $\left(\dfrac{4}{5}, \dfrac{11}{5}\right)$,所以 $u_{\min} = \dfrac{4}{5} - 2 \times \dfrac{11}{5} = -\dfrac{18}{5}$. 因此,$\dfrac{b-2c}{a}$ 的最小值为 $-\dfrac{18}{5}$.

11. 令 a、b 和 c 为一个三角形的三边,则 $a+b>c$,$b+c>a$,$c+a>b$. 不妨设开始时的线段为区间 $[0,1]$,并且随机选取的两点为 x 和 y,其中 $0<x<y<1$.

$$\begin{cases} x+(y-x)>1-y \Rightarrow y>\dfrac{1}{2}, \\ x+(1-y)>y-x \Rightarrow y-x<\dfrac{1}{2}, \\ (y-x)+(1-y)>x \Rightarrow x<\dfrac{1}{2}. \end{cases}$$

如图 1.60 所示,"成功"的区域是由不等式 $y>\dfrac{1}{2}$, $y-x<\dfrac{1}{2}$, $x<\dfrac{1}{2}$ 围成的三角形,面积为 $\dfrac{1}{8}$,而整个区域的面积为 $\dfrac{1}{2}$(因为 $y>x$),故

$$P(\text{成功}) = \dfrac{\dfrac{1}{2}\left(\dfrac{1}{2}\times\dfrac{1}{2}\right)}{\dfrac{1}{2}(1\times 1)} = \dfrac{1}{4}.$$

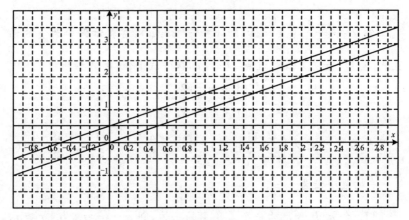

图 1.60

12. 由 $0<x,y<1$,知 (x,y) 的取值范围是单位正方形:$\{(x,y) \mid 0<x,y<1\}$.

令 $F = \min\{x^2+xy+y^2, x^2+x(y-1)+(y-1)^2, (x-1)^2+(x-1)y+y^2, (x-1)^2+(x-1)(y-1)+(y-1)^2\}$,则将 x,y 互换,F 不变,从而只需考虑 (x,y) 在直线 $y=x$ 下方的情形.又将 x,y

分别换为 $1-y$、$1-x$，F 不变，从而只需考虑 (x,y) 在直线 $x+y=1$ 下方的情形. 这样，只需考虑 (x,y) 在 $\triangle OAP$ 内的情形(图 1.61)，其中 $O(0,0)$、$B(1,0)$、$P\left(\dfrac{1}{2},\dfrac{1}{2}\right)$.

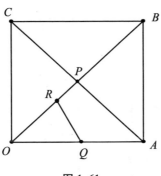

图 1.61

取 $Q\left(\dfrac{1}{2},0\right)$、$R\left(\dfrac{1}{3},\dfrac{1}{3}\right)$，对于 $\triangle OQR$，它被椭圆 $x^2+xy+y^2=\dfrac{1}{3}$ 覆盖，从而当 (x,y) 在 $\triangle OQR$ 中(包括边界)时，各点坐标代入有 $x^2+xy+y^2\leqslant\dfrac{1}{3}$，从而 $F\leqslant\dfrac{1}{3}$. 又将 x 换成 $x-1$，知四边形 $QAPR$ 被椭圆 $(x-1)^2+(x-1)y+y^2=\dfrac{1}{3}$ 覆盖，从而当 (x,y) 在 $\triangle OQR$ 中(包括边界)时，各点坐标代入有 $(x-1)^2+(x-1)y+y^2\leqslant\dfrac{1}{3}$，从而 $F\leqslant\dfrac{1}{3}$. 当 $x=y=\dfrac{1}{2}$ 时，$F=\dfrac{1}{4}$，当 $x=y=\dfrac{1}{3}$ 时，$F=\dfrac{1}{3}$. 故 F 的最大值是 $\dfrac{1}{3}$.

13. 由 $x^2+y^2-2x-4y+4=0$，得 $(x-1)^2+(y-2)^2=1$，于是 $P(x,y)$ 是圆 $(x-1)^2+(y-2)^2=1$ 上的一个动点. 注意到 $x^2-6x+y^2+9=(x-3)^2+y^2$，所以 $\sqrt{x^2-6x+y^2+9}$ 的几何意义：圆 $(x-1)^2$

$+(y-2)^2=1$ 上的动点 $P(x,y)$ 到定点 $A(3,0)$ 之间的距离.

设圆 $(x-1)^2+(y-2)^2=1$ 的圆心为 $C(1,2)$,直线 AC 与圆 $(x-1)^2+(y-2)^2=1$ 交于两点 M、N(图1.62),则 $\sqrt{x^2-6x+y^2+9}\leqslant|AN|=|AC|+|CN|=|AC|+1=2\sqrt{2}+1$,$\sqrt{x^2-6x+y^2+9}\geqslant|AM|=|AC|-|CM|=|AC|-1=2\sqrt{2}-1$. 所以 $x^2-6x+y^2+9\leqslant(2\sqrt{2}+1)^2=9+4\sqrt{2}$,$x^2-6x+y^2+9\geqslant(2\sqrt{2}-1)^2=9-4\sqrt{2}$. 故 x^2-6x+y^2 的最大值为 $4\sqrt{2}$,最小值为 $-4\sqrt{2}$.

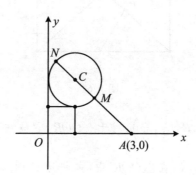

图 1.62

14. 将函数变为

$$f(x)=\sqrt{(x-1)^2+(0-2)^2}+\sqrt{(x-2)^2+(0-3)^2},$$

于是,$f(x)$ 是动点 $P(x,0)$ 到两定点 $A(1,2)$、$B(2,3)$ 的距离之和.

设 A 关于 x 轴的对称点为 $A'(1,-2)$,则 $f(x)=|AP|+|PB|=|A'P|+|PB|\geqslant|A'B|=\sqrt{26}$(图1.63),所以 $f(x)$ 的最小值是 $\sqrt{26}$.

本题若改变函数形式,则可简化解题过程.将函数变为

$$f(x)=\sqrt{(x-1)^2+(0+2)^2}+\sqrt{(x-2)^2+(0-3)^2},$$

则 $f(x)$ 是动点 $P(x,0)$ 到两定点 $A(1,-2)$、$B(2,3)$ 的距离之和.所以 $f(x)=|AP|+|PB|\geqslant|AB|=\sqrt{26}$(图1.64),即 $f(x)$ 的最小值

是 $\sqrt{26}$.

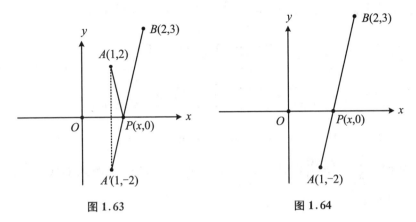

图 1.63   图 1.64

15. 因为 $x^2+y^2-2x-4y+4=0$,所以 $(x-1)^2+(y-2)^2=1$. 于是 $P(x,y)$ 是圆 $(x-1)^2+(y-2)^2=1$ 上的一个动点. 令 $\dfrac{y+2}{x+1}=k$,则 $k=\dfrac{y-(-2)}{x-(-1)}$,所以 k 的几何意义:圆 $(x-1)^2+(y-2)^2=1$ 上的动点 $P(x,y)$ 到定点 $A(-1,-2)$ 的连线(束)的斜率(图 1.65).

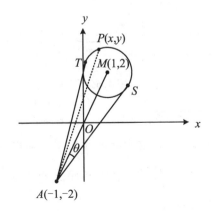

图 1.65

过 A 作圆 $(x-1)^2+(y-2)^2=1$ 的两条切线,切点为 S、T,则 $k_{AS} \leqslant k_{AP} \leqslant k_{AT}$. 设圆心为 M,$\angle MAS=\theta$,则 $\tan\theta=\dfrac{1}{\sqrt{19}}=\dfrac{|k-2|}{1+2k}$,解得 $k_{AS}=\dfrac{2\sqrt{19}-1}{\sqrt{19}+2}=\dfrac{8-\sqrt{19}}{3}$,$k_{AT}=\dfrac{2\sqrt{19}+1}{\sqrt{19}-2}=\dfrac{8+\sqrt{19}}{3}$. 故 k 的最小值为 $k_{AS}=\dfrac{8-\sqrt{19}}{3}$,最大值为 $k_{AT}=\dfrac{8+\sqrt{19}}{3}$.

16. 令 $X=2+\sqrt{3}\cos x$,$Y=\sqrt{3}\sin x$,则 $(X-2)^2+Y^2=3$,且 $f(x)=\dfrac{Y}{X}=\dfrac{Y-0}{X-0}$ 表示圆 $(X-2)^2+Y^2=3$ 上一点与原点 $O(0,0)$ 的连线的斜率.

由图 1.66 可知,$f(x)$ 的最大值是 $\sqrt{3}$,最小值是 $-\sqrt{3}$.

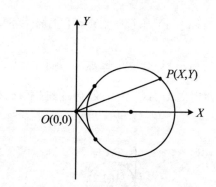

图 1.66

17. 设 $X=\sqrt{-x^6-6x^3+4}$,$Y=x^3+6$,则 $(X-4)^2+(Y-3)^2=9(X\geqslant 4)$(发现恒等式,并注意原始式子对字母的约束),且函数的解析式变为 $f(x)=\dfrac{Y}{X}=\dfrac{Y-0}{X-0}$,它是半圆上的点 $P(X,Y)$ 与原点 $O(0,0)$ 的连线(束)的斜率.

由图像可知(图 1.67),$f(x)$ 的最大值是 $\dfrac{6}{4}=\dfrac{3}{2}$,最小值是 0.

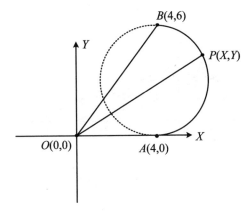

图 1.67

18. 因为 $(8-x)+(x+2)=10$,所以令 $X=\sqrt{8-x}$, $Y=\sqrt{2+x}$,则 $X^2+Y^2=10(X\geqslant 0,Y\geqslant 0)$(发现恒等式,并注意原始式子对字母的约束),它表示以原点为圆心的圆在第一象限的一段弧. 而 $f(x)=\sqrt{8-x}+\sqrt{3x+6}$ 可变为 $f(x)=\sqrt{3}Y+X$,即 $\dfrac{X}{f(x)}+\dfrac{Y}{\frac{f(x)}{\sqrt{3}}}=1$,

所以 $f(x)$ 是斜率为 $-\dfrac{\sqrt{3}}{3}$ 的直线(束)在 X 轴上的截距.

由图像(图 1.68)可得,$f(x)_{\min}=\sqrt{10}$,$f(x)_{\max}=2\sqrt{10}$.

19. 方程
$$ay-bx=c\sqrt{(x-a)^2+(y-b)^2}\neq 0$$
有解,等价于
$$\sqrt{(x-a)^2+(y-b)^2}=\dfrac{ay-bx}{c}$$
有解. 又
$$\sqrt{(x-a)^2+(y-b)^2}\geqslant 0,$$
得 $\dfrac{ay-bx}{c}\geqslant 0$,所以又等价于

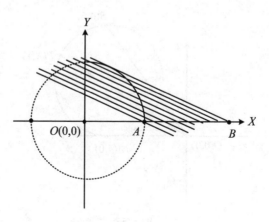

图 1.68

$$\sqrt{(x-a)^2+(y-b)^2} = \frac{|ay-bx|}{|c|}$$

有解,即

$$\sqrt{(x-a)^2+(y-b)^2} = \frac{|ay-bx|}{\sqrt{a^2+b^2}} \cdot \frac{\sqrt{a^2+b^2}}{|c|}$$

有解. 设 $P(x,y), A(a,b), O(0,0)$, 则 $\sqrt{(x-a)^2+(y-b)^2} = |PA|$, 而 $\frac{|ay-bx|}{\sqrt{a^2+b^2}}$ 是 $P(x,y)$ 到直线 OA 的距离 d, 显然 $d \leqslant |PA|$, 故方程有解的条件是 $\frac{\sqrt{a^2+b^2}}{|c|} \geqslant 1$, 即 $a^2+b^2 \geqslant c^2$.

20. 将原式配方,得

$$u(x,y) = \left(\frac{9}{x}+\sqrt{2-y^2}\right)^2 + (x-y)^2 - 2,$$

设点 $A\left(x, \frac{9}{x}\right), B(y, -\sqrt{2-y^2})$, 则点 A 在以两坐标轴为渐近线的双曲线上,点 B 在半圆 $x^2+y^2=2(y \leqslant 0)$ 上,有 $|AB| \geqslant 3\sqrt{2}-\sqrt{2} = 2\sqrt{2}$, 所以 $u(x,y) = |AB|^2 - 2 \geqslant 6$, 当且仅当 $x=-3, y=-1$ 时,

$u(x,y)=6$,所以 $u(x,y)_{\min}=6$.

21. 函数可变为 $y=\sqrt{2-(x-1)^2}+(x-1)-1$,设 $x-1=t(|t|\leqslant\sqrt{2})$,则 $t+\sqrt{2-t^2}=y+1$.构造过点 $P(t,\sqrt{2-t^2})$ 的直线 $l:u+v=y+1$,而动点 P 的轨迹为半圆 $C:u^2+v^2=2(v\geqslant 0)$. l 与 C 有公共点 P,过 C 上的点 P 作倾斜角为 $135°$ 的直线 l,则 l 在 v 轴上的截距 s 的取值范围即为 $(y+1)$ 的取值范围,由图像易得 $s\in[-\sqrt{2},2]$,所以 $y+1\in[-\sqrt{2},2]$,故 $y_{\min}=-1-\sqrt{2}$,$y_{\max}=1$.

22. 因为 α、β 互为共轭复数,所以 A、B 对应的点关于 x 轴对称(图 1.69).

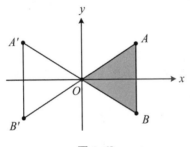

图 1.69

又 $\triangle ABC$ 是正三角形,所以 $\angle AOB=60°$,所以 $\angle AOx=30°$ 或 $150°$.设 $\alpha=r(\cos 30°+i\sin 30°)$,或 $\alpha=r(\cos 150°+i\sin 150°)(r>0)$,则 $\beta=r(\cos 30°-i\sin 30°)$,或 $\beta=r(\cos 150°-i\sin 150°)$,代入 $\alpha^8+\beta^8=-1$,得 $-1=\alpha^8+\beta^8=2r\cos 240°$ 或 $2r\cos 1\,200°$,所以 $r=1$.于是 $\alpha=\cos 30°+i\sin 30°$,$\beta=\cos 30°-i\sin 30°$,或 $\alpha=\cos 150°+i\sin 150°$,$\beta=\cos 150°-i\sin 150°$.所以 $p=-(\alpha+\beta)=\pm\sqrt{3}$,$q=\alpha\beta=1$.

另解 根据复数乘法的几何意义,有 $\beta=\alpha(\cos 60°+i\sin 60°)$,两边立方,得 $\beta^3=-\alpha^3$,即 $\alpha^3+\beta^3=0$.因为 α、β 是方程 $x^2+px+q=0$ 的两根,所以 $\alpha+\beta=-p$,$\alpha\beta=q$,故 $0=\alpha^3+\beta^3=(\alpha+\beta)(\alpha^2+\beta^2-$

$\alpha\beta) = (\alpha+\beta)[(\alpha+\beta)^2 - 3\alpha\beta] = p(p^2 - 3q)$①. 因为 A、O、B 不共线,所以 A、B 不关于点 O 对称,因此 $p = \alpha + \beta \neq 0$,故由式①,得 $p^2 - 3q = 0$. 于是,$\alpha^2 + \beta^2 = (\alpha+\beta)^2 - 2\alpha\beta = p^2 - 2q = q$,$\alpha^4 + \beta^4 = (\alpha^2+\beta^2)^2 - 2\alpha^2\beta^2 = q^2 - 2q^2 = -q^2$,所以,$-1 = \alpha^8 + \beta^8 = (\alpha^4+\beta^4)^2 - 2\alpha^4\beta^4 = q^4 - 2q^4 = -q^4$,故 $q^4 = 1$. 又易知 $q \geqslant 0$,所以 $q = 1$,解得 $p = \pm\sqrt{3}, q = 1$.

23. 由 $\arg(z^2 - 4) = \dfrac{5\pi}{6}$,知 z^2 对应的点在射线 AP 上,其中 $A(4,0)$,$\angle PAx = \dfrac{5\pi}{6}$.

由 $\arg(z^2 + 4) = \dfrac{\pi}{3}$,知 z^2 对应的点在射线 BP 上,其中 $B(-4, 0)$,$\angle PBx = \dfrac{\pi}{3}$.

设 AP、BP 交于点 P,则 P 是 z^2 对应的点(图 1.70).

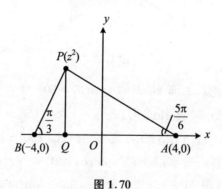

图 1.70

因为 $\angle PAB = \dfrac{\pi}{6}$,$\angle PBA = \dfrac{\pi}{3}$,所以 $\angle APB = \dfrac{\pi}{2}$. 所以 $|PB| = \dfrac{1}{2}|AB| = 4$. 作 $PQ \perp AB$ 于 Q,则 $|PQ| = 4\sin\dfrac{\pi}{3} = 2\sqrt{3}$,$|BQ| = 4\cos\dfrac{\pi}{3} = 2$,$|OQ| = 4 - |BQ| = 2$. 所以 $z^2 = -2 + 2\sqrt{3}i = 4(\cos 60° -$

$1 + i\sin 60°) = 4(\cos 120° + i\sin 120°)$,故 $z = \pm 2(\cos 60° + i\sin 60°) = \pm(1 + \sqrt{3}i)$.

24. 因为 $z_1 \overline{z_2} = \dfrac{z_1 |z_2|^2}{z_2}$,$\overline{z_1} z_2 = \dfrac{z_2 |z_1|^2}{z_1}$,于是只需求出 $|z_2|$ 及 $\dfrac{z_1}{z_2}$,这由几何图形可以解决.

设 z_1、z_2、$z_1 + z_2$ 对应复平面上的点 A、B、C,则由复数加法的几何意义,知 $OACB$ 是平行四边形(图 1.71),所以,由条件得 $|z_1 - z_2|^2 + |z_1 + z_2|^2 = 2(|z_1|^2 + |z_2|^2) = 2(9 + |z_2|^2)$,故 $|z_2| = 3$. 再由 $|z_1| = |z_1 + z_2| = |z_2| = 3$,知 $\triangle OAC$ 为正三角形,所以 $\angle AOB = 120°$,故

$$z_2 = z_1(\cos 120° + i\sin 120°),$$

$$z_1 \overline{z_2} = \dfrac{z_1 |z_2|^2}{z_2} = |z_2|^2(\cos 120° + i\sin 120°)$$
$$= 9(\cos 120° + i\sin 120°),$$

$$\overline{z_1} z_2 = \dfrac{z_2 |z_1|^2}{z_1} = |z_1|^2(\cos 120° - i\sin 120°)$$
$$= 9(\cos 120° - i\sin 120°),$$

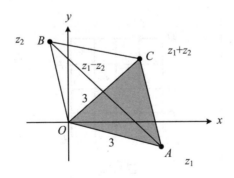

图 1.71

所以

$\log_3 | (z_1 \overline{z_2})^{2\,000} + (\overline{z_1} z_2)^{2\,000} |$

$= \log_3 | 9^{2\,000}(\cos 240° + i\sin 240°) + 9^{2\,000}(\cos 240° - i\sin 240°) |$

$= \log_3 3^{4\,000} | 2\cos 240° | = 4\,000.$

另解 $9 = |z_1 + z_2|^2 = |z_1|^2 + |z_2|^2 + z_1 \overline{z_2} + \overline{z_1} z_2$, $27 = |z_1 - z_2|^2 = |z_1|^2 + |z_2|^2 - z_1 \overline{z_2} - \overline{z_1} z_2$. 两式相加得 $|z_1| = 3$, 两式相减得 $z_1 \overline{z_2} + \overline{z_1} z_2 = -9$. 设 $\overline{z_1} z_2 = a + bi$, 则由上式得 $a = -\dfrac{9}{2}$; 又 $|\overline{z_1} z_2| = |z_1| \cdot |z_2| = 3 \cdot 3 = 9$, 即 $\sqrt{a^2 + b^2} = 9$, 解得 $b = \dfrac{9\sqrt{3}}{2}$.

所以

$$\overline{z_1} z_2 = -\dfrac{9}{2} + \dfrac{9\sqrt{3}i}{2} = 9(\cos 120° + i\sin 120°),$$

于是 $z_1 \overline{z_2} = 9(\cos 120° - i\sin 120°)$. 所以

$\log_3 | (z_1 \overline{z_2})^{2\,000} + (\overline{z_1} z_2)^{2\,000} |$

$= \log_3 | 9^{2\,000}(\cos 240° + i\sin 240°) + 9^{2\,000}(\cos 240° - i\sin 240°) |$

$= \log_3 3^{4\,000} | 2\cos 240° | = 4\,000.$

25. 不妨设剪痕的一个端点在纵向边 AD 上, 则由对称性, 剪痕在 AD 边上的端点只有如图 1.72 所示的 P、Q 两个位置.

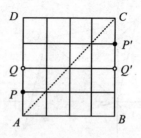

图 1.72

注意到剪痕关于对角线 AC 对称, 所以另一个端点只能是 BC 边上的 P'、Q', 我们将折痕上横向的边记为 H, 纵向的边记为 Z

(图 1.72),则有如下情形:

(1) 当剪痕为折线 PP' 时,由树图可知,有 $HHHZHHZHHH$, $HHZZHH$,$HZHHZH$,$HZZHZZHZZH$ 四种;

(2) 当剪痕为折线 QQ' 时,由树图可知,有 $HHHH$, $HZHZZHZH$ 两种.

于是合乎条件的剪法有 $4+2=6$ 种(图 1.73).

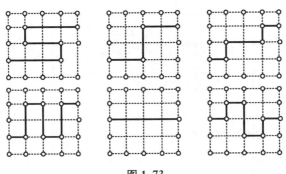

图 1.73

另解 直接用方格树图模拟(图 1.74),共有 6 种合乎条件的方法.

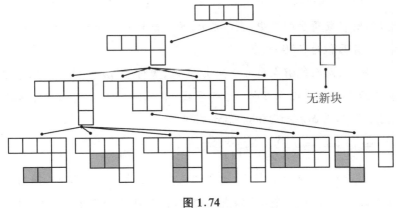

图 1.74

26. 用格点 (m,n) 表示比赛了 $m+n$ 局,其中 A 胜 m 局,B 胜

n 局,则问题转化为从 $(0,0)$ 走到 $(8,5)$,且通过的点 (x,y) 满足 $|x-y|\leqslant 3$ 的格径数.显然,格径位于以 $(0,0)$,$(2,0)$,$(6,4)$,$(8,5)$,$(3,5)$,$(0,2)$ 为顶点的多边形内部(包括边界),采用标数法:在每个格点处标上从 $O(0,0)$ 到达该点的路径数(图 1.75),即得合乎条件的格径数为 243.

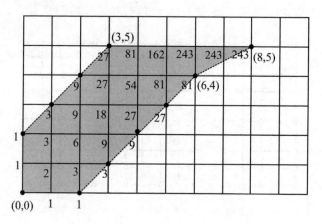

图 1.75

27. 设两人到达 A 地的时间分别是 7 点过 m 分和 7 点过 n 分,其中 $0\leqslant m,n\leqslant 60$,我们用数对 (m,n) 来表示两人分别到达 A 地的时间,则在直角坐标系中,点 (m,n) 的存在域是一个边长为 60 的正方形,其面积为 3 600.

显然,两人能够在当天一同去 A 地,等价于 $|m-n|\leqslant 5$,此时相应点的存在域是正方形中位于两直线 $m-n=\pm 5$ 之间的部分区域(图 1.76),其面积为 $3\,600-55^2=575$.

故所求概率为 $\dfrac{575}{3\,600}=\dfrac{23}{144}$.

28. 将持 5 元币和持 10 元币的人分别记为 1,-1,这样,问题等价于由 n 个 1 和 n 个 -1 组成的排列,使其部分和都非负.仿照 1.3 节例 6 的解法,可知合乎条件的排队方法数为 $\dfrac{C_{2n}^{n-1}}{n}$.

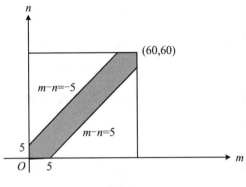

图 1.76

29. 若 $n=24$,将每份答卷看成 5 维空间中的一个点(这些点可能有重合的),将四个选项对应 0,1,2,3,则这 2 000 个点都是 5 维空间立方体 $0\leqslant x,y,z,u,v\leqslant 3$ 中的整点. 在这个 5 维立方体中(这里的"中"指内部或边界,下同)共有 $4^4=256$ 条平行于 x 轴的线,由于 $2\,000>7\times 256$,故必有 8 个点在同一条平行于 x 轴的线上. 除去这 8 个点,还有 1 992 个点,仍有 8 个点在同一条平行于 x 轴的线上. 再进行一次,便得到 3 组 24 个点,同组的点都在一条平行于 x 轴的线上. 从中任取 4 个点,必有两点在同一组,它们在一条平行于 x 轴的线上,从而对应的答卷至少 4 题相同,不满足要求. $n<24$ 显然也不满足,从而 $n\geqslant 25$.

若 $n=25$,先证明:可从 k 维立方体 $0\leqslant x,y,\cdots,w\leqslant n-1$ 中取出 n^{k-1} 个点,使其中任意两个点的连线都不平行于坐标轴. 事实上,$k=1$ 显然成立,设 $k-1$ 时成立,对 k 的情况,只需用垂直于 x 轴的超平面将 k 维立方体分成 n 层,对每一层用归纳假设,再将第 2,3,$\cdots$,n 层取出的点的 y 坐标增加 1(若为 $n-1$ 则变为 0)即可. 利用上述结论,可从 5 维立方体 $0\leqslant x,y,z,u,v\leqslant 3$ 中取出 $250(<4^4=256)$ 个点,使其中任意两个点的连线都不平行于坐标轴. 现令这

2 000张答卷对应的点分布在这 250 个位置,每个位置有 8 个点. 从中任取 25 个点,至少包含了 4 个位置上的点(因为 $3×8<25$),这 4 个点中任意两个点的连线都不平行于坐标轴,从而对应的答卷至多 3 题相同. 从而 $n=25$ 是可以的. 于是,$n_{\min}=25$.

30. 对给定的正整数 n,必存在正整数 k,使 $\dfrac{k(k+1)}{2} \leqslant n < \dfrac{(k+1)(k+2)}{2}$,设 $n = \dfrac{k(k+1)}{2}+q$,其中 $0 \leqslant q < k+1$.

由 1.3 节例 8 的结论,不论 $q(0 \leqslant q < k+1)$ 为何值,当操作进入循环圈后,所有棋子布满了前 k 条对角线,而第 $k+1$ 条对角线上有 q 只棋.

由题意,$g(n)=1$,从而操作进入循环圈后,第 $k+1$ 条对角线上的 q 只棋在第 $k+1$ 条对角线上本质上只有唯一的放法.

(1) 当 $q=0$ 时,所有棋子布满了前 k 条对角线,而第 $k+1$ 条对角线上没有棋. 此时,只存在长为 1 的循环圈 $(1,2,\cdots,k) \to (1,2,\cdots,k) \to \cdots$,$n$ 显然合乎要求.

(2) 当 $q=1$ 时,虽然第 $k+1$ 条对角线上的 1 只棋有 $k+1$ 种放法,但每一种放法都可以由第一种放法轮换得到,从而本质上只有唯一的放法,n 合乎要求.

(3) 当 $q=k$ 时,在第 $k+1$ 条对角线上放 k 只棋,等价于在第 $k+1$ 条对角线上放一个空格,由上一种情形可知,n 合乎要求.

(4) 当 $2 \leqslant q < k$ 时,因为 $k > q \geqslant 2$,从而 $k \geqslant 3$. 于是,第 $k+1$ 条对角线上有 $k+1 \geqslant 4$ 个方格,其中至多放 $k-1$ 只棋,于是至少有 2 个空格.

如果将 q 只棋放在第 $k+1$ 条对角线的连续 q 个方格中,得到一种放法.

现将 $q-1$ 只棋放在第 $k+1$ 条对角线上最前面的连续 $q-1$ 个方格中,第 q 个方格不放棋,而第 $q+1$ 个方格放棋,得到另一种放法,这两种放法得到的循环圈显然不同,于是 $g(n) \geqslant 2$,此时 n 不合乎要求.

注意到 $q = k$ 时,
$$n = (1 + 2 + \cdots + k) + k = (1 + 2 + \cdots + k) + (k+1) - 1$$
$$= \frac{(k+1)(k+2)}{2} - 1,$$

它与 $q = -1$ 等价,于是,所有合乎要求的 n 为 $\frac{k(k+1)}{2}, \frac{k(k+1)}{2} \pm 1 (k \in \mathbf{N})$.

进一步,可考虑:求出所有的正整数 n,使 $g(n) = 2$.

(1) 当 $n = 8$ 时,因为 $8 = (1+2+3) + 2$,当操作进入循环圈后,第 4 条对角线上有 2 只棋,这 2 只棋在第 4 条对角线上本质上恰有 2 种放法:(棋棋空空),(棋空棋空).所以,$n = 8$ 合乎要求.

(2) 当 $n = 12$ 时,因为 $12 = (1+2+3+4) + 2$,当操作进入循环圈后,第 5 条对角线上有 2 只棋,这 2 只棋在第 5 条对角线上本质上恰有 2 种放法:(棋棋空空空),(棋空棋空空).其中,(棋空棋空空)可以轮换得到(棋空空棋空),所以 $n = 12$ 合乎要求.

(3) 当 $n = 13$ 时,因为 $13 = (1+2+3+4) + 3$,当操作进入循环圈后,第 5 条对角线上有 3 只棋,这 3 只棋在第 5 条对角线上本质上恰有 2 种放法:(棋棋棋空空),(棋棋空棋空),其中(棋棋空棋空)可以轮换得到(棋空棋棋空),所以 $n = 13$ 合乎要求.

下面证明,其他 n 都不合乎要求.

实际上,当 $n \leqslant 16$,且 $n \neq 8, 12, 13$ 时,由于 $2 = 1+1, 3 = 1+2, 4 = (1+2)+1, 5 = (1+2+3)-1, 6 = 1+2+3, 7 = (1+2+3)+1, 9 = (1+2+3+4)-1, 10 = 1+2+3+4, 11 = (1+2+3+4)+1, 14 = (1+2+3+4+5)-1, 15 = 1+2+3+4+5, 16 = (1+2+3+4+5)+1$,由(1)的结论,都有 $g(n) = 1$,所以 n 不合乎要求.

当 $n \geq 17$ 时,如果 $n = \dfrac{k(k+1)}{2}, \dfrac{k(k+1)}{2} \pm 1 (k \in \mathbf{N})$,则 $g(n) = 1$,n 不合乎要求.

不妨设 $n = \dfrac{k(k+1)}{2} + q (2 \leq q < k)$,当操作进入循环圈后,第 $k+1$ 条对角线上有 q 只棋.

因为 $n \geq 17$,则 $\dfrac{k(k+1)}{2} + k \geq n \geq 17$,于是 $k \geq 5$.

首先,将 q 只棋放在第 $k+1$ 条对角线上的前连续 q 个方格中,得到一种放法.

其次,当 $q = 2$ 时,因为 $k \geq 5$,从而第 $k+1$ 条对角线上至少有 6 个方格,所以至少有 4 个空格.将 2 只棋放在第 $k+1$ 条对角线上,使它们不相邻,本质上至少有 2 种不同的放法,如(棋空棋空空…空)$_{k-2个}$,(棋空空棋空空…空)$_{k-3个}$,连同 q 只棋放在连续 q 个方格中的一种放法共有 3 种不同放法,有 $g(n) \geq 3$,所以 n 不合乎要求.

当 $q = 3$ 时,因为 $k \geq 5$,从而第 $k+1$ 条对角线上至少有 6 个方格,所以至少有 3 个空格.将 3 只棋放在第 $k+1$ 条对角线上,使它们不相邻,本质上至少有 2 种不同的放法,如(棋棋空棋空空…空)$_{k-3个}$,(棋空棋棋空空…空)$_{k-3个}$,因为 $k - 3 \neq 1$,从而这两种放法是不同的,连同 q 只棋放在连续 q 个方格中的一种放法共有 3 种不同放法,于是 $g(n) \geq 3$,所以 n 不合乎要求.

当 $q \geq 4$ 时,因为 $q < k$,从而第 $k+1$ 条对角线上至少有 2 个空格.将 q 只棋放在第 $k+1$ 条对角线上,使它们不相邻,本质上至少有 2 种不同的放法,如

(棋棋…棋空棋空空…空),(棋棋…棋空棋棋空空…空),
$\quad\quad_{q-1个}\quad\quad_{k-q个}\quad\quad\quad_{q-2个}\quad\quad_{k-q个}$

因为 $q-1\neq 2$, 从而这两种放法是不同的, 连同 q 只棋放在连续 q 个方格中的一种放法共有3种不同放法, 有 $g(n)\geqslant 3$, 所以 n 不合乎要求.

综上所述, 合乎要求的 $n=8,12,13$.

未决问题: 对给定的正整数 k, 求正整数 n, 使 $g(n)=k$.

2 逻辑关系图表

在有些数学问题中,或者所含的信息量很大,或者涉及对象的相互关系繁杂,此时若能借助图表,按照一定的规则,将题中的相关信息转化为一些数字或符号,便可使复杂的关系变得简单而直观.

2.1 逻辑关系表解法

如果某种对象的取值涉及 2 个变化的因素 x、y,不妨设 x 的变化情况为 $x_1, x_2, \cdots, x_m$,y 的变化情况为 $y_1, y_2, \cdots, y_n$. 那么,构造一个 $m \times n$ 的表格,在表格左边添加一列 $(x_1, x_2, \cdots, x_m)^\mathrm{T}$,表格上方添加一行 $(y_1, y_2, \cdots, y_n)$,并在第 i 行第 j 列的位置填入该对象在 $x = x_i$,$y = y_j$ 时的数据,然后根据数表,获取相关结果.

此外,如果有两组对象 $x_1, x_2, \cdots, x_m, y_1, y_2, \cdots, y_n$,也可以构造一个 $m \times n$ 的表格来探索解题途径.

列表可使题中的各种关系一目了然,特别是对一些涉及情况不多的问题,其表格本身就是论证,因为列表穷举了各种可能的情形.对一些关系复杂的问题,尽管不能从表中直接获取结论,但借助表格,容易发现规律,使论述条理清晰,即使无法提供证明,但对探索解题途径极有帮助.

例 1 将数字 1 到 9 分别写在纸片上,然后将 9 张纸片全部放入一顶帽子里. A 随机取出一张纸片并将其放回, 然后 B 也随机取出一张纸片. 试问: A 和 B 所取到的数字之和的个位数字可能性最大的是哪一个?

分析与解 将数字之和的各种可能情况用一个 9×9 的数表表示如下(图2.1), 其中表的左侧排列的数是 A 取出的各种可能数字, 表的上方排列的数是 B 取出的各种可能数字, 而表中第 i 行第 j 列所在方格的数为 $i+j(1\leqslant i,j\leqslant 9)$ 的数字之和的个位数字.

+	1	2	3	4	5	6	7	8	9
1	2	3	4	5	6	7	8	9	0
2	3	4	5	6	7	8	9	0	1
3	4	5	6	7	8	9	0	1	2
4	5	6	7	8	9	0	1	2	3
5	6	7	8	9	0	1	2	3	4
6	7	8	9	0	1	2	3	4	5
7	8	9	0	1	2	3	4	5	6
8	9	0	1	2	3	4	5	6	7
9	0	1	2	3	4	5	6	7	8

图 2.1

显然, 9×9 数表中同一对角线上的数字相同, 只有 0 在 9×9 数表主对角线上出现 9 次, 其余各数都只出现 8 次, 所以可能性最大的是 0.

例 2 某次数学竞赛共有 10 道选择题, 评分规则: 对每一道题, 答对得 4 分, 答错得 -1 分, 不答得 0 分. 试问: 这次竞赛至多有多少种可能的成绩?

分析与解 最直截了当的方法, 就是将所有可能的答题情况一

一列举出来,而通过表格,则可使列举更有规律,且不会产生遗漏.

除一题都不答得 0 分外,其他答题情况及相应得分如图 2.2 中 11×10 的数表所示。

答题情况 \ 答题数	1	2	3	4	5	6	7	8	9	10
全答对	4	8	12	16	20	24	28	32	36	40
错1题	-1	3	7	11	15	19	23	27	31	35
错2题		-2	2	6	10	14	18	22	26	30
错3题			-3	1	5	9	13	17	21	25
错4题				-4	0	4	8	12	16	20
错5题					-5	-1	3	7	11	15
错6题						-6	-2	2	6	10
错7题							-7	-3	1	5
错8题								-8	-4	0
错9题									-9	-5
错10题										-10

图 2.2

表中得分数据有如下规律:每一行是公差为 4 的等差数列,每一列是公差为 -5 的等差数列,每一条斜 135° 的直线是公差为 -1 的等差数列.

观察图 2.2 可知,表中共有 $1+2+3+\cdots+10+10=65$ 个成绩,但其中一个三角形阶梯区域内的成绩是重复的(用阴影部分表示),其重复的成绩共有 $1+2+\cdots+6=21$ 个. 于是,连同得 0 分的情况,所有可能的成绩有 $65-21+1=45$ 个.

例 3 求不定方程 $x+2y+3z^3=100$ 在 10 以内的正整数解.

2 逻辑关系图表

分析与解 作一个 10×10 的数表(图 2.3),在第 i 行第 j 列所在方格填上数 a_{ij}($1\leqslant i,j\leqslant 10$),使 $a_{ij}=100-2i-j$,且 a_{ij} 为 3 的倍数.

x\y	1	2	3	4	5	6	7	8	9	10
1		96			93			90		
2			93			90			87	
3	93			90			87			84
4		90			87			84		
5			87			84			81	
6	87			84			81			78
7		84			81			78		
8			81			78			75	
9	81			78			75			72
10		78			75			72		

图 2.3

表中的数具有明显的规律:这些数分布在 6 条对角线上,同一条对角线上的数构成公差为 -3 的等差数列,所以只需排好第一行的 3 个数和第一列的 3 个数,其余的数随即排出.

表中共有 9 个不同的数,唯有 81 可以写成 $3z^3$ 的形式,即 $81=3\cdot 3^3$,而 81 在数表中共出现 5 次,所以方程共有如下 5 个解:

$$(x,y,z)=(1,9,3),(3,8,3),(5,7,3),(7,6,3),(9,5,3).$$

例 4 车间即将新来一名工程师,A、B、C、D、E 五名青工听到了关于工程师的如下一些情况。

A:上海来的男王工程师,毕业于复旦大学.

B：上海来的女丁工程师，毕业于清华大学．

C：北京来的男马工程师，毕业于北京大学．

D：上海来的女李工程师，毕业于清华大学．

E：广州来的男王工程师，毕业于北京大学．

道听途说往往并不正确，工程师到来后，他们发现，如果将各人所说的信息分为4个部分：姓氏、性别、住址、学校，则他们每个人说的都只有其中1个部分的情况是真的．请根据以上条件，说出工程师的真实情况．

分析与解 将题中条件用一个 5×4 表格表示如下(图2.4)，其中第 i 行第 j 列表示第 i 个人听到的关于工程师的第 j 个方面的信息，记为 $a_{ij}(1\leqslant i\leqslant 5,1\leqslant j\leqslant 4)$．

特征 青工判断	姓氏1	性别2	住址3	学校4
A1	王	男 O	上海	复旦
B2	丁	女	上海	清华
C3	马	男 O	北京	北大
D4	李	女	上海	清华
E5	王	男 O	广州	北大

图2.4

由于性别只有两种可能，可从表的第2列寻找突破口．

如果 a_{ij} 正确，则在 a_{ij} 所在的格画上一个圈，则依题意，每一行只能画一个圈，每列至少一个圈．

如果 a_{ij} 不正确，则在 a_{ij} 所在的格画上一个叉，依题意，每一行恰好画3个叉．

如果 a_{12} 处画圈，则 a_{32}、a_{52} 处也画圈，于是另3列的至少3个圈

2 逻辑关系图表

分布在第 2、4 这两行中,必定有一行有两个圈,矛盾.

于是,第 2 列中只能是 a_{22}、a_{42} 处画圈,进而这 2 个圈所在行其余的格都画叉(图 2.5).

特征 青工判断	姓氏 1	性别 2	住址 3	学校 4
A1	王	男	上海×	复旦
B2	丁×	女 O	上海×	清华×
C3	马×	男×	北京 O	北大×
D4	李×	女 O	上海×	清华×
E5	王	男	广州	北大×

图 2.5

考察第 3 列,若在 a_{33} 处画圈,则第 3 行其余的格都画叉,进而 a_{54} 处画叉,这样第 1、4 两列都在第一行画圈,矛盾.

所以,只能在 a_{53} 处画圈,第 5 行其余的格都画叉,进而 a_{35} 处画叉,最后考察第 1、第 4 两列,只能在 a_{14}、a_{31} 处画圈.

所以,工程师是广州来的女马工程师,毕业于复旦大学.

例 5 已知 L、M、N、O 参加比赛,问其比赛结果,他们回答如下:

L:N 第一,M 第二.

M:N 第二,O 第三.

N:O 最后,L 第二.

如果每个人的两个回答中,都恰有一个是正确的,而且没有并列名次,那么这次比赛中谁获得第一?

分析与解 将题中的信息用一个 3×4 的表格表示如下(图 2.6),表中 a_{ij} 处的数是第 i 行的预测者预测第 j 列参赛者所得的名次.

名次\猜想者	L	M	N	O
L		2	1	
M			2	3
N	2			4

图 2.6

此表具有如下性质：

(1) 每一行恰有一个为真.

(2) 每一列最多有一个为真(一个人只有一个名次).

(3) 每个数只能出现在一个列中(一个名次只属于一个人).

若第 1 行的"2"为真(用实点表示)，则后面行的"2"为假(用空心点表示)，于是后面行的"3""4"为真(图 2.7)，此时 O 有"3""4"两个名次，矛盾.

名次\猜想者	L	M	N	O
L		2	1	
M			2	3
N	2			4

图 2.7

所以第 1 行的"2"为假，"1"为真(图 2.8)，则第 2 行的"2"为假，"3"为真，于是第 3 行的"4"为假，"2"为真，此时名次为 N、L、O、M.

本题还可以用另一种形式的表来描述题中的信息，作如下一个 3×4 的表格(图 2.9)，表中 a_{ij} 处的数是第 i 行的预测者预测第 j 名的参赛者的代号.

此表具有如下性质：

(1) 每一行恰有一个为真.

猜想者＼名次	L	M	N	O
L		2°	1	
M			2°	3
N	2•			°4

图 2.8

猜测者＼名次	1	2	3	4
L		N	M	
M			N	O
N			L	O

图 2.9

(2) 每一列至多有一个为真.

若第 1 列的"N"为真(图 2.10),则第 1 行的"M"为假,且第 2 行的"N"为假,于是第 3 行的"O"为真,第 4 列的"O"为假,第 3 行的"L"为真,此时名次为 N、L、O、M.

猜测者＼名次	1	2	3	4
L		N•—•M		
M			N•—•O	
N			L•	°O

图 2.10

若第 1 列的"N"为假(图 2.11),且第 1 行的"M"为真,第 2 列的"N"为假,第 2 行的"O"为真,第 3 行的"L"为真,此时,L、M 同为第二名,矛盾.

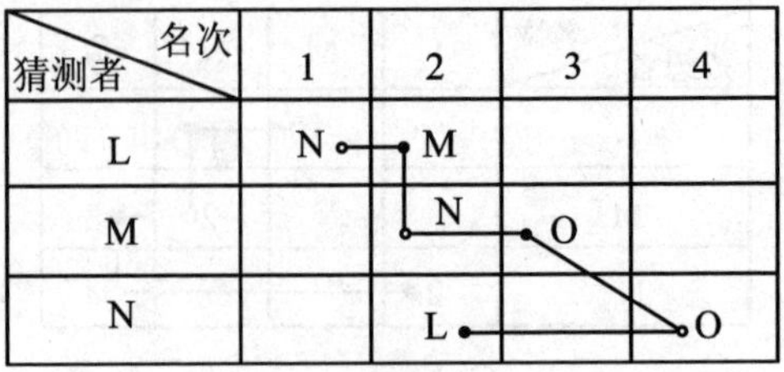

名次\猜测者	1	2	3	4
L		N•——•M		
M			•N——•O	
N			•L	——•O

图 2.11

例6 有 5 名学生 A、B、C、D、E 参加一场比赛,另外 5 人对比赛结果进行预测.

甲说:B 第二,A 第三.

乙说:D 第二,E 第四.

丙说:E 第一,C 第五.

丁说:D 第三,C 第四.

戊说:A 第二,B 第五.

比赛结果出来后发现,每人恰好猜对了一个名次,并且每一个名次都恰有一个人猜对,问实际比赛结果如何?

分析与解 将各人的猜测用一个 5×5 的表格表示如下 (图2.12),其中 a_{ij} 处的标号为第 i 个人猜测第 j 名的参赛者的代号.

名次\猜测	1	2	3	4	5
甲		B	A		
乙		D		E	
丙	E				C
丁			D	C	
戊		A			B

图 2.12

现在,将正确的猜测记上实点"•",否则记上空心点"○",依题

2 逻辑关系图表

意,每行每列都恰有一个实点"·".

首先,第1列只有一个猜测 E,从而第1列的 E 记上实点"·",再考察第2行的另一个 E,必记上空心点"。",进而知第2行的 D 记上实点"·",再考察 D 所在的列,知第2列的 B、A 都记上空心点"。",…,得到图 2.13。

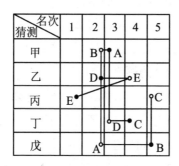

图 2.13

于是,E 第一,D 第二,A 第三,C 第四,B 第五.

若本题的条件修改为:每人恰好猜对了一个名次,并且每一个名次都有一个人(不是恰有一人)猜对,也可得出比赛结果如图 2.14 所示。

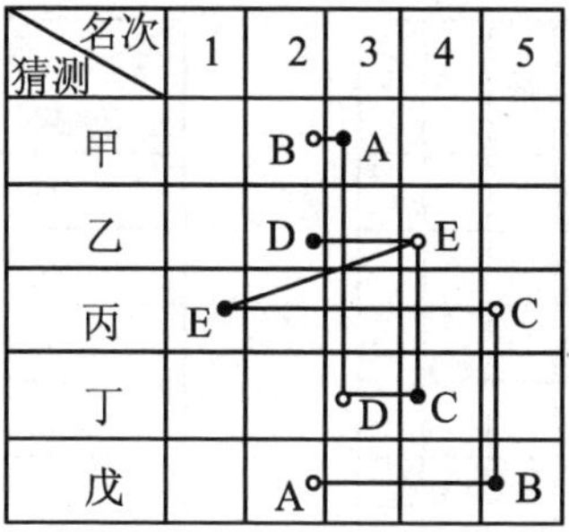

图 2.14

例 7 已知甲、乙、丙、丁、戊各从图书馆借来一本小说,他们约定

读完后互相交换,而且5人总是同时交换,当5本书都读完后,知道如下情况:

(1) 甲最后读的书是乙读的第二本书.

(2) 丙最后读的书是乙读的第四本书.

(3) 丙读的第二本书是甲读的第一本书.

(4) 丁最后读的书是丙读的第三本书.

(5) 乙读的第四本书是戊读的第三本书.

(6) 丁第三次读的书是丙读的第一本书.

请判断每个人读书的顺序.

分析与解 注意到甲、乙、丙、丁、戊最后读的书在信息中出现次数最多(共出现3次),我们设甲、乙、丙、丁、戊最后读的书分别是A、B、C、D、E(也可设第三次读的书),将已知条件用一个5×5的表格来表示:如果某人在某次读了某本书,则在相应的行与列的交叉处填上相应的书名,其中两个X表示同一本未确定的书,两个Y表示另外同一本未确定的书(图 2.15).

此表具有如下性质:每行每列都是A、B、C、D、E的一个排列.

先考察第2列,只剩下两个空格,需要填D、E.因为第3行已有D,所以a_{32}不能为D,只能是E,于是a_{12}为D(图 2.16).

读者 阅读顺序	甲	乙	丙	丁	戊
1	X		Y		
2		A	X		
3	非D	D	Y	C	
4		C			
5	A	B	C	D	E

图 2.15

读者 阅读顺序	甲	乙	丙	丁	戊
1	X	D	Y		
2		A	X		
3		E	D	Y	C
4		C			
5	A	B	C	D	E

图 2.16

再看第 3 行,只剩下两个空格需要填 A、B.因为第一列已有 A,所以此行 a_{31} 不能为 A(图 2.17),只能是 B,于是 a_{34} 为 A,即 Y = A(图 2.18).

阅读顺序\读者	甲	乙	丙	丁	戊
1	X	D	Y		
2		A	X		
3	非A	E	D	Y	C
4		C			
5	A	B	C	D	E

图 2.17

阅读顺序\读者	甲	乙	丙	丁	戊
1	X	D			
2		A	X		
3	B	E	D	A	C
4		C			
5	A	B	C	D	E

图 2.18

再看第 3 列,只剩下两个空格需要填 B、E,似乎可以任意排列,可分类尝试.但 X 已出现两次,考察第一列中的 X,可发现:X≠B(图 2.19),于是 X = E(图 2.20).

阅读顺序\读者	甲	乙	丙	丁	戊
1	X非B		D	A	
2		A	X		
3	B	E	D	A	C
4		C			
5	A	B	C	D	E

图 2.19

阅读顺序\读者	甲	乙	丙	丁	戊
1	E	D			
2		A	E		
3	B	E	D	A	C
4		C	B		
5	A	B	C	D	E

图 2.20

至此,余下空白很容易完成填写,依此考虑第 1 行、第 1 列……,得到图 2.21.

阅读顺序＼读者	甲	乙	丙	丁	戊
1	E	D	A	C	B
2	C	A	E	B	D
3	B	E	D	A	C
4	D	C	B	E	A
5	A	B	C	D	E

图 2.21

该表的每一列便是每个人阅读的书的顺序.

例 8 有 5 名国际象棋手进行一次比赛,每人与其他 4 人各赛一盘.胜一局得 1 分,负一局得 0 分,平局各得 0.5 分.已知:

(1) 每人的得分各不相同;

(2) 得第一名者没有平局;

(3) 得第二名者没有负局;

(4) 得第四名者没有胜局.

问:第 1、2、3、4、5 名各得多少分?

分析与解 构造 5×5 的比赛表如下(图 2.22).其中第 i 行第 j 列的数 a_{ij} 表示第 i 名与第 j 名比赛时第 i 名的得分.

名次	1	2	3	4	5	总分	可能取值
1		●					0 或 1
2							0.5 或 1
3							
4							0 或 0.5
5							

图 2.22

此表具有如下性质：

(1) 第一行只有 0 或 1.

(2) 第二行只有 0.5 或 1.

(3) 第四行只有 0 或 0.5.

(4) $a_{ij} + a_{ji} = 1$.

考察 a_{12}，若 $a_{12} = 1$，则 $a_{21} = 0$，与性质(2)矛盾. 所以 $a_{12} = 0$. 于是 $a_{21} = 1$.

记第 i 名的总得分为 S_i，则 $S_2 \geq 1 + 0.5 \times 3 = 2.5$. 这样 $S_1 > S_2 \geq 2.5$，所以 $S_1 \geq 3$. 但 $a_{12} = 0$，所以 $S_1 \leq 3$，于是 $S_1 = 3$，从而 $S_2 < 3$，故 $S_2 = 2.5$. 不等式等号成立，得到图 2.23 所示的表.

名次	1	2	3	4	5	总分	可能取值
1		0	1	1	1	3	0 或 1
2	1		0.5	0.5	0.5	2.5	0.5 或 1
3	0	0.5					
4	0	0.5			●		0 或 0.5
5	0	0.5					

图 2.23

再考察 a_{45}，若 $a_{45} = 0$，则 $S_4 \leq 0.5 + 0.5 = 1$，$S_5 \geq 1 + 0.5 = 1.5$. 所以 $S_5 > S_4$，矛盾. 所以 $a_{45} = a_{54} = 0.5$，得到图 2.24 所示的表.

至此，$S_5 \geq 1$，但 $S_4 \leq 0.5 \times 3 = 1.5$，$S_5 = 1$，$S_4 = 1.5$. 最后 $S_3 = 2$. 故第 1、2、3、4、5 名各得 3、2.5、2、1.5、1 分.

名次	1	2	3	4	5	总分	可能取值
1		0	1	1	1	3	0或1
2	1		0.5	0.5	0.5	2.5	0.5或1
3	0	0.5					
4	0	0.5			0.5		0或0.5
5	0	0.5		0.5			

图 2.24

例 9 已知 A、B、C、D、E 参加考试,共有 7 道判断题,对每道题,答对得 1 分,答错得 -1 分,不答得 0 分,图 2.25 所示的表记录了 5 个人的答案和 A、B、C、D 这 4 人的得分,其中 √ 表示答对,× 表示答错,问 E 的得分与各题的正确答案.

考生＼题号	1	2	3	4	5	6	7	得分
A	√		×	√	×	√	√	2
B	√	×	√	√	×	×		2
C		√	×	×	√	×	√	2
D	×	×	×	√	√		×	2
E	√	√		√	√	×	√	

图 2.25

分析与解 考察其中任意一个答题者,对每个题的答案,需要用 2 个参数来描述:一是该答题者对该题的答案代号,二是该题的标准答案代号. 我们用 (a,b) 来表示,其中 a 是答题者的答案代号,b 是标准答案代号,那么答题者的得分与该题的答案有如下规律:

$$(\sqrt{}\ \sqrt{}) \to 得分\ 1,\ (\times\ \sqrt{}) \to 得分\ -1,$$
$$(\times\ \times) \to 得分\ 1,\ (\sqrt{}\ \times) \to 得分\ -1.$$

2 逻辑关系图表

于是，我们可以记"√"为 $+1$，"×"为 -1，则答题者的得分恰好是该题两个代号的积.

于是，对 $i=1,2,\cdots,7$，用 x_i 表示第 i 题的标准答案，其中第 i 个命题为真命题时 $x_i=1$，第 i 个命题为假命题时 $x_i=-1$.

用 y_i 表示某解题者第 i 题的答案，其中答案为"√"时 $y_i=1$，答案为"×"时 $y_i=-1$. 这样，各人的答案可用一个 5×7 的表格表示如下，其中格 a_{ij} 处的数是第 i 个答题者对第 j 题的答案代号(图 2.26).

题号 学生	1	2	3	4	5	6	7	得分
A	1		-1	1	-1	1	1	2
B	1	-1	1	1	-1	-1		2
C		1	-1	-1	1	-1	1	2
D	-1	-1	-1	1	1		-1	2
E	1	1	-1		1	-1		2

图 2.26

显然，当某解题者第 i 个题的答案为 y_i 时，他在该题的得分为 $x_i y_i$ 分.

分别计算 A、B、C、D 的得分：

$$x_1 - x_3 + x_4 - x_5 + x_6 + x_7 = 2,$$
$$x_1 - x_2 + x_3 + x_4 - x_5 - x_6 = 2,$$
$$x_2 - x_3 - x_4 + x_5 - x_6 + x_7 = 2,$$
$$-x_1 - x_2 - x_3 + x_4 + x_5 - x_7 = 2.$$

四式相加，得

$$x_1 - x_2 - 2x_3 + 2x_4 - x_6 + x_7 = 8.$$

于是

$$8 = x_1 - x_2 - 2x_3 + 2x_4 - x_6 + x_7 \leqslant 1 + 1 + 2 + 2 + 1 + 1 = 8.$$

因为上述不等式等号成立,所以 $x_1 = 1, x_2 = -1, x_3 = -1, x_4 = 1$, $x_6 = -1, x_7 = 1$. 代入方程得 $x_5 = 1$.

所以,第 1、4、5、7 个命题为"真",第 2、3、6 个命题为"假",E 得 4 分.

本题还有如下一个解法.

我们从列入手,计算 A、B、C、D 的总分. 注意到对同一个题,一个"√"与一个"×"的得分之和为 0(其中一个得 1 分,另一个得 -1 分),于是 A、B、C、D 在每个题上的总分如下(图 2.27).

但 A、B、C、D 的总分为 $2+2+2+2=8$,而"总分"行恰好共有 8 个代号,从而每个代号都应得 1 分,所以第 1、2、3、4、6、7 题的标准答案为"√""×""×""√""×""√".

为了得到第 5 题的标准答案,只需计算 A 的得分,可知 A 在第 5 题上得 -1 分(图 2.28),从而第 5 题的答案为"√",于是 E 的各题的得分为 1、-1、1、0、1、1、1,总分为 4.

题号\考生	1	2	3	4	5	6	7	得分
A	√		×	√	×	√	√	2
B	√	×	√		×	×		2
C		√	×	×	√	×	√	2
D	×	×	×	√	√		×	2
总分	√	×	××	√√	0	×	√	

图 2.27

2 逻辑关系图表

题号 考生	1	2	3	4	5	6	7	得分
A	√ 1	0	× 1	√ 1	×	√ -1	√ 1	2
B	√	×	√	√	×	×		2
C			√	×	×	√	×	√	2
D	×	×	×	√	√		×	2
总分	√	×	× ×	√ √	0	×	√	

图 2.28

例 10 人的血型通常为 A 型、B 型、O 型、AB 型,其中 O 是隐性的,A、B 是显性的(如 A 型,可能是 AA,也可能是 AO),子女的血型与其父母的血型的关系如图 2.29 所示.

父母血型	O O	O A	O B	O AB	A A	A B	A AB	B B	B AB	AB AB
子女可能血型	O	A	B	A	A	A	A	B	A	A
		O	O	B	O	B	B	O	B	B
						AB	AB		AB	AB
						O				

图 2.29

现有 3 个分别穿红、黄、蓝上衣的孩子,他们的血型依次为 O、A、B,对每一个孩子,他的父与母血型相同,戴着同样颜色的帽子,3 对父母的帽子的颜色也是红、黄、蓝三种,分别代表具有血型 AB、A、O. 试问:穿红、黄、蓝上衣的孩子的父母各戴什么颜色的帽子?(第 5 届 "华罗庚杯"数学竞赛复试试题)

分析与解 本题的信息量很大,但有些是无用的信息,要善于从中捕捉有用的信息.注意到同一个孩子的父母的血型是相同的,从而只需考虑表中第 1、5、8、10 这 4 列给出的信息.又父母中没有 B 型血,从而又只需考虑表中第 1、5、10 这 3 列给出的信息(图中阴影部分).得到图 2.30.

父母的血型	O\O	A\A	AB\AB
子女	O	A	A
可能		O	B
的血型			AB

图 2.30

由简表第 1 列可知,父母为 O 型,则子女为 O 型,所以戴蓝色帽子的父母的孩子穿红色上衣.

再看第 2 列,父母为 A 型时,子女只剩下 A 型一种可能,所以戴黄色帽子的父母的孩子穿黄色上衣.

最后剩下戴红色帽子的父母,其孩子穿蓝色上衣.

2.2 逻辑关系图解法

如果题中的一些对象可按相应情况分为若干组,我们用一个圈中的若干点表示同一组中的若干对象.对于不同组之间的对象,用线段描述它们之间具有的某种关系.

例 1 刘兵、王勇和方明分别在北大、清华、上海交大读书,分别学数学、物理、化学,已知:① 刘兵不在北大;② 王勇不在清华;③ 在北大的不是学数学;④ 在清华的学物理;⑤ 王勇不学化学.

试根据以上情况,判断他们分别在哪个学校哪个系.

分析与解 根据条件,列出如下的简图(图 2.31),其中每个点各表示一种特征,如果两个点之间连一条实线,则表示相应的两个特征属于同一个人,若连虚线则表示相应的两个特征属于两个不同的人.依题意,每个点都在另一组中恰连一条实线.

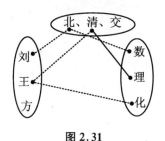

图 2.31

现在,要在图中连出 3 个实边的三角形(当然,有两条边为实边,则第三边必为实边).

我们用(A,B)表示 A、B 两个特征发生在同一个人身上.先从"北大"出发,必有(北大,化学),进而有(北大,方明),是因为北大不能与王勇连线(否则得到两实边一虚边三角形,矛盾),由此得到第一个实边三角形(图 2.32).

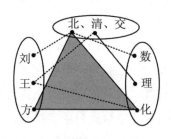

图 2.32

再从清华出发,必有(清华,刘兵),是因为清华不能与王勇连线,由此得到第二个实边三角形(图 2.33).进而剩下 3 点构成一个实边三角形.

于是,方明在北大读化学,刘兵在清华读物理,王勇在上海交大读数学.

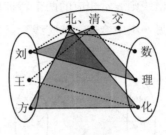

图 2.33

例 2 小明、小强、小华三个人参加迎春杯赛,他们是来自金城、沙市、水乡的选手,并分别获得一、二、三等奖.现在知道:

(1) 小明不是金城的选手;

(2) 小强不是沙市的选手;

(3) 金城的选手不是一等奖;

(4) 沙市的选手得二等奖;

(5) 小强不是三等奖.

试问:小华是哪里的选手?得几等奖?(第 3 届"迎春杯"数学竞赛决赛试题)

分析与解 根据条件,列出如下的简图(图2.34),其中每个点各表示一种特征,如果两个点之间连一条实线,则表示相应的两个特征属于同一个人,若连虚线则表示相应的两个特征属于两个不同的人.依题意,每个点都在另一组中恰连一条实线.

显然,对于同一个三角形,若有两条边为实线,则第三条边必然是实线.这表明,图中不能有恰有一条虚线的三角形.

考察 C 中的金城,它向 B 连实线只能是与"三等奖"相连,进而水乡只能与"一等奖"相连.

考察 A 中的小强,不能与"二等奖"连实边(否则得到恰有一条虚线的三角形),于是只能与"一等奖"连实边,进而与"水乡"连实边.

2 逻辑关系图表

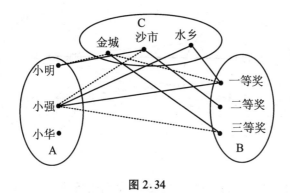

图 2.34

考察 A 中的小明,不能与"水乡"连实边(水乡已连实边),于是只能与"沙市"连实边.进而小华只能与"金城"连实边.

故小华是金城的选手,得三等奖.

例 3 要分配赵、钱、孙、李、周这 5 人中的若干人去执行某项任务,分配时必须兼顾以下条件:

(1) 若赵去,则钱也去;

(2) 李、周中至少去一人;

(3) 钱、孙中恰有一人去;

(4) 孙、李二人或者都去,或者都不去;

(5) 若周去,则赵、李都去.

试问:该谁去?

分析与解 根据条件,列出如下的简图(图 2.35),其中每个点各表示一种特征,如果两个点之间连一条实线,则表示相应的两个特征属于同一个人;若连虚线,则表示相应的两个特征属于两个不同的人.

依题意,第一组中的每个点都恰好在另一组中连一条实线.

假定"赵"与"去"连实线,则由条件(1),"钱"与"去"连实线,进而由条件(3),"孙"与"不去"连实线,又由条件(4),"李"与"不去"连实

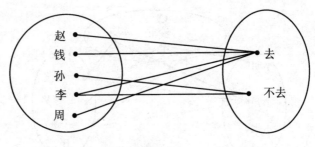

图 2.35

线,再由条件(2),"周"与"去"连实线,最后由条件(5),"赵""李"都与"去"连实线.

这样,第一组中的"李"向第二组连了两条实线,矛盾.

于是,只能是"赵"与"不去"连实线(图2.36),则由条件(5),"周"与"不去"连实线,进而由条件(2),"李"与"去"连实线,又由条件(4),"孙"与"去"连实线,最后由条件(3),"钱"与"不去"连实线.

故由图可知,只能安排孙、李中的 1 人或 2 人去.

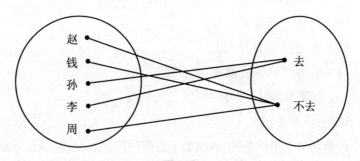

图 2.36

例 4 一位妇女及她的兄弟、儿子和女儿都是棋手.已知:

(1) 最坏棋手的孪生者(也是四个棋手之一)和最好的棋手为异性;

(2) 最坏的棋手和最好的棋手为同年龄的.

问谁是最坏的棋手?

分析与解 根据条件,列出简图(图2.37),其中每个点各表示一种特征,如果两个点之间连一条实线,则表示相应的两个特征属于同一个人,若连虚线则表示相应的两个特征属于两个不同的人.

依题意,每个点都至多在另一组中连一条实线.

若妇女与最坏棋手连实线,则由条件(1),她的兄弟必定是她的孪生兄弟,且她的女儿必是最好的棋手,所以女儿与最好棋手连实线.

但这与条件(2)矛盾,因为这位妇女和她的女儿不可能有相同的年龄.

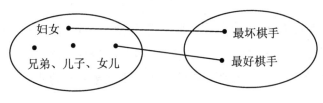

图 2.37

若兄弟与最坏棋手连实线(图 2.38),则由条件(1),妇女必定是他的孪生姐妹,且最好的棋手是男性,从而最好的棋手是儿子,所以儿子与最好棋手连实线.

但这与条件(2)矛盾,因为这位妇女的孪生者和她的儿子不可能有相同的年龄.

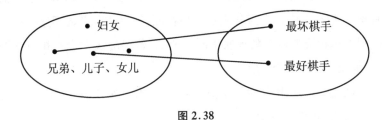

图 2.38

若女儿与最坏棋手连实线(图 2.39),则由条件(1),儿子必定与她是孪生的,且最好的棋手是女性,从而最好的棋手是妇女,所以妇女与最好棋手连实线.

但这与条件(2)矛盾,因为这位妇女和她的女儿不可能有相同的年龄.

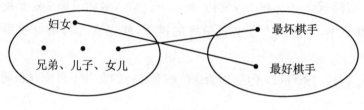

图 2.39

由此可见,最坏的棋手只能是儿子,此时女儿与儿子是孪生的,且最好的棋手是男性,所以最好的棋手必定是兄弟.这与已知条件不矛盾,因为妇女与其兄弟不是孪生的,从而兄弟和她的儿子可以年龄相同.

综上所述,儿子是最坏的棋手.

例 5 围着桌子坐着 7 个人,其中每个人或者永远说真话,或者永远说假话,现在,他们每个人都说:"我的两个邻座中,有一个人说真话,另一个人说假话."那么,求这些人中说假话的人数.(1993 年圣彼得堡数学奥林匹克试题)

分析与解 将 7 个人编号为 1、2、…、7,根据条件,列出如下的简图(图 2.40),其中每个点各表示一种特征,如果两个点之间连一条实线,则表示相应的两个特征属于同一个人,若连虚线则表示相应的两个特征属于两个不同的人.

依题意,第一组中的每个点都恰好在另一组中连一条实线.而且,由题意,此图具有如下性质:

(1) 如果某点与"真话"连实线,则该点的两个邻点(邻座对应的点)中一个与"真话"连实线,另一个与"假话"连实线;

2 逻辑关系图表

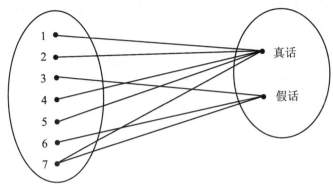

图 2.40

（2）如果某点与"假话"连实线，则该点的两个邻点或者都与"真话"连实线，或者都与"假话"连实线.

先假定 1 与"真话"连实线，那么由性质(1)，7 和 2 中有一个与"真话"连实线，另一个与"假话"连实线.由对称性，不妨设 2 与"真话"连实线，7 与"假话"连实线.再由性质(1)，1 和 3 中有一个与"真话"连实线，另一个与"假话"连实线，所以 3 与"假话"连实线.

进而，由性质(2)，2 和 4 或者都与"真话"连实线，或者都与"假话"连实线，所以 4 与"真话"连实线.

如此下去，反复使用性质(1)和(2)，可知 5 与"真话"连实线，6 与"假话"连实线，7 与"真话"连实线.

这样一来，7 连了两条实线，矛盾.

所以，1 只能与"假话"连实线，即 1 一定是说假话.同样，其他人都是说假话.故说假话的人数为 7.

习 题 2

1. 有金、银、铜、铁 4 个盒子，其中一个盒子里装有相片.金盒子上面写着：相片在这里.银盒子上面写着：相片不在金盒子里，也不在铜盒子里.铜盒子上面写着：相片在金或者银盒子里.铁盒子上面写着:相片在银盒子里.已知其中有3个盒上的话是真的,问相片在哪个盒子里?

2. 已知 A、B、C、D 四个小孩中的一人把玻璃打碎了,当问他们时,他们回答如下:

A 说:"是 B 打破的."

B 说:"是 D 打破的."

C 说:"不是我打破的."

D 说:"B 说谎."

已知其中恰有一个孩子说了真话,问是谁打破的?

3. 已知甲、乙、丙三人进行唱歌、跳舞、绘画比赛,分三场进行,比赛结果表明他们水平相当,每人均获得一项一等奖、一项二等奖、一项三等奖,现在知道甲唱歌第一,丙跳舞第二,那么谁绘画第二?

4. 某校举行网球混合双打比赛,由初一、初二、初三各年级各派男女选手一名参赛,规定同年级的选手不能搭档.已知第一局是初一年级的男生与小丽对初三年级的男生与小萍,第二局是初三年级的男生与小英对初一年级的男生与初二年级的女生,问小丽、小英、小萍分别在哪个年级?

5. 有5名学生 A、B、C、D、E 参加 100 米跑比赛,看台上5人对比赛结果进行预测.

甲说:A 第二,B 第三.

乙说:C 第三,D 第五.

丙说:D 第一,C 第二.

丁说:A 第二,E 第四.

戊说:B 第一,E 第四.

结果,由于看台角度的缘故,每人恰好猜对了一个名次,问实际比赛结果如何?

6. 某校举行数学竞赛,老师说,A、B、C、D、E 取得前5名,这5

人对比赛结果进行猜测.

A 说:B 第三,C 第五.

B 说:D 第一,E 第五.

C 说:A 第二,E 第四.

D 说:C 第一,B 第二.

E 说:D 第二,A 第三.

结果,每人恰好猜对了一个名次,问实际结果如何?

7. 有 A、B、C、D、E 五名同学参加推铅球比赛,抽签决定出赛的顺序.在未公布顺序之前每个人对出赛顺序进行如下猜测.

A 猜:B 第三,C 第五.

B 猜:E 第四,D 第五.

C 猜:A 第一,E 第四.

D 猜:C 第一,B 第二.

E 猜:A 第三,D 第四.

老师说,每个人的出赛顺序都至少被一人猜中.问:出赛顺序中第一、三、五位分别是哪位同学?(第 10 届"希望杯"全国数学邀请赛试题)

8. 有 A、B、C 三个足球队,每两个队都比赛一场,比赛结果:A 两战两胜,共失球 2 个;B 共进球 4 个,失球 5 个;C 有一场踢平,共进球 2 个,失球 8 个,请写出每场比赛的比分.

9. 某学校举办数学竞赛,甲、乙、丙、丁、戊这五位同学取得前五名.发奖前,老师让他们猜一猜各人的名次.

甲说:乙第三名,丙第五名.

乙说:戊第四名,丁第五名.

丙说:甲第一名,戊第四名.

丁说:丙第一名,乙第二名.

戊说:甲第三名,丁第四名.

老师说,每个名次都有人猜对,问获得第四名是谁?(上海市1987年初中数学竞赛试题)

10. 有甲、乙、丙、丁四位歌手参加比赛,其中有一位歌手获奖,有人走访了这四位歌手.

甲说:我获了奖.

乙说:甲没有获奖,丙也没有获奖.

丙说:或者是甲获奖或者是乙获奖.

丁说:是乙获奖.

这四位歌手的话有两位说的是对的,问到底是哪位歌手获奖?

11. 设 $S_n^{(k)} = 1^k + 2^k + \cdots + n^k$,求证:$S_1^{(k)} + S_2^{(k)} + \cdots + S_{n-1}^{(k)} + S_n^{(k+1)} = n S_n^{(k)}$.

12. 有 A、B、C 三位教师,他们分别在北京、上海、成都教不同的课程数学、物理、化学,现在知道:

(1) A 不在北京工作;

(2) B 不在上海工作;

(3) 在北京工作的人不教化学;

(4) 在上海工作的人教数学;

(5) B 不教物理.

试问:三位教师各在什么城市教什么课程?

13. 一个国家的居民,要么是骑士,要么是无赖,骑士永不说谎,无赖句句谎言,我们遇到该国的居民 A、B、C.

A 说:"如果 C 是骑士,那么 B 是无赖."

C 说:"A 和我不同,一个是骑士,一个是无赖."

试问:这 3 人中,谁是骑士? 谁是无赖?

14. 某参观团根据下列约束条件,从 A、B、C、D、E 这五个地方选定参观地点:

(1) 若去 A 地,也必须去 B 地;

(2) D、E 两地至少去一地;

(3) B、C 两地恰去其中一地;

(4) C、D 两地都去或都不去;

(5) 若去 E 地, A、D 两地也必须去.

请说明, 该参观团最多去哪几个地方?

15. 某刑事案件的六个嫌疑分子 A、B、C、D、E、F 交代了以下材料.

A: B 与 F 作案.

B: D 与 A 作案.

C: B 与 E 作案.

D: A 与 C 作案.

E: F 与 A 作案.

司法人员根据充分的证据确信此案是两个人合做的, 且有四人各说对了一个罪犯的名字, 另一个说的全不对. 问谁是罪犯?

习题 2 解答

1. 将题中条件用一个 4×4 表格表示(图 2.41), 其中第 i 行第 j 列表示第 i 盒上的话涉及的第 j 个盒子的信息.

盒子 盒子上的话	金	银	铜	铁
金	在			
银	不在		不在	
铜	或在		或在	
铁		在		

图 2.41

由于金盒子只判断相片在盒子里,我们可以此为突破口.如果金盒子上的话为真,那么由图 2.41 所示表格可知,银、铁两个盒子上的话都为假,与题设矛盾.所以金盒子上的话为假,其余判断都为真,从而相片在银盒子里.

2. 将各人的回答用一个 4×4 的表格来表示:若某人说某人打破了玻璃,则在对应的行与列的交叉处填上"1",若某人说某人没打破玻璃,则在对应的行与列的交叉处填上"-1"(图 2.42).

说话者＼被说者	A	B	C	D
A		1		
B				1
C			-1	
D				-1

图 2.42

我们来研究此表具有哪些性质.

先看"行"的性质,因为每一行代表每个人说的话,注意到"恰有一个孩子说了真话",可知:表中只有一行数是对的,其余的数都要反号.

再看"列"的性质,因为每一个列表示某人是否打破玻璃,而每个人打破与未打破玻璃,两者必取其一,可知:表中同一列的数应该相同.

再注意到显然的事实:玻璃只能由一人打破,其余人未打破玻璃,所以表中只有某一列中的数为 1,其他各列的数都是 -1.

考察第 4 列,可知第 2、第 4 两行中恰有一个不变.

若第 2 行不变,则其余行都改变,第 3、4 两列都是 1,矛盾.

所以,只能是第4行不变,其余行都改变,即C打破了玻璃.

3. 根据条件列出图2.43所示表格,其中 a_{ij} 处的标数为第 i 个人在第 j 个项目上的奖项代号.

选手\类别	唱	跳	画
甲	1	非A 非2	B
乙			
丙		2	

图 2.43

显然,表中每行每列都是1、2、3的一个排列.先看A格,它与1同行,有A≠1,又它与2同列,有A≠2,于是A=3,进而B=2,即甲绘画得二等奖.

4. 根据条件列出女生可能所在年级,如图2.44所示,其中1表示"是",0表示"否".

学生\年级	初一	初二	初三
小丽	0	0	1
小英	1	0	0
小萍	0	1	0

图 2.44

显然,每行每列恰有一个1,用斜体表示由前面的信息推出的结果,则可知小英在初一年级,小萍在初二年级,小丽在初三年级.

5. 将各人的猜测用一个5×5的表格表示(图2.45),其中 a_{ij} 处的标号为第 i 个人猜测第 j 名的参赛者的代号.

现在,将正确的猜测记上实点"•",否则记上空心点"∘",依题意,每行都恰有一个实点"•",每列至多有一个实点"•".

名次\猜测	1	2	3	4	5
甲		A	B		
乙			C		D
丙	D	C			
丁		A		E	
戊	B			E	

图 2.45

首先,第 5 列只有一个猜测 D,如果第 5 列的 D 记为实点"·",则考察第 2 行的 C,必记上空心点"○",进而知第 3 列的 B 记上实点"·",第 1 行的 A 记上空心点"○".

此外,考察第 3 行的另一个 D,必记上空心点"○",进而知第 3 行的 C 记上实点"·",第 2 列的 A 记上空心点"○",第 4 行的两个 E 都记上实点"·",第 5 行的 B 记上空心点"○",得到图 2.46.

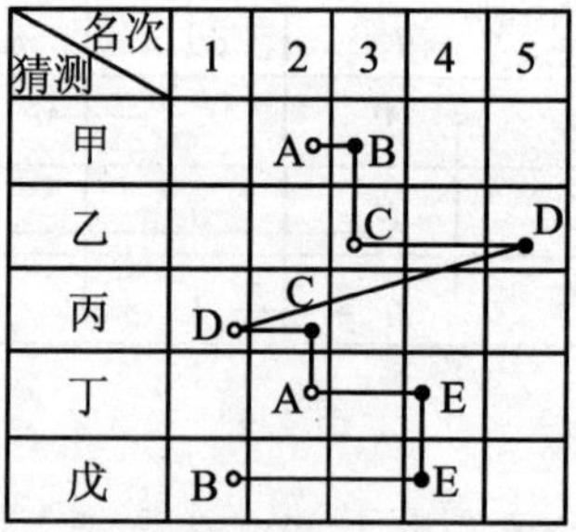

图 2.46

于是,A 第一(其他名次确定后剩下的一个名次为 A 所得),C 第二,B 第三,E 第四,D 第五.

如果第 5 列的 D 记为空心点"○",则考察第 2 行的 C,必记上实点"·",进而知第 3 列的 B 记上空心点"○",第 1 行的 A 记上实点

"·",进而知第 2 列的 C 记上空心点"∘",第 3 行的 D 记上实点"·",第 1 列的 B 记上空心点"∘". 此外,第 2 列的另一个 A 当然也记上实点"·",进而知第 4 行的 E 记上空心点"∘",如图 2.47.

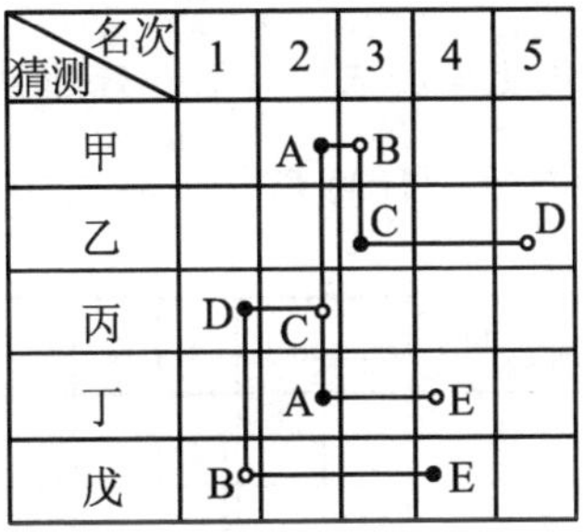

图 2.47

此时,第 4 列的两个 E 一为实点,一为空心点,矛盾.

综上所述,本题的答案是唯一的,即 A 第一,C 第二,B 第三,E 第四,D 第五.

6. 将各人的猜测用一个 5×5 的表格表示(图 2.48),其中 a_{ij} 处的标号为第 i 个人猜测第 j 名的参赛者的代号.

猜测\名次	1	2	3	4	5
A		B		C	
B	D				E
C		A		E	
D	C	B			
E		D	A		

图 2.48

现在,将正确的猜测记上实点"·",否则记上空心点"∘". 依题意,每行都恰有一个实点"·",每列至多有一个实点"·".

首先,第4列只有一个猜测E,如果第4列的E记为实点"·",则考察第3行的A,必记上空心点"。".

此外,考察第2行的另一个E,必记上空心点"。",进而知第2行的D记上实点"·",第1列的C记上空心点"。",第4行的B记上实点"·",第2列的D记上空心点"。",第5行的A记上实点"·",第3列的B记上空心点"。",第1行的C记上实点"·",得到图2.49.

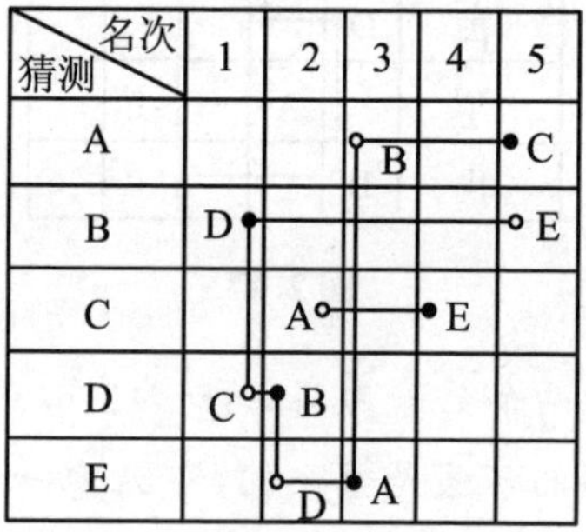

名次\猜测	1	2	3	4	5
A			B		C
B	D				E
C			A	E	
D		C	B		
E			D	A	

图 2.49

此时,D第一,B第二,A第三,E第四,C第五.

如果第4列的E记上空心点"。",则第3行的A记上实点"·",第2列的D记上空心点"。",第5行的A记上实点"·",如图2.50所示.

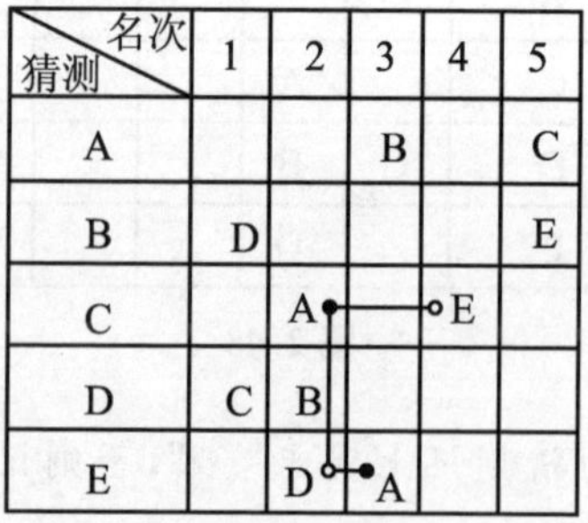

名次\猜测	1	2	3	4	5
A			B		C
B	D				E
C		A		E	
D		C	B		
E			D	A	

图 2.50

2 逻辑关系图表

此时,A 有两个名次:第二和第三.矛盾.

综上所述,本题的答案是唯一的,即 D 第一,B 第二,A 第三,E 第四,C 第五.

7. 将各人的猜测用一个 5×5 的表格表示(图 2.51),其中 a_{ij} 处的标号为第 i 个人猜测第 j 个人的出场次序的代号.

猜测\名次	A1	B2	C3	D4	E5
A1		3	5		
B2				5	4
C3	1				4
D4		2	1		
E5	3			4	

图 2.51

根据题意,表中每列至少有一个数据是对的.由最后一列可知,E 为第四,进而第 4 列只能是 D 为第五,第 3 列只能是 C 为第一,第 1 列只能是 A 为第三,第 2 列只能是 B 为第二.

于是,出场顺序为 C、B、A、E、D,排 1、3、5 的是 C、A、D.

8. 首先要注意如下事实:各队的进球总数与失球总数相等.由题意可知,各队进球数、失球数、局数如图 2.52 所示.

结果\球队	A	B	C
进球数		4	2
失球数	2	5	8
胜负情况	2 胜		1 平

图 2.52

因为各队的进球总数与失球总数相等,所以 A 共进 9 个球. 由 A 胜 2 场, 知 A→B, A→C, 而 C 平 1 场, 所以 B 与 C 打平局, 得到图 2.53 所示表格。

结果＼球队	A	B	C
进球数	9	4	2
失球数	2	5	8
胜负情况	2 胜	1 平 1 负	1 平 1 负

图 2.53

因为 B、C 的进球数之和减去 A 的失球数, 就是 B、C 之间的比赛的进球总数, 于是设 B、C 之间的比分为 $x:y$, 则 $x+y=4+2-2=4$. 同样, 设 A、B 之间的比分为 $u:v$, A、C 之间的比分为 $p:q$, 则 $u+v=9+4-8=5$, $p+q=9+2-5=6$. 又 $u+p=9$, $v+x=4$, $y+q=2$, 但其中只有 5 个独立方程(前 3 个之和与后 3 个之和一样, 从而减去后两个得出最后一个). 但由 B、C 踢平, 有 $x=y=2$, 进而 $v=2$, $u=3$, $p=6$, $q=0$. 所以 A、B 的比赛结果是 3∶2, A、C 的比赛结果是 6∶0.

9. 将各人的猜测用一个 5×5 的表格表示(图 2.54), 其中格 a_{ij} 处的标号为第 i 个人猜测第 j 个人所得的名次代号.

猜测＼名次	甲	乙	丙	丁	戊
甲		3	5		
乙				5O	4O
丙	1				4O
丁			2O	1O	
戊	3O				4

图 2.54

2 逻辑关系图表

如果某个名次猜测是对的,则在相应的格中画一个圈,依题意,每一列至少有一个圈.

因为第 5 列只有唯一代号 4,从而这两格必定画圈. 这样,a_{54} 处不能画圈,所以 a_{24} 处画圈. 进而 a_{13} 处不能画圈,所以 a_{43} 处画圈. 进而 a_{31} 处不能画圈,所以 a_{51} 处画圈. 最后 a_{12} 处不能画圈,所以 a_{42} 处画圈.

于是,由表可知,甲得第三,乙得第二,丙得第一,丁得第五,戊得第四.

10. 将题中条件用一个 4×4 表格表示(图 2.55),其中第 i 行第 j 列交叉处的数表示第 i 个人判断第 j 个人是否获奖的信息代号($1\leqslant i\leqslant 4, 1\leqslant j\leqslant 4$),1 表示获奖,0 表示未获奖.

歌手的话 \ 特征	甲	乙	丙	丁
甲:甲获奖	1	0	0	0
乙:甲、丙没获奖	0	1	0	1
丙:甲或乙获奖	1	1	0	0
丁:乙获奖	0	1	0	0

图 2.55

如果第 j 个人获奖,则各人对第 j 列的判断应该是两真两假,即有 2 个 0 和 2 个 1. 由表可知,只有第 1 列合乎条件,从而是甲获奖.

11. 等式右边的 $nS_n^{(k)}$,可看成是 n 个"$1^k+2^k+\cdots+n^k$"相加而得,由此想到构造如下所示的一个 $n\times n$ 数表(图 2.56),其中每一行各数依次为 $1^k, 2^k, \cdots, n^k$:

1^k	2^k	3^k	$\cdots$	n^k
1^k	2^k	3^k	$\cdots$	n^k
1^k	2^k	3^k	$\cdots$	n^k
$\vdots$	$\vdots$	$\vdots$	$\vdots$	$\vdots$
1^k	2^k	3^k	$\cdots$	n^k

图 2.56

显然,表中各数的和:$S = nS_n^{(k)}$.

现在,我们用另外一种形式计算 S:将表中各数按折线顺序依次相加,则

$$S = 1^k + (1^k + 2^k + 2^k) + (1^k + 2^k + 3^k + 3^k + 3^k) + \cdots$$
$$+ [1^k + 2^k + \cdots + (n-1)^k + \underbrace{n^k + n^k + \cdots + n^k}_{n\text{个项}}]$$
$$= 1^k + (1^k + 2 \cdot 2^k) + (1^k + 2^k + 3 \cdot 3^k) + \cdots$$
$$+ [1^k + 2^k + \cdots + (n-1)^k + n \cdot n^k]$$
$$= 1^k + (S_1^{(k)} + 2^{k+1}) + (S_2^{(k)} + 3^{k+1}) + \cdots + (S_{n-1}^{(k)} + n^{k+1})$$
$$= S_1^{(k)} + S_2^{(k)} + \cdots + S_{n-1}^{(k)} + (1^k + 2^{k+1} + 3^{k+1} + \cdots + n^{k+1})$$
$$= S_1^{(k)} + S_2^{(k)} + \cdots + S_{n-1}^{(k)} + S_n^{(k+1)},$$

故原等式成立.

12. 根据条件,列出如下的简图(图 2.57),其中每个点各表示一种特征,如果两个点之间连一条实线,则表示相应的两个特征属于同一个人;若连虚线,则表示相应的两个特征属于两个不同的人.

显然,对于同一个三角形,若有两条边为实线,则第三条边必然是实线.这表明,图中不能有恰有一条虚线的三角形.

由图可知,A 在上海教数学,B 在成都教化学,C 在北京教物理.

13. 根据条件,列出如下的简图(图 2.58),其中每个点各表示一种特征,如果两个点之间连一条实线,则表示相应的两个特征属于同

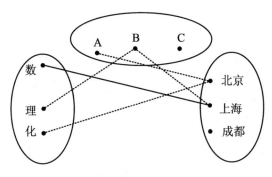

图 2.57

一个人;若连虚线,则表示相应的两个特征属于两个不同的人.

首先注意如下事实:对任何人 P,如果 P 的话为真,则 P 是骑士,且 P 的话中的信息是真的.如果 P 的话为假,则 P 是无赖,且 P 的话中的信息是假的.

再注意到 A 的话含有前提假设,不便推理,宜从 C 的话入手.

若 C 说的是真话,则 C 与骑士连实线,A 与无赖连实线(图 2.58).

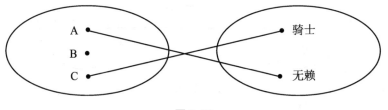

图 2.58

若 C 说的是假话,则 C 与无赖连实线,A 与无赖连实线(图 2.59).

所以不论哪种情况,A 一定是无赖.于是 A 说的话为假,这表明 C、B 都是骑士.

综上所述,B、C 是骑士,A 是无赖.

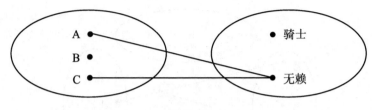

图 2.59

14. 根据条件,列出如下的简图(图 2.60),其中每个点各表示一种特征,如果两个点之间连一条实线,则表示相应的两个特征属于同一个地点,若连虚线则表示相应的两个特征属于两个不同的地点.

依题意,第一组中的每个点都恰好与另一组中的点连一条实线.

假定 A 与"去"连实线,则由条件(1),B 与"去"连实线,进而由条件(3),C 与"不去"连实线,又由条件(4),D 与"不去"连实线,再由条件(2),E 与"去"连实线,最后由条件(5),A、D 都与"去"连实线.

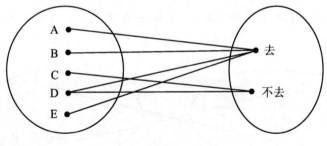

图 2.60

这样,第一组中的 D 向第二组连了两条实线,矛盾.

于是,只能是 A 与"不去"连实线(图 2.61),则由条件(5),E 与"不去"连实线,进而由条件(2),D 与"去"连实线,又由条件(4),C 与"去"连实线,最后由条件(3),B 与"不去"连实线.

故由图可知,该参观团最多去 C、D 两地.

15. 根据条件,列出如下的简图(图 2.62),其中每个点各表示一

2 逻辑关系图表

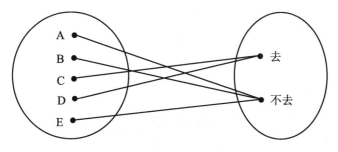

图 2.61

种特征,如果两个点之间连一条实线,则表示相应的两个特征属于同一个人;若连虚线,则表示相应的两个特征属于两个不同的人.

依题意,第一组中的每个点都恰好与另一组中的点连一条实线.

假定 A 说的话全不对,则 B、F 都与"未作案"连实线.进而考察 E 的话,可知 A 与"作案"连实线.考察 D 的话,可知 C 与"未作案"连实线.考察 B 的话,可知 D 与"未作案"连实线.考察 C 的话,可知 E 与"作案"连实线.

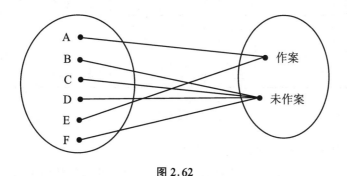

图 2.62

此时,由图可知,作案的是 A 和 E.

类似地分别考虑 B、C、D、E、F 之一的话全不对,都产生矛盾.故罪犯是 A 和 E.

3 集合元素关系表

设 $X=\{a_1,a_2,\cdots,a_n\}$ 是 n 个元素的集合，$A_1,A_2,\cdots,A_k$ 是 X 的非空子集. 所谓"集合元素关系数表"(简称"元素关系表"), 是指由 0 和 1 组成的如下 n 行 k 列数表 $(x_{ij})_{n\times k}$(图 3.1).

子集族 F \ 元素	A_1	A_2	$\cdots$	A_k	参　　数
a_1	x_{11}	x_{12}	$\cdots$	x_{1k}	设第 1 行有 m_1 个 1
a_2	x_{21}	x_{22}	$\cdots$	x_{2k}	设第 2 行有 m_2 个 1
$\vdots$	$\vdots$	$\vdots$	$\vdots$	$\vdots$	$\vdots$
a_n	x_{n1}	x_{n2}	$\cdots$	x_{nk}	设第 n 行有 m_n 个 1

图 3.1

其中 $a_i\in A_j$ 时, $x_{ij}=1$, 否则 $x_{ij}=0$.

显然, 上述集合元素关系表刻画了元素与集合的从属关系, 题中的一些关系可以在表中得到非常直观的解释, 从而给解题带来许多方便.

3 集合元素关系表

3.1 关系恒等式

设表的第 i 行有 m_i 个 1，则显然有

$$m_i = \sum_{j=1}^{k} x_{ij}(\text{行和}), \quad |A_j| = \sum_{i=1}^{n} x_{ij}(\text{列和}).$$

此外，在集合元素关系表中，还有如下两个非常有用的关系式．

首先，考察 X 的各个元素 $a_i (1 \leqslant i \leqslant n)$ 在 F 中出现的总次数 S，显然，S 为表中 1 的个数，于是

$$\sum_{i=1}^{n} m_i = S = \sum_{j=1}^{k} |A_j|.$$

我们称上式为"关系式Ⅰ"．

其次，考察 X 的各个元素 $a_i (1 \leqslant i \leqslant n)$ 在子集合对的"交" $A_i \cap A_j (1 \leqslant i < j \leqslant k)$ 中出现的总次数 T，我们有

$$\sum_{i=1}^{n} C_{m_i}^{2} = T = \sum_{1 \leqslant i < j \leqslant k} |A_i \cap A_j|.$$

我们称上式为"关系式Ⅱ"．

实际上，第 i 行有 m_i 个 1，从而该行中共有 $C_{m_i}^2$ 个"1 对"，这表明元素 a_i 在 $C_{m_i}^2$ 个"交" $A_i \cap A_j$ 中出现．所以

$$T = \sum_{i=1}^{n} C_{m_i}^{2}.$$

另一方面，对每一个"交" $A_i \cap A_j (1 \leqslant i < j \leqslant k)$，它对 T 的贡献为它含有的元素个数 $|A_i \cap A_j|$，所以

$$T = \sum_{1 \leqslant i < j \leqslant k} |A_i \cap A_j|.$$

凡涉及 $|A_i \cap A_j|$、$|A_i|$ 及元素出现的次数 m_i 的问题，可考虑使用集合元素关系表．借助两个关系式，问题常常迎刃而解．

例1 设 $A_1, A_2, \cdots, A_n$ 都是 $\{a_1, a_2, \cdots, a_n\}$ 的互异的二元子集（$|A_i| = 2$），满足：当 $A_i \cap A_j \neq \varnothing$ 时，A_i 或 $A_j = \{a_i, a_j\} (1 \leqslant i < j \leqslant$

n). 求证:$\{a_1,a_2,\cdots,a_n\}$中各个元素都恰好在两个 A_i 中出现.

分析与证明 构造集合、元素的关系数表$(x_{ij})_{n\times n}$,其中 $x_{ij}=\begin{cases}1 & (a_i\in A_j)\\ 0 & (a_i\notin A_j)\end{cases},1\leqslant i\leqslant n,1\leqslant j\leqslant n.$

设表中第 i 行有 m_i 个1,由题意,$|A_j|=2(1\leqslant j\leqslant n)$,于是,由关系式Ⅰ,有

$$\sum_{i=1}^n m_i=\sum_{j=1}^n |A_j|=2n. \quad ①$$

下面证明所有 $m_i=2(1\leqslant i\leqslant n)$.

由①知,这只需证明 $m_i\leqslant 2(1\leqslant i\leqslant n)$.

用反证法,反设有某个 $m_i>2$,不妨设 $m_1>2$,即第一行中有至少3个1,设 $a_1\in A_i$、A_j、A_k,因为 i、j、k 中至多一个为1,不妨设 $i\neq 1,j\neq 1$.

由于 $a_1\in(A_i\cap A_j)$,所以 $A_i\cap A_j\neq\varnothing$,进而由条件,有 A_i 或 $A_j=\{a_i,a_j\}$,但 $a_1\in(A_i\cap A_j)$,所以 $a_1\in\{a_i,a_j\}$,与 $i\neq 1,j\neq 1$ 矛盾,所以 $m_i\leqslant 2$.

再由式①,有

$$2n=\sum_{i=1}^n m_i\leqslant \sum_{i=1}^n 2=2n,$$

所以不等式等号成立,从而对一切 $i=1,2,\cdots,n$,有 $m_i=2$,即各个元素都恰好在两个 A_i 中出现.

例2 设自然数 $n\geqslant 3$,$X=\{a_1,a_2,\cdots,a_n\}$,$F=\{A_1,A_2,\cdots,A_r\}$ 是 X 的三元子集族,且 X 中的每个元素对恰在 F 中的一个三元子集中出现,求证:

(1) X 中的每个元素在 F 中出现的次数相等;

(2) $|F|=r=\dfrac{1}{6}n(n-1)$;

(3) $n\equiv 1$ 或 $3\pmod 6$.

3 集合元素关系表

分析与证明 考察题中的主要条件:"X 中的每个元素对恰在 F 中的一个三元子集中出现",由此可见 $|A_i \cap A_j| \leqslant 1$,于是可利用关系表计算"元素对"个数.

构造集合、元素的关系数表 $(x_{ij})_{n \times r}$,其中 $x_{ij} = \begin{cases} 1 & (a_i \in A_j) \\ 0 & (a_i \notin A_j) \end{cases}$, $1 \leqslant i \leqslant n, 1 \leqslant j \leqslant r$,设表中第 i 行有 m_i 个 $1 (1 \leqslant i \leqslant n)$,则由关系式 I,我们有

$$\sum_{i=1}^{n} m_i = \sum_{j=1}^{k} |A_j| = \sum_{j=1}^{k} 3 = 3r. \qquad ①$$

(1) 我们需要证明 $m_1 = m_2 = \cdots = m_n$,这只需证明对所有 $1 \leqslant i \leqslant n$,有 $m_i = f(n)$(常数).

由对称性,不妨计算 m_1,即 a_1 出现的次数. 为此,应计算含 a_1 的元素对的个数.

一方面,因为 $|X| = n$,所以含有 x_1 的元素对有 $n-1$ 个.

另一方面,含有 x_1 的元素对必然出现在含有 x_1 的三元子集中,而对每个含有 x_1 的三元子集 A_i 中有 2 个含有 x_1 的元素对,又 x_1 在 m_1 个子集 A 中出现,从而共有 $2m_1$ 个含有 x_1 的元素对.

由题意,有 $|A_i \cap A_j| \leqslant 1$,上面计算的含有 x_1 的元素对互异,所以 $n - 1 = 2m_1$.

同理,$n - 1 = 2m_i (i = 1, 2, \cdots, n)$,从而(1)获证.

(2) 将 $m_i = \frac{1}{2}(n-1)$ 代入式①,有

$$r = \frac{1}{6} n(n-1), \qquad ②$$

从而(2)获证.

(3) 由(1)知,$2 | n-1$,n 为奇,令 $n = 2k+1$,代入式②,得

$$r = \frac{1}{3} k(2k+1),$$

所以 $3\mid k$ 或 $3\mid 2k+1$.

当 $3\mid k$ 时, $n=2k+1\equiv 1\pmod{6}$;

当 $3\mid 2k+1$ 时, $n=2k+1\equiv 0\pmod{3}$, 但 n 为奇数, 所以 $n\equiv 3\pmod{6}$, 从而(3)获证.

例 3 给定正整数 k、$n(n>1)$, 求最小的正整数 $f(k,n)$, 使得有 n 个集合 $A_1,A_2,\cdots,A_n$(不一定互异), $|A_i|=k$, $A_i\cap A_{i+1}=\varnothing$ $(i=1,2,\cdots,n,A_{n+1}=A_1)$, 且 $|A_1\cup A_2\cup\cdots\cup A_n|=f(k,n)$. (1987 年 IMO 中国集训队测试题推广, 原题中 $n=5$)

分析与解 设 $X=A_1\cup A_2\cup\cdots\cup A_n=\{a_1,a_2,\cdots,a_t\}$, $t=f(k,n)$, 则原题可等价为 $F=\{A_1,A_2,\cdots,A_n\}$ 是集合 X 的 k 元子集族(k、n 为给定的常数), 满足 $A_i\cap A_{i+1}=\varnothing$, 求 $|X|$ 的最小值.

构造集合、元素的关系数表 $(x_{ij})_{t\times n}$, 其中

$$x_{ij}=\begin{cases}1 & (a_i\in A_j)\\ 0 & (a_i\notin A_j)\end{cases},1\leqslant i\leqslant t,1\leqslant j\leqslant n.$$

设表中第 i 行有 m_i 个 $1(1\leqslant i\leqslant t)$, 则由关系式 I, 我们有

$$\sum_{i=1}^{t}m_i=\sum_{j=1}^{n}|A_j|=\sum_{j=1}^{n}k=kn.$$

另一方面, 由于 $A_j\cap A_{j+1}=\varnothing(j=1,2,\cdots,n,A_{n+1}=A_1)$, 从而同一行中任何两个 1 不相邻, 于是

$$m_i\leqslant\left[\frac{n}{2}\right](1\leqslant i\leqslant t).$$

否则, 假设某个 $m_i\geqslant\left[\frac{n}{2}\right]+1$, 考察第 i 行中的至少 $\left[\frac{n}{2}\right]+1$ 个 1, 它们分布在 n 列, 要么有两个 1 相邻, 要么有两个 1 分别在第 1 列和第 n 列, 都与 $A_j\cap A_{j+1}=\varnothing$ 矛盾. 所以

$$kn=\sum_{i=1}^{t}m_i\leqslant\sum_{i=1}^{t}\left[\frac{n}{2}\right]=t\times\left[\frac{n}{2}\right].$$

于是

$$|\dot{X}| = t \geq \frac{kn}{\left[\frac{n}{2}\right]}.$$

(1) 当 n 为偶数时，$\left[\frac{n}{2}\right] = \frac{n}{2}$，所以 $|X| \geq 2k$。

令 $A_1 = A_3 = \cdots = A_{n-1}, A_2 = A_4 = \cdots = A_n, X = A_1 \cup A_2$，则 $X = A_1 \cup A_2 \cup \cdots \cup A_n = A_1 \cup A_2, |X| = 2k$，此时 $|X|$ 的最小值为 $2k$。

(2) 当 n 为奇数时，设 $n = 2m+1$，则 $\left[\frac{n}{2}\right] = m$，所以

$$|X| \geq \frac{kn}{\left[\frac{n}{2}\right]} = \frac{k(2m+1)}{m} = 2k + \frac{k}{m}.$$

但 $|X|$ 为整数，所以

$$|X| \geq 2k + \left[\frac{k}{m} + \frac{m-1}{m}\right] = 2k + \left[\frac{k+m-1}{m}\right]$$

$$= \left[\frac{2km+k+m-1}{m}\right] = \left[\frac{nk+m-1}{m}\right]$$

$$= 2k + 1 + \left[\frac{2k-2}{n-1}\right].$$

常用结论：$x \geq \frac{p}{m}(x、m、p \in \mathbf{N}^*) \Leftrightarrow x \geq \left[\frac{p+m-1}{m}\right]$。

实际上，当 $m \mid p$ 时 $x \geq \frac{p}{m} \Leftrightarrow x \geq \left[\frac{p}{m}\right] = \left[\frac{p+m-1}{m}\right]$。

此外，设 $p = km + i (0 \leq i \leq m)$，则

$$x \geq \frac{p}{m} = k + \frac{i}{m} \Leftrightarrow x \geq k+1$$

$$= \left[k + \frac{i+m-1}{m}\right] = \left[\frac{p+m-1}{m}\right].$$

下面构造合乎条件的 $\left[\frac{nk+m-1}{m}\right] \times (2m+1)$ 数表。

注意表中共有 kn 个 1，为了保证 $|X| = t$ 尽可能小，需要每一行

尽可能多地填1,但又必须满足 $A_j \cap A_{j+1} = \varnothing$. 于是,在每一行中采用每隔一个位置填一个 1 即可. 每行尽可能多地填(至多填 $\left[\dfrac{n}{2}\right]+1$ 个),一旦每个位置填 1 后破坏性质 $A_j \cap A_{j+1} = \varnothing$ 时,这个"1"填入下一行的同列的位置.

具体构造如下,依次在表中一行行从左至右填"1",每 n 个"1"都依次填入集合 $A_1, A_3, \cdots, A_n, A_2, A_4, \cdots, A_{n-1}$ 中(每隔一格填 1 个 "1"),当某行填满 $\left[\dfrac{n}{2}\right]$ 个"1"之后填入下一行,直至所有 kn 个"1"填完为止.

显然,每填完 n 个 1,可使 $A_1, A_2, \cdots, A_n$ 中各增加一个 1,这是因为 n 为奇数时,n 个 1 所填入的集合下标依次为 $1,3,5,7,\cdots,n$,$2,4,\cdots,n-1$,它们构成模 n 的完系. 所以,填完 kn 个 1 后,每个 A_i 中各有 k 个 1.

另外,当 $m \mid kn$ 时,恰填了 $\dfrac{kn}{m} = \left[\dfrac{kn+m-1}{m}\right]$ 行;

当 $m \nmid kn$ 时,恰填了 $\left[\dfrac{kn}{m}\right]+1 = \left[\dfrac{kn+m-1}{m}\right]$ 行.

例如,当 $n=7, k=2, m=3$ 的填法如下表所示(图 3.2):

	A_1	A_2	A_3	A_4	A_5	A_6	A_7
a_1	1		2		3		
a_2		5		6			4
a_3	8		9			7	
a_4		12			10		11
a_5				13		14	

图 3.2

综上所述,$|X|$ 的最小值当 n 为偶数时为 $2k$,当 n 为奇数时为

$2k+1+\left[\dfrac{2k-2}{n-1}\right]$.

例4 求所有的正整数 r,使存在 $M=\{1,2,3,\cdots,13\}$ 的 13 个 r 元子集,每个元素都恰在其中 r 个子集中出现,且每两个子集恰有一个公共元素.(原创题)

分析与解 构造集合元素关系表 $(x_{ij})_{n\times k}$,其中

$$x_{ij}=\begin{cases}1 & (a_i\in A_j)\\ 0 & (a_i\notin A_j)\end{cases}.$$

依题意,对 $i=1,2,\cdots,13$,有 $|A_i|=r$;对任何 $1\leqslant i<j\leqslant 13$,有 $|A_i\cap A_j|=1$.

所以由关系式Ⅱ,我们有

$$\sum_{i=1}^{13}C_r^2=\sum_{1\leqslant i<j\leqslant 13}|A_i\cap A_j|=\sum_{1\leqslant i<j\leqslant 13}1=C_{13}^2=78,$$

即 $C_r^2=6$,所以 $r=4$.

另一方面,我们证明 $r=4$ 合乎条件,即存在 $M=\{1,2,3,\cdots,13\}$ 的 13 个 4 元子集,使 M 的每个元素都恰在其中 4 个子集中出现,且每两个子集恰有一个公共元素.

令 $A_i=\{i+1,i+2,i+4,i+10\}(i=0,1,2,\cdots,12)$,其中大于 13 的数取模 13 的余数,则 $A_0,A_1,\cdots,A_{12}$ 合乎条件(也可令 $A_i=\{i+1,i+2,i+5,i+7\}$).

实际上,将 $1,2,\cdots,13$ 依次均匀排列在圆周上,它们构成正 13 边形的顶点,而 $A_0=\{1,2,4,10\}$ 中的点构成一个凸四边形(图 3.3),将该四边形绕圆心旋转 12 次,每次旋转角度 $\alpha=\dfrac{2\pi}{13}$,便得到上述 13 个集合,下面验证它们合乎条件.

首先,显然 $|A_i|=4(i=0,1,2,\cdots,12)$.

其次,证明:每个元素都恰在其中 4 个子集中出现.实际上,对任一元素 $i(1\leqslant i\leqslant 13)$,四边形 A_0 在旋转过程中,它的每个顶点都

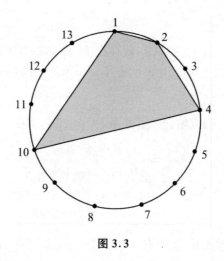

图 3.3

与 i 相遇一次,从而恰有 4 次与 A_0 的顶点相遇,而每相遇一次,就属于一个四边形(作为这样的四边形的顶点),所以 i 恰在 4 个子集中出现.

最后,证明:每两个子集恰有一个公共元素,即 $|A_i \cap A_j| = 1$(对任何 $0 \leqslant i < j \leqslant 12$).

定义:对圆周上任何两个顶点所连的线段,如果它所对劣弧的度数为 $k\alpha(1 \leqslant k \leqslant 6)$,其中 $\alpha = \dfrac{2\pi}{13}$,则称 k 是它的级别.

显然,正 13 边形的所有边和对角线只有 6 种不同的级别,即 1, 2, ⋯, 6,而集合 $A_0 = \{1, 2, 4, 10\}$ 对应的四边形的边和对角线恰包含了这 6 种不同的级别.

先证 $|A_i \cap A_j| \geqslant 1$.

取定四边形 A_i,将 A_i 旋转 $j - i$ 次得到四边形 $A_j(j - i = 1, 2, \cdots, 12)$.

(1) 当 $1 \leqslant j - i \leqslant 6$ 时,四边形 A_i 中有一条 $j - i$ 级边,此边中有一个顶点 P,旋转 $j - i$ 次后到达该边的另一个顶点 Q,则顶点 Q 是

A_i、A_j 的公共顶点.

(2) 当 $7 \leqslant j-i \leqslant 12$ 时,四边形 A_i 中有一条 $13-(j-i)$ 级边,此边中有一个顶点 P,旋转 $13-(j-i)$ 次后到达该边的另一个顶点 Q,则顶点 Q 旋转 $j-i$ 次后到达该边的另一个顶点 P,于是顶点 P 是 A_i、A_j 的公共顶点.

再证 $|A_i \cap A_j| \leqslant 1$.

反设 $|A_i \cap A_j| \geqslant 2$,则两个四边形 A_i、A_j 至少有 2 个公共顶点. 由于这两个四边形的边的级别及排列顺序是唯一确定的,当确定两个顶点后四边形唯一确定,从而 A_i 与 A_j 重合,矛盾.

综上所述,构造的 13 个集合满足全部条件.

从集合元素关系表上看上述构造采用的对角线布局技巧(图 3.4):

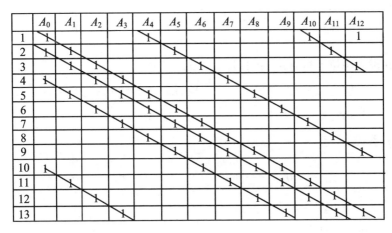

图 3.4

注 构造方式是不唯一的,如至少还有如下一种不同的构造.
$\{1,2,3,4\},\{1,5,6,7\},\{1,8,9,10\},\{1,11,12,13\}$,
$\{2,5,8,11\},\{2,6,9,12\},\{2,7,10,13\},\{3,5,9,13\}$,
$\{3,6,10,11\},\{3,7,8,12\},\{4,5,10,12\},\{4,6,8,13\}$,

$\{4,7,9,11\}$.

例5 若干个人在同一天去买股票,收盘时发现,他们所买的股票满足如下一些条件:

(1) 每个人都买了 r 支股票;

(2) 他们所买的每支股票都恰被其中 r 个人购买;

(3) 他们中每两个人所买的股票都恰有一支是相同的.

求 r 的所有可能取值.(原创题)

分析与解 本题没有彻底解决,我们只证明了 $r=2、3、4、5、6$ 合乎条件.

设共有 m 个人,一共买了 n 支股票,记 n 支股票的代号为 $1,2,\cdots,n$,第 $j(1\leqslant j\leqslant m)$ 个人所买的股票的集合为 A_j.

构造集合、元素的关系数表 $(x_{ij})_{n\times m}$,其中

$$x_{ij}=\begin{cases}1 & (a_i\in A_j)\\ 0 & (a_i\notin A_j)\end{cases},1\leqslant i\leqslant n,1\leqslant j\leqslant m,$$

并设表中第 i 行有 m_i 个 $1(1\leqslant i\leqslant n)$.

由题意,每个人都买了 r 支股票,即 $|A_j|=r(1\leqslant j\leqslant m)$;

又每支股票都恰被其中 r 个人买,即 $m_i=r(1\leqslant i\leqslant n)$,从而由关系式 I,有

$$nr=\sum_{i=1}^{n}m_i=\sum_{j=1}^{m}|A_j|=mr,$$

所以 $m=n$.

由关系式 II,有

$$nC_r^2=\sum_{i=1}^{n}C_r^2=\sum_{1\leqslant i<j\leqslant n}|A_i\cap A_j|=\sum_{1\leqslant i<j\leqslant n}1=C_n^2,$$

即 $r(r-1)=n-1$,所以 $n=r^2-r+1$.

所以共有 r^2-r+1 个人,一共买了 r^2-r+1 支股票.

记 r^2-r+1 支股票的代号的集合为 $M_r=\{1,2,\cdots,r^2-r+1\}$,

3 集合元素关系表

如果 r 合乎题目要求,则称集合 $M_r = \{1, 2, \cdots, r^2 - r + 1\}$ 是"好的".

显然,$M_r = \{1, 2, \cdots, r^2 - r + 1\}$ 是"好的"的充分必要条件是,存在 $M_r = \{1, 2, \cdots, r^2 - r + 1\}$ 的 $r^2 - r + 1$ 个 r 元子集,每个元素都恰在其中 r 个子集中出现,且每两个子集恰有一个公共元素.

当 $r = 2$ 时,$r^2 - r + 1 = 3$,$M_2 = \{1, 2, 3\}$ 是好的,其 3 个合乎要求的子集为 $\{1, 2\}, \{2, 3\}, \{1, 3\}$.

当 $r = 3$ 时,$r^2 - r + 1 = 7$,$M_3 = \{1, 2, \cdots, 7\}$ 是好的,其 7 个合乎要求的子集如图 3.5 所示.

	A_1	A_2	A_3	A_4	A_5	A_6	A_7
1	1	1	1				
2	1			1	1		
3	1					1	1
4		1		1		1	
5		1			1		1
6			1	1			1
7			1		1	1	

图 3.5

当 $r = 4$ 时,$r^2 - r + 1 = 13$,$M_4 = \{1, 2, \cdots, 13\}$ 是好的,其 13 个合乎要求的子集如图 3.4 所示.

$r = 5$ 时,$r^2 - r + 1 = 21$,$M_5 = \{1, 2, \cdots, 21\}$ 是好的,相应的 21 个子集如下.

令 $A_i = \{i+1, i+2, i+7, i+9, i+19\}$ $(i = 0, 1, 2, \cdots, 20)$,其中大于 21 的数取模 21 的余数,则 $A_0, A_1, A_2, \cdots, A_{20}$ 合乎条件(图 3.6).

如果通过集合元素关系表来构造子集,有如图 3.7 所示的初步

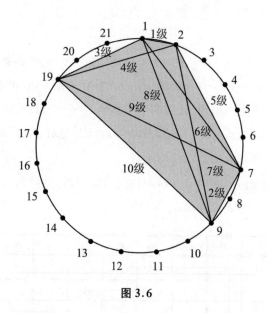

图 3.6

构造方案,其中的点表示 1,未填的方格中的数都为 0.

对 $r=6$,令 $A_i=\{i+1,i+2,i+4,i+11,i+15,i+27\}$($i=0,1,2,\cdots,30$),其中大于 31 的数取模 31 的余数,则 $A_0,A_1,A_2,\cdots,A_{30}$ 合乎条件(图 3.8).

遗留的问题:对任意正整数 r,M_r 是否为好的?

例 6 设 $A_1,A_2,\cdots,A_{29}$ 是 29 个不同的正整数集合,对 $1\leqslant i<j\leqslant 29$ 及自然数 x,定义:

$N_i(x)$ 为数列 A_i 中不大于 x 的数的个数.

$N_{ij}(x)$ 为 $A_i\cap A_j$ 中不大于 x 的数的个数.

已知:对所有 $i=1,2,\cdots,29$,及每个自然数 x,有 $N_i(x)\geqslant\dfrac{x}{e}$(e=2.71828$\cdots$),求证:存在 i、j($1\leqslant i<j\leqslant 29$),使 $N_{ij}(1988)>200$.(第 29 届 IMO 预选题)

分析与证明 注意到解题目标,只需 $N_{ij}(1988)>200$.因此,没

3 集合元素关系表

有必要用到题中的一般定义 $N_i(x)$、$N_{ij}(x)$，只需取定 $x=1988$，考察 $N_i(1988)$、$N_{ij}(1988)$ 即可. 于是，令

$$A'_i = \{A_i \text{ 中不大于 } 1988 \text{ 的数}\} = A_i \cap \{1,2,\cdots,1988\},$$

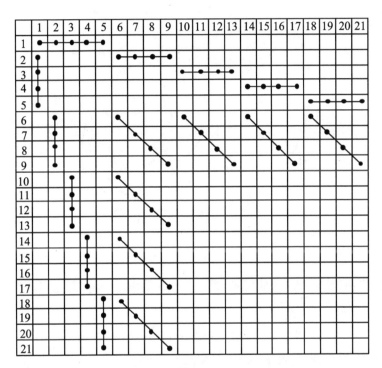

图 3.7

这样一来，A'_i 中的元素都是 $1,2,\cdots,1988$ 中的数，此时，

$$N_i(1988) = |A'_i|, \quad N_{ij}(1988) = |A'_i \cap A'_j|.$$

因此，本题实质上是要证明存在 i、j ($1\leqslant i<j\leqslant 29$)，使 $|A'_i \cap A'_j| > 200$，其中 A'_i 表示由 A_i 中不大于 1988 的数构成的集合，即 $A'_i = A_i \cap \{1,2,\cdots,1988\}$.

由题意，对任何 i ($1\leqslant i\leqslant 29$)，有

$$|A'_i| = N_i(1988) \geqslant \frac{1988}{\mathrm{e}} > \frac{1988}{2.718} > 731,$$

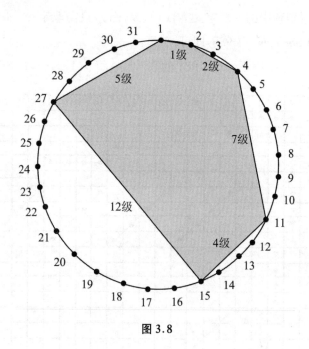

图 3.8

所以 $|A_i'| \geqslant 732$.(由此可见,题中 1 988 是虚设的,实际上可直接设出子集族:$\{A_1', A_2', \cdots, A_{29}'\}$.)

令 $X = \{1, 2, 3, \cdots, 1 988\}$,则 $A_1', A_2', \cdots, A_{1988}'$ 是 X 的子集,不妨设 $|A_i'| = 732$,否则,去掉 A_i' 中的一些元素.

构造集合元素关系表 $(x_{ij})_{1988 \times 1988}$,其中

$$x_{ij} = \begin{cases} 1 & (a_i \in A_j) \\ 0 & (a_i \notin A_j) \end{cases}, 1 \leqslant i, j \leqslant 1 988.$$

设表中第 i 行有 m_i 个 $1(1 \leqslant i \leqslant n)$,则由关系式 Ⅰ,有

$$\sum_{i=1}^{1988} m_i = S = \sum_{i=1}^{29} |A_i'| = 732 \times 29. \qquad ①$$

由关系式 Ⅱ,有

$$\sum_{i=1}^{1988} C_{m_i}^2 = \sum_{1 \leqslant i < j \leqslant 29} |A_i' \cap A_j'|. \qquad ②$$

对式②利用 Cauchy 不等式,并结合式①,有

$$2\sum_{1\leqslant i<j\leqslant 29}|A'_i\cap A'_j| = 2\sum_{i=1}^{1988}C_{m_i}^2 = \sum_{i=1}^{1988}m_i^2 - \sum_{i=1}^{1988}m_i$$

$$\geqslant \frac{\left(\sum\limits_{i=1}^{1988}m_i\right)^2}{\sum\limits_{i=1}^{1988}1^2} - \sum_{i=1}^{1988}m_i$$

$$= \frac{(732\times 29)^2}{1988} - 732\times 29,$$

所以,必有一个 $A'_i\cap A'_j$(交的平均值),使

$$|A'_i\cap A'_j|\geqslant \frac{\frac{(732\times 29)^2}{1988} - 732\times 29}{2C_{29}^2} = \frac{366\times 165}{497}\geqslant 270.$$

证明的结果比题中的结果更强.

例7 有 8 个盒子,每个盒子中都装有 6 个球,每个球都染 n 种颜色之一,使得同一个盒子中的球的颜色不同,且对任何 2 种不同颜色,至多有一个盒子同时含有这 2 种颜色,求 n 的最小值.(2001 年美国数学奥林匹克试题).

分析与解 本题实质上是一个经典问题,只需稍作"转化",即可直接利用数表中的关系式获解.

设 n 种颜色为 $1,2,\cdots,n$,令 $X=\{1,2,\cdots,n\}$,设第 i 个盒子中的颜色的集合为 $A_i(1\leqslant i\leqslant 8)$.

由"每个盒子中都装有 6 个球""同一个盒子中的球的颜色不同",可知 $|A_i|=6(1\leqslant i\leqslant 8)$;

由"对任何 2 种不同颜色,至多有一个盒子同时含有这 2 种颜色",可知 $|A_i\cap A_j|\leqslant 1(1\leqslant i<j\leqslant 8)$.

构造集合、元素的关系数表 $(x_{ij})_{n\times 8}$,其中 $x_{ij}=\begin{cases}1 & (a_i\in A_j)\\ 0 & (a_i\notin A_j)\end{cases}$,

$1\leqslant i\leqslant n,1\leqslant j\leqslant 8$.不妨设第 i 行有 m_i 个 $1(i=1,2,\cdots,n)$,则由关

系式Ⅰ和Ⅱ,得

$$\sum_{i=1}^{n} m_i = \sum_{i=1}^{8} |A_i| = 6 \times 8 = 48,$$

$$\sum_{i=1}^{n} C_{m_i}^2 = \sum_{1 \leqslant i < j \leqslant 8} |A_i \cap A_j| \leqslant \sum_{1 \leqslant i < j \leqslant 8} 1 = C_8^2 = 28,$$

于是

$$56 \geqslant 2\sum_{i=1}^{n} C_{m_i}^2 = \sum_{i=1}^{n} m_i^2 - \sum_{i=1}^{n} m_i$$

$$\geqslant \frac{(\sum_{i=1}^{n} m_i)^2}{\sum_{i=1}^{n} 1^2} - \sum_{i=1}^{n} m_i = \frac{48^2}{n} - 48,$$

所以 $n > 22$,即 $n \geqslant 23$.

当 $n = 23$ 时,设想各元素在各子集中出现的次数几乎相等,并注意到48(总次数)= $2 \cdot 23 + 2$,于是可设想有两个元素,如1、2,各出现3次,而其他元素都出现2次.

不妨设 $1 \in A_1 \cap A_2 \cap A_3$,$2 \in A_4 \cap A_5 \cap A_6$.

此外,由 $|A_i \cap A_j| \leqslant 1$ 可知,数表中不出现其边平行格线的矩形,其4个顶点处都为1.

依次考察元素 $3, 4, \cdots, 23$ 的归属,让其尽可能在前面的子集中出现,如元素3在 A_1、A_4 中出现,元素4在 A_1、A_5 中出现等,得到如图3.9所示的构造,图中未填的数都为0。

3 集合元素关系表

	A_1	A_2	A_3	A_4	A_5	A_6	A_7	A_8
1	1	1	1					
2				1	1	1		
3	1			1				
4	1				1			
5	1					1		
6	1						1	
7	1							1
8		1		1				
9		1			1			
10		1				1		
11		1					1	
12		1						1
13			1	1				
14			1		1			
15			1					
16			1				1	
17			1					1
18				1			1	
19				1				1
20					1		1	
21					1			1
22						1	1	
23						1		1

图 3.9

故 $n_{\min} = 23$.

从图形上看,上述构造并不优美,有无其他更为优美或对称一点的构造?

例8 设 A_i 为 $X=\{1,2,\cdots,10\}$ 的子集,且 $|A_i|=5$($i=1,2,\cdots,k$),$|A_i\cap A_j|\leqslant 2$($1\leqslant i<j\leqslant k$),求 k 的最大值.(1994年IMO中国集训队训练题)

分析与解 构造集合、元素的关系数表$(x_{ij})_{10\times k}$,其中

$$x_{ij}=\begin{cases}1 & (a_i\in A_j)\\ 0 & (a_i\notin A_j)\end{cases},1\leqslant i\leqslant 10,1\leqslant j\leqslant k.$$

不妨设第 i 行有 m_i 个 1($i=1,2,\cdots,10$),则由关系式Ⅰ和Ⅱ,有

$$\sum_{i=1}^{10}m_i=\sum_{i=1}^{k}5=5k,$$

$$\sum_{1\leqslant i<j\leqslant k}|A_i\cap A_j|=\sum_{i=1}^{10}C_{m_i}^2.$$

所以由Cauchy不等式,有

$$2\sum_{1\leqslant i<j\leqslant k}|A_i\cap A_j|=2\sum_{i=1}^{10}C_{m_i}^2=\sum_{i=1}^{10}m_i^2-\sum_{i=1}^{10}m_i$$

$$\geqslant\frac{(\sum_{i=1}^{10}m_i)^2}{\sum_{i=1}^{10}1^2}-\sum_{i=1}^{10}m_i=\frac{25k^2}{10}-5k,$$

又由条件,有

$$\sum_{1\leqslant i<j\leqslant k}|A_i\cap A_j|\leqslant\sum_{1\leqslant i<j\leqslant k}2=2C_k^2=k^2-k,$$

结合以上两式,得 $k\leqslant 6$.

若 $k=6$,则上述不等式等号成立,此时 $m_1=m_2=\cdots=m_{10}=3$,即每个元素在各个子集中都恰好出现3次,且 $|A_i\cap A_j|=2$,$|A_j|=5$.

根据以上信息,可这样构造相应的集合元素关系表:每一行恰好填入3个1,每一列恰好填入5个1,且对任何两列,都恰存在一个其边平行数表边界的矩形,其4个顶点处都填1.

为了使数表不至于太"瘦长",将数表沿对角线翻转,则原来的行

(列)变成新表中的列(行).

先不妨设 $A_1=\{1,2,3,4,5\}$,用点代替数表中的1,未填的位置都为0(图3.10). 再依次考察元素 $1,2,\cdots,5$ 在其他集合中的归属,按自然方式先构造前 5 列:点尽可能填在前面的行,每行 5 个点,每两行没有 2×3 点阵(2 行 3 列交叉格全为实点). 再按同样的方式接着构造 3 个列,最后对剩下两列,第 3 行加 2 个点,第 5 行加 1 个点,第 6 行加 2 个点,但此时第 6 行少一个点,第 10 列少一个点,且第 5、6 行出现 2×3 点阵.

	1	2	3	4	5	6	7	8	9	10
A_1	•	•	•	•	•					
A_2	•					•	•	•		
A_3		•		•		•			•	•
A_4		•	•			•	•			
A_5			•	•	•			•		
A_6		•				•			•	•

图 3.10

下面对图 3.10 进行调整. 为了使第 6 行增加 1 点,第 10 列增加 1 点,将 a_{42}(第 4 行第 2 列的点)去掉,换成两个点 a_{62}、$a_{4,10}$.

为了去掉第 5、6 行中的 2×3 点阵,将第 6 列中的 a_{46} 改为 a_{56},将第 8 列中的 a_{58} 改为 a_{48},得到图 3.11,其构造合乎条件.

此时,6 个集合分别为 $\{1,2,3,4,5\}$,$\{1,2,6,7,8\}$,$\{1,3,6,9,10\}$,$\{3,4,7,8,10\}$,$\{4,5,6,7,9\}$,$\{2,5,8,9,10\}$,容易验证其满足 $|A_i\cap A_j|\leqslant 2$.

综上所述,k 的最大值为 6.

我们还可使上述构造更优美些.交换此表的一些行与列,使左边

	1	2	3	4	5	6	7	8	9	10
A_1	•	•	•	•	•					
A_2	•	•				•	•			
A_3	•		•			•			•	•
A_4		•		•			•		•	
A_5			•		•	•		•		
A_6		•			•		•			•

图 3.11

的点尽可能在上方,上方的点尽可能在左边:先将第 6 行插入第 3、4 行之间(轮换),再将第 4、5 列对调,第 7、8 列对调,第 9、10 列对调,则得到与其等价的一种构造如下(图 3.12):

	1	2	3	4	5	6	7	8	9	10
A_1	1	1	1	1	1					
A_2	1	1				1	1	1		
A_3	1		1			1			1	1
A_4		1		1			1		1	
A_5			1		1		1	1	1	
A_6				1	1	1		1		1

图 3.12

此时 6 个集合分别为 $\{1,2,3,4,5\}, \{1,2,6,7,8\}, \{1,3,6,9,10\}, \{2,4,7,9,10\}, \{3,5,7,8,9\}, \{4,5,6,8,10\}$,这就是该题"参考答案"中的构造.

如果把由图 3.11 交换一些行与列得到的表都看成是相同的,那么我们猜想:本题中的构造本质上是唯一的.希望读者能证明或否定这一猜想.

例9 有10人到书店买书,已知每人都买了三种书,任何两个人所买的书中都至少有一种相同,问:买的人数最多的一种书最少有几人购买?(第8届中国数学奥林匹克试题)

分析与解 设共卖出 n 种书 $1,2,\cdots,n$,令 $X=\{1,2,\cdots,n\}$,第 i 个人买的书的集合为 $A_i(i=1,2,\cdots,10)$,由"每人都买了三种书",可知 $|A_i|=3$;由"任何两个人所买的书中都至少有一种相同",可知 $|A_i \cap A_j| \geqslant 1 (1 \leqslant i < j \leqslant 10)$.

构造集合元素关系表 $(x_{ij})_{n \times 10}$,其中

$$x_{ij} = \begin{cases} 1 & (a_i \in A_j) \\ 0 & (a_i \notin A_j) \end{cases}, 1 \leqslant i \leqslant n, 1 \leqslant j \leqslant k.$$

不妨设表中第 i 行有 m_i 个 $1(1 \leqslant i \leqslant n)$,则由关系式 Ⅰ 和 Ⅱ,有

$$\sum_{i=1}^{n} m_i = \sum_{j=1}^{10} |A_j| = \sum_{j=1}^{10} 3 = 30,$$

$$\sum_{i=1}^{n} C_{m_i}^2 = \sum_{1 \leqslant i < j \leqslant 10} |A_i \cap A_j|.$$

于是,

$$90 = 2C_{10}^2 = 2\sum_{1 \leqslant i < j \leqslant 10} 1 \leqslant 2\sum_{1 \leqslant i < j \leqslant 10} |A_i \cap A_j|$$

$$= 2\sum_{i=1}^{n} C_{m_i}^2 = \sum_{i=1}^{n} m_i^2 - \sum_{i=1}^{n} m_i = \sum_{i=1}^{n} m_i^2 - 30. \quad ①$$

我们的目标是,$m \geqslant c$(常数),其中 m 是各 m_i 中的最大者.于是,我们期望找到关于 m 的函数 $f(m)$,使

$$\sum_{i=1}^{n} m_i^2 \leqslant f(m), \quad ②$$

这样,联立式①②便能得到

$$120 \leqslant \sum_{i=1}^{n} m_i^2 \leqslant f(m).$$

由此解关于 m 的不等式,便能得到 m 的范围.

注意到条件 $\sum_{i=1}^{n} m_i = 30$,想到将 ② 中的 $\sum_{i=1}^{n} m_i^2$ 利用 $m_i \leqslant m$ "降次",我们有

$$\sum_{i=1}^{n} m_i^2 \leqslant \sum_{i=1}^{n} (m m_i) = m \sum_{i=1}^{n} m_i = 30m,$$

将上式代入①,有

$$120 \leqslant \sum_{i=1}^{n} m_i^2 \leqslant 30m, \qquad ③$$

解此不等式,得 $m \geqslant 4$.

若 $m = 4$,则不等式③等号成立,于是所有 $m_i = 4 (i = 1, 2, \cdots, n)$,这样,由关系式 Ⅰ,有

$$4n = \sum_{i=1}^{n} m_i = 30,$$

所以 $4 | 30$,矛盾,于是 $m \geqslant 5$.

当 $m = 5$ 时,由 m 的最大性,所有 $m_i \leqslant 5$,从而由关系式 Ⅰ,有

$$30 = \sum_{i=1}^{n} m_i \leqslant 5n,$$

故 $n \geqslant 6$.

我们取 $n = 6$ 进行构造,此时每行 5 个 1,每列 3 个 1(用点表示 1),并注意,$|A_i \cap A_j| \geqslant 1$ 等价于表中任何两列都有一条横向线段联结这两列.

不妨设第一行 5 个点在前 5 列,第一列 3 个点在前 3 行(图 3.13),表中带圆圈的数字 i 表示第 i 次填入的点.

考察第 1 列 A_1 与第 j 列 A_j 间的 5 条线段 $A_1 A_j$,缺少 $j = 6, 7, 8, 9, 10$ 对应的 5 条线段,这 5 条线段在 A_j 中的端点只能在第 2、3 行,由抽屉原理,必有一行有 3 个端点,设第 2 行有 3 个点,第 3 行有 2 个点.

以下考察每一个列中的点的位置. 对于第二列中的另两个点,显然不能位于第 2、3 行,否则 $A_1 = A_2$,矛盾. 尝试在第 2、4 行,考察线

段 A_2A_j，缺少 $j=9,10$ 对应的 2 条线段，这 2 条线段在 A_j 中的端点只能在第 3 行，得到下表(图 3.13)：

	A_1	A_2	A_3	A_4	A_5	A_6	A_7	A_8	A_9	A_{10}
1	①	①	①	①	①					
2	①	③				②	②	②		
3	①								②	②
4		③							③	③
5										
6										

图 3.13

对于第 3 列中的另两个点，尝试在第 3、4 行，考察线段 A_3A_j，缺少 $j=6,7,8$ 对应的 3 条线段，这 3 条线段在 A_j 中的端点只能在第 3、4 行，由抽屉原理，必有一行有 2 个点，这样，该行有 6 个点，矛盾(图 3.14)．

	A_1	A_2	A_3	A_4	A_5	A_6	A_7	A_8	A_9	A_{10}
1	•	•	•	•	•					
2	•	•				•	•	•		
3	•		④						•	•
4		•	④						•	•
5										
6										

图 3.14

尝试第 3 列中的另两个点在第 3、5 行，考察线段 A_3A_j，缺少 $j=6,7,8$ 对应的 3 条线段，尝试第 3 行中有 $j=6$(若尝试第 3 行中

有 $j=7$，则得到另一种构造，但通过行列交换后却是相同的构造），至此，前 3 行已满，从而第 5 行中有 $j=7,8$.

对于第 4 列中的另两个点，尝试在第 4、5 行，考察线段 A_4A_j，缺少 $j=6$ 对应的线段，尝试第 4 行中有 $j=6$，此时，第 5 列中的另两个点只能在后两行，无法产生线段 A_5A_6，矛盾（图 3.15）.

	A_1	A_2	A_3	A_4	A_5	A_6	A_7	A_8	A_9	A_{10}
1	·	·	·	·						
2	·	·				·	·	·		
3				④		④			·	·
4		·		⑤		⑤			·	·
5				④	⑤		④	④		
6										

图 3.15

尝试第 4 列中的另两个点在第 4、6 行，考察线段 A_4A_j，缺少 $j=6,7,8$ 对应的 3 条线段. 尝试第 4 行中有 $j=6$，至此，前 4 行已满，从而第 6 行中有 $j=7,8$，此时 $A_7=A_8$，矛盾（图 3.16）.

	A_1	A_2	A_3	A_4	A_5	A_6	A_7	A_8	A_9	A_{10}
1	·	·	·	·	·					
2	·	·				·				
3	·			④		④			·	·
4		·		⑤		⑤			·	·
5				④			④	④		
6					⑤		⑤	⑤		

图 3.16

3 集合元素关系表

尝试第 4 行中有 $j=7$,至此,前 4 行已满,从而第 6 行中有 $j=6,8$,此时剩下的点只能在后两行,其位置都是唯一的:第 5 列增 2 个点,第 9、10 列各增 1 个点(图 3.17).

	A_1	A_2	A_3	A_4	A_5	A_6	A_7	A_8	A_9	A_{10}
1	•	•	•	•	•					
2	•	•				•	•	•		
3	•			④			④		•	•
4		•		⑤			⑤		•	•
5			④		⑥		④	④	⑥	
6				⑤	⑥	⑤		⑤		⑥

图 3.17

由此得到如图 3.18 所示合乎条件的数表.

	A_1	A_2	A_3	A_4	A_5	A_6	A_7	A_8	A_9	A_{10}
1	•	•	•	•	•					
2	•	•				•	•	•		
3	•								•	•
4		•					•		•	•
5			•		•		•	•	•	
6				•	•	•		•		•

图 3.18

故 m 的最小值为 5.

例 10 有 11 个 5 元集合 $M_1, M_2, \cdots, M_{11}$,对任何 $1 \leqslant i < j \leqslant 11$,有 $M_i \cap M_j \neq \varnothing$. 设 r 是 $M_1, M_2, \cdots, M_{11}$ 中其交非空的集合个数

的最大值,对所有满足上述条件的5元集合 $M_1, M_2, \cdots, M_{11}$,求 r 的最小值.(1994年 IMO 罗马尼亚国家队选拔考试题)

分析与解 我们要找到常数 c,使 $r \geqslant c$.

先明确 r 的意义,令 $M = M_1 \bigcup M_2 \bigcup \cdots \bigcup M_{11}$,不妨设 $M = \{x_1, x_2, \cdots, x_n\}$,记 $r_i (i = 1, 2, \cdots, n)$ 为 x_i 在 $M_1, M_2, \cdots, M_{11}$ 中出现的次数,即 x_i 属于其中 r_i 个集合,则 $r = \max\{r_1, r_2, \cdots, r_n\}$.

要证明 $r \geqslant c$,只需证明存在 $i (1 \leqslant i \leqslant n)$,使 $r_i \geqslant c$.

首先,从整体上考虑,借助集合元素关系表,我们有

$$\sum_{i=1}^{n} r_i = \sum_{j=1}^{11} |M_j| = \sum_{j=1}^{11} 5 = 55.$$

此外,由题意,$|M_i \bigcap M_j| \geqslant 1$,于是

$$\sum_{i=1}^{n} C_{r_i}^2 = \sum_{1 \leqslant i < j \leqslant n} |A_i \bigcap A_j| \geqslant \sum_{1 \leqslant i < j \leqslant n} 1 = C_{11}^2 = 55.$$

所以

$$55 \leqslant \frac{1}{2} \sum_{i=1}^{n} r_i(r_i - 1) \leqslant \frac{1}{2} \sum_{i=1}^{n} r_i(r - 1)$$

$$= \frac{r-1}{2} \sum_{i=1}^{n} r_i = \frac{r-1}{2} \times 55,$$

所以 $r \geqslant 3$.

下面从反面剔除 $r = 3$.

如果 $r = 3$,则有以下两种情况.

(1) 所有 $r_i = 3 (i = 1, 2, \cdots, n)$,此时

$$55 = \sum_{i=1}^{n} r_i = \sum_{i=1}^{n} 3 = 3n,$$

所以 $3 | 55$,矛盾.

(2) 存在某个 $r_i \leqslant 2 (1 \leqslant i \leqslant n)$,不妨设 $r_1 \leqslant 2$,即 x_1 至多出现 2 次,从而至少有 $M_1, M_2, \cdots, M_{11}$ 中的 9 个集合不含 x_1.

不妨设 $x_1 \in M_1 = \{x_1, x_2, x_3, x_4, x_5\}$,且 $x_1 \notin M_3 \bigcup M_4 \bigcup \cdots \bigcup$

M_{11},依题意,$M_1 \cap M_j \neq \varnothing (j=3,4,\cdots,11)$,取 $y_j \in M_1 \cap M_j (j=3, 4,\cdots,11)$,注意到 $y_j \neq x_1$,所以 $y_j \in \{x_2, x_3, x_4, x_5\}$.

因为 $j=3,4,\cdots,11$ 有 9 个取值,从而 x_2, x_3, x_4, x_5 在 M_3, $M_4, \cdots, M_{11}$ 中至少出现 9 次,由抽屉原理,必有一个 $x_i (2 \leqslant i \leqslant 5)$ 在 $M_3, M_4, \cdots, M_{11}$ 中至少出现 $\left[\dfrac{9}{2}\right]+1=3$ 次,又 x_i 在 M_1 中出现,从而 $r_i \geqslant 3+1=4$,与 $r=3$ 矛盾.

所以 $r \geqslant 4$.

最后,当 $r=4$ 时,下述 11 个 5 元子集合乎条件:

$M_1 = M_2 = \{1,2,3,4,5\}, M_3 = \{1,6,7,8,9\}, M_4 = \{1,10,11, 12,13\}, M_5 = \{2,6,9,10,14\}, M_6 = \{3,7,11,14,15\}, M_7 = \{4,8,9, 12,15\}, M_8 = \{5,9,13,14,15\}, M_9 = \{4,5,6,11,14\}, M_{10} = \{2,7, 11,12,13\}, M_{11} = \{3,6,8,10,13\}$.

综上所述,r 的最小值为 4.

例 11 设 $A = \{1,2,3,4,5,6\}, B = \{7,8,9,\cdots,n\}$. 在 A 中取 3 个数,在 B 中取 2 个数,组成含有 5 个元素的集合 $A_i (i=1,2,\cdots, 20)$,使得 $|A_i \cap A_j| \leqslant 2, 1 \leqslant i < j \leqslant 20$,求 n 的最小值.(2002 年 IMO 中国国家队选拔赛试题)

分析与解 从目标看,求 n 的最小值,等价于求 $|B|$ 的最小值,因为 $|B| = n - 6$.

构造集合、元素的关系数表 $(x_{ij})_{n \times k}$,其中

$$x_{ij} = \begin{cases} 1 & (a_i \in A_j) \\ 0 & (a_i \notin A_j) \end{cases}, 1 \leqslant i \leqslant n, 1 \leqslant j \leqslant k.$$

不妨设表中第 i 行有 m_i 个 $1(1 \leqslant i \leqslant n)$,则由关系式 I 和 II,我们有

$$\sum_{i=1}^{n} m_i = \sum_{j=1}^{k} |A_j|,$$

$$\sum_{i=1}^{n} C_{m_i}^2 = \sum_{1 \leqslant i < j \leqslant k} |A_i \cap A_j|.$$

为了估计$|B|$,可考察B中元素在集合$A_1, A_2, \cdots, A_{20}$中出现的总次数S(表中下半部"1"的个数).

一方面,

$$S = \sum_{i=1}^{20} |A_i \cap B| = \sum_{i=1}^{20} 2 = 20 \times 2 = 40,$$

另一方面,记$f(i)$是元素i在集合$A_1, A_2, \cdots, A_{20}$中出现的次数,为了方便放缩,设$f(i)$的最大值为k(每个元素至多出现k次),则

$$S = \sum_{i=7}^{n} f(i) \leqslant \sum_{i=7}^{n} k = (n-6)k,$$

于是$40 = S \leqslant (n-6)k$,所以$n - 6 \geqslant \dfrac{40}{k}$.

至此,目标转化为估计$k \leqslant c$(即一个元素至多出现c次).

研究条件:$|A_i \cap A_j| \leqslant 2$. 从反证法的角度思考:$k$达到多大时(找充分条件),必存在子集$A_i$、$A_j$,使$|A_i \cap A_j| \geqslant 3$,即"关系表"中存在$3 \times 2$的点阵(其中用点代表"1")?

不妨设B中的元素"7"出现k次,且在$A_1, A_2, \cdots, A_k$中出现,我们可在前k列中找3×2的点阵.一个充分条件是A所在的行(表的上半部)中有2×2的点阵,进一步可知,A中有2×2的点阵的一个充分条件是A中有一个元素出现3次.

实际上,估计A中元素在A_1、A_2、A_3中出现的总次数,即表的上半部前3列中的点数,不妨设1在A_1、A_2、A_3中出现,而A中元素在A_1、A_2、A_3中出现的总次数为

$$\sum_{i=1}^{3} |A_i \cap A| = \sum_{i=1}^{3} 3 = 9,$$

所以A中的元素2,3,4,5,6共在A_1、A_2、A_3中出现$9 - 3 = 6$次,必有一个元素i($i \in \{2,3,4,5,6\}$)出现2次,于是,1和i所在的行出现2×2的点阵(图3.19).

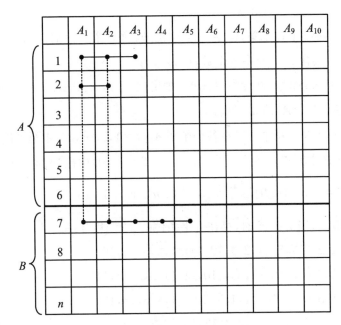

图 3.19

k 达到何值时，A 中有一个元素出现 3 次？

估计 A 中元素在 $A_1, A_2, \cdots, A_k$ 中出现的总次数为

$$\sum_{i=1}^{k} |A_i \cap A| = \sum_{i=1}^{k} 3 = 3k,$$

由平均值抽屉原理，至少有一个元素出现次数不少于 $\frac{3k}{6} = \frac{k}{2} > 2$，即 $k > 4$ 时可导出矛盾．

于是，我们先证明：B 中每个元素在各个子集 $A_i (i = 1, 2, \cdots, 20)$ 中至多出现 4 次．

不然，假定 B 中某个元素 x 在各个子集 $A_i (i = 1, 2, \cdots, 20)$ 中出现 $k(k \geqslant 5)$ 次，不妨设 x 在子集 $A_i (i = 1, 2, \cdots, 5)$ 中出现，每个子集含 A 中 3 个数，从而 $A_i (i = 1, 2, \cdots, 5)$ 共含有 A 中的 $3 \times 5 = 15$ 个数，而 $|A| = 6$，于是，由抽屉原理，A 中至少有一个元素（设为 y）在

这5个子集中出现3次.

不妨设 y 在子集 A_1、A_2、A_3 中出现,这3个子集都含 $A\setminus\{y\}$ 中2个数,共含 $A\setminus\{y\}$ 中6个数,而 $|A\setminus\{y\}|=5$,必有一个元素(设为 z)在其中2个集合(设为 A_1、A_2)中出现,于是 x、y、$z \in (A_1 \cap A_2)$,与条件 $|A_i \cap A_2| \leq 2$ 矛盾.

所以 B 中每个元素在各个子集 $A_i (i=1,2,\cdots,20)$ 中至多出现4次,而 B 中元素在各个子集 $A_i (i=1,2,\cdots,20)$ 中出现的总次数是 $2 \times 20 = 40$,于是 $|B| \geq \dfrac{40}{4} = 10$,所以 $n \geq 10 + 6 = 16$.

最后,当 $n=16$ 时,存在合乎条件的20个集合:
$\{1,2,3,7,8\}\{1,2,4,12,14\}\{1,2,5,15,16\}$
$\{1,2,6,9,10\}\{1,3,4,10,11\}\{1,3,5,13,14\}$
$\{1,3,6,12,15\}\{1,4,5,7,9\}\{1,4,6,13,16\}$
$\{1,5,6,8,11\}\{2,3,4,13,15\}\{2,3,5,9,11\}$
$\{2,3,6,14,16\}\{2,4,5,8,10\}\{2,4,6,7,11\}$
$\{2,5,6,12,13\}\{3,4,5,12,16\}\{3,4,6,8,9\}$
$\{3,5,6,7,10\}\{4,5,6,14,15\}$.

故 n 的最小值是16.

显然,这里的构造需要"真功夫"!这当然要注意到:$|A|=6$ 时,A 恰有 $C_6^3 = 20$ 个3元子集,而要构造20个子集,且 $|A_i \cap A_j| \leq 2 (1 \leq i < j \leq 20)$,从而每个3元子集只能取一次.于是,需要取遍 A 的所有3元子集,并将每个3元子集分别配上 B 中2个元素即可.

当然,这一构造的相应数表并不漂亮(有交叉),但也不无规律(图 3.20).

我们还得到另一种形式的构造,其20个集合:
$\{1,2,3,9,13\}\{1,2,4,10,16\}\{1,2,5,8,11\}$

3 集合元素关系表

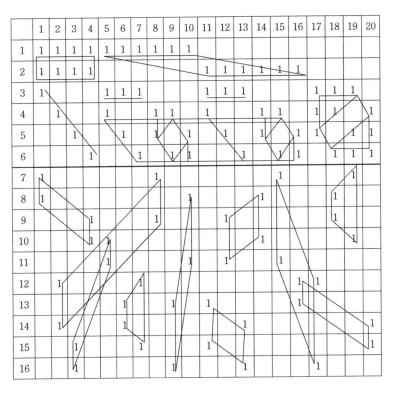

图 3.20

{1,2,6,12,15} {1,3,4,11,14} {1,3,5,7,15}
{1,3,6,8,16} {1,4,5,9,12} {1,4,6,7,13}
{1,5,6,10,14} {2,3,4,7,12} {2,3,5,14,16}
{2,3,6,10,11} {2,4,5,13,15} {2,4,6,8,14}
{2,5,6,7,9} {3,4,5,8,10} {3,4,6,9,15}
{3,5,6,12,13} {4,5,6,11,16}.

相应的构图如图 3.21 所示。

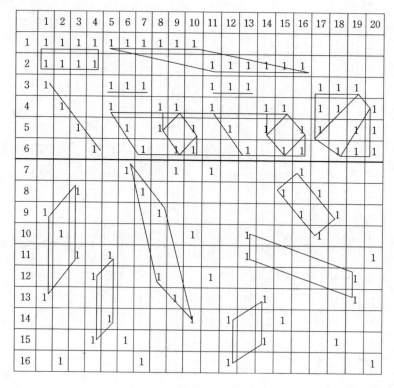

图 3.21

3.2 关系表辅助解题

在有些与集合相关的问题中,集合元素关系表中的关系式 Ⅰ 和 Ⅱ 都不能派上用场. 此时,我们也可构造集合元素关系表来辅助解题. 一方面,关系表刻画了元素与集合之间的从属关系,一些问题可借助表的直观,使思路清晰自然. 另一方面,题中的条件可借助关系表得到直观的解释,由此发现关系表中的一些新的性质,为解题提供帮助.

例 1 设 $M = \{1, 2, \cdots, m\}$,$F = \{A_1, A_2, \cdots, A_n\}$ 是 M 的子集

族,如果对 M 中任何两个不同的元素 x、y,都存在 F 中的一个集合 A_i,使 $|A_i \cap \{x,y\}| = 1$,则称 F 分隔了 M;如果对 M 中的任意一个元素 x,都存在 F 中的一个集合 A_i,使 $x \in A_i$,则称 F 覆盖了 M,求最小的 $n = f(m)$,使 F 既分隔 M,又覆盖 M. (第 29 届 IMO 预选题)

分析与解 构造集合、元素的关系数表 $(x_{ij})_{m \times n}$,其中

$$x_{ij} = \begin{cases} 1 & (a_i \in A_j) \\ 0 & (a_i \notin A_j) \end{cases}, 1 \leqslant i \leqslant m, 1 \leqslant j \leqslant n.$$

因为 F 覆盖 M,所以每一行至少有一个 1,也即每一行都不全为 0.

因为 F 分隔 M,从而对任何两个元素 x、y,至少有一个列 $A_j(1 \leqslant j \leqslant n)$ 在 x、y 所在的两行上的数不同(一个为 0,一个为 1),由此可见,表中任何两个行都不完全相同.

因为表中共有 m 行,而不完全相同的非零行至多有 $2^n - 1$ 个,所以

$$m \leqslant 2^n - 1 < 2^n,$$

解不等式,得

$$n > \log_2 m, \quad n > [\log_2 m],$$

又 n 为整数,所以 $n \geqslant [\log_2 m] + 1$.

当 $n = [\log_2 m] + 1$ 时,$n - 1 = [\log_2 m]$,由高斯函数的意义,有

$$n - 1 \leqslant \log_2 m < n,$$

即 $2^{n-1} \leqslant m < 2^n$,所以 $2^{n-1} \leqslant m \leqslant 2^n - 1$.

此时,可在 $2^n - 1$ 个互不相同的长为 n 的 0、1 排列中任取 m 个排列排成 $m \times n$ 数表,以每一列数构成一个集合,则这些集合合乎条件,故 n 的最小值为 $[\log_2 m] + 1$.

注意如果由 $m \leqslant 2^n - 1$ 推出 $n \geqslant \log_2(m+1)$,则 $n \geqslant \lceil \log_2(m+1) \rceil$(表示不小于 $\log_2(m+1)$ 的最小整数),故 n 的最小值为 $\lceil \log_2(m+1) \rceil$.

这样我们便证明了:$\lceil \log_2(m+1) \rceil = \lfloor \log_2 m \rfloor + 1$.

例2 对于正整数 $n>1$,如果存在 $X(n)=\{1,2,\cdots,n\}$ 的 n 个子集 $A_1,A_2,\cdots,A_n$,同时满足以下条件:

(1) 对任何 $i\in\{1,2,\cdots,n\}$,$i\notin A_i$;

(2) 对任何 $i\neq j$,i、$j\in\{1,2,\cdots,n\}$,有 $i\in A_j$,当且仅当 $j\notin A_i$;

(3) 对任何 i、$j\in\{1,2,\cdots,n\}$,有 $A_i\cap A_j\neq\varnothing$.

则称 n 是好的,求好的正整数 n 的最小值.(第54届罗马尼亚数学奥林匹克决赛试题改编)

分析与解 题中条件很多,其中(1)(3)很简单,但(2)比较别扭.所以我们要理解该条件的实际意义.

认真思考可发现,条件(2)实际上是说:$i\in A_j$ 与 $j\in A_i$ 不同时出现,且 $i\notin A_j$ 与 $j\notin A_i$ 也不同时出现.

此外,容易发现 $n\geqslant 3$.

实际上,若 $n=2$,则 $\{1,2\}$ 只有3个非空子集 $\{1\},\{2\},\{1,2\}$,但由条件(1)有 $1\notin A_1$,$2\notin A_2$,从而只能是 $A_1=\{2\}$,$A_2=\{1\}$,此时与条件(3)矛盾.所以 $n\geqslant 3$.不过这个估计太弱,等号不能达到.

为了使各个条件更直观,我们构造集合、元素的关系数表 $(x_{ij})_{n\times n}$,其中

$$x_{ij}=\begin{cases}1 & (i\in A_j)\\ 0 & (i\notin A_j)\end{cases},1\leqslant i\leqslant n,1\leqslant j\leqslant n.$$

这样,条件(1)表明,$x_{ii}=0$($i=1,2,\cdots,n$),即表中主对角线上的数都为0.

条件(2)表明,$i\neq j$ 时,$x_{ij}=0\Leftrightarrow x_{ji}=1$,即表中主对角线上方的任何一个0(或1)与主对角线下方的一个1(或0)关于主对角线对称,从而除主对角线外,其余的数中0的个数与1的个数相等,所以

表中 1 的个数为
$$S = \frac{1}{2}(n^2 - n).$$

现在来考察表中每列 1 的个数 $|A_j|$ ($j=1,2,\cdots,n$) 的取值范围.

首先,显然有 $|A_j| > 1$,否则,设 $A_j = \{p\}$ ($p \neq j$),对于 p ($1 \leqslant p \leqslant n$),我们对应有集合 A_p,而 $A_p \cap A_j \neq \varnothing$,从而 $p \in A_p$,与条件 (1) 矛盾.

假定某个 $|A_j| \leqslant 2$,令 $A_j = \{p,q\}$ ($1 \leqslant p \neq q \leqslant n, p \neq j, q \neq j$). 对于 p、q ($1 \leqslant p, q \leqslant n$),我们对应有集合 A_p、A_q.

因为 $p \notin A_p$,而 $A_p \cap A_j \neq \varnothing$,所以 $A_p \cap A_j = \{q\}$,故 $q \in A_p$.

由对称性,$p \in A_q$,与条件 (2) 矛盾. 所以,对 $j=1,2,\cdots,n$,有 $|A_j| \geqslant 3$,于是
$$S = |A_1| + |A_2| + \cdots + |A_n| \geqslant 3n.$$

所以 $\frac{1}{2}(n^2 - n) \geqslant S \geqslant 3n$,解得 $n \geqslant 7$.

下面证明 $n=7$ 是好的. 注意到不等式等号成立,只能构造 $|A_1| = |A_2| = \cdots = |A_7| = 3$.

考虑 A_1,因为 $1 \notin A_1$,可取 $A_1 = \{2,3,4\}$ (元素尽可能小以保证不超过 7),此时,第 1 列为 (从第 2 格开始) 1、1、1、0、0、0,由 0、1 关于主对角线的对称性,可知第 1 行 (从第 2 格开始) 为 0、0、0、1、1、1 (图 3.22).

子集族 F 元素	A_1	A_2	A_3	A_4	A_5	A_6	A_7
1	0	0	0	0	1	1	1
2	1	0					
3	1		0				
4	1			0			
5	0				0		
6	0					0	
7	0						0

图 3.22

再取第 2 列为(从第 3 格开始)1、0、1、1、0(保证与 A_1 有交,让交尽可能小,元素尽可能小),可知第 2 行为(从第 3 格开始)0、1、0、0、1 (图 3.23).

子集族 F 元素	A_1	A_2	A_3	A_4	A_5	A_6	A_7
1	0	0	0	0	1	1	1
2	1	0	0	1	0	0	1
3	1	1	0				
4	1	0		0			
5	0	1			0		
6	0	1				0	
7	0	0					0

图 3.23

再取第 3 列为(从第 3 格开始)1、1、0、1(保证与 A_1、A_2 都有交,让交尽可能小,元素尽可能小),可知第 2 行为(从第 3 格开始)0、0、1、0.

由此得到构造(图 3.24):

子集族 F \ 元素	A_1	A_2	A_3	A_4	A_5	A_6	A_7
1	0	0	0	0	1	1	1
2	1	0	0	1	0	0	1
3	1	1	0	0	0	1	0
4	1	0	1	0	1	0	0
5	0	1	1	0	0	0	1
6	0	1	0	1	1	0	0
7	0	0	1	1	0	1	0

图 3.24

即 $A_1 = \{2,3,4\}, A_2 = \{3,5,6\}, A_3 = \{4,5,7\}, A_4 = \{2,6,7\}, A_5 = \{1,4,6\}, A_6 = \{1,3,7\}, A_7 = \{1,2,5\}$.

综上所述,好的正整数 n 的最小值为 7.

例 3 有 x 名中学生参加有 y(y 为偶数)道试题的考试,每个学生恰好答对了半数试题,而每道试题答对的人数相等,对任意两个学生,他们共同答对的试题都是 3 道,求一切满足条件的数对 (x,y),并对求出的每一个 (x,y),列举一种学生的答题情况.(1993 年日本数学奥林匹克试题)

分析与解 用一个 x 行 y 列的表格表示答题情况,当第 i 个人答对第 j 道题时,在第 i 行第 j 列的格标上一个"1",否则标上"0",为方便,用点代表 1(图 3.25).

题 学生	1	2	3	4	5	⋯	y
1							
2							
⋮							
x							

图 3.25

先看条件:每个人都答对了半数试题,即每人答对 s 道试题(设 $y=2s$),从而每行有 s 个点,设表中点的个数为 S_1,则 $S_1 = sx$.

另一方面,由于每道题的答对人数相等,设各题都有 t 个人答对,即每列 t 个点,共有 y 列,所以 $S_1 = ty$.

所以, $ty = sx$,由此得 $x = 2t$ 为偶数.

再考察条件:对任意两个学生,他们共同答对的试题都是 3 道题,想到考察每一道题答对此题的人构成的 2 人对.

于是,将同一列中的每两个点连一条纵向线段,设纵向线段的条数为 S_2.

一方面,每列有 t 个点,得到 C_t^2 条纵向线段,于是 $S_2 = yC_t^2$.

另一方面,每一条线段的端点分布在两行,对任何两行,由题给条件可知,恰有 3 条线段,于是, $S_2 = 3C_x^2$.

所以 $yC_t^2 = 3C_x^2$,即 $y = \dfrac{12(x-1)}{x-2} = 12 + \dfrac{12}{x-2}$ 或 $(y-12)(x-2) = 12$.

注意到 x、y 为偶数,解得
$$(x, y) = (4, 18) \text{ 或 } (8, 14).$$

当 $(x, y) = (4, 18)$ 时,因为 18 是 3 的倍数,将 18 道题分为 3 组,每组 6 道题,用数表的 6 列表示,这 6 列构成一个子表,让每人答对子表中的3道题,即每行3个点.

又每道题有2人答对,即每列2个点,且任意两行恰有一条线段,得子表的构造如下(图3.26):

	1	2	3	4	5	6
A	*	*	*			
B	*			*	*	
C		*		*		*
D			*		*	*

图3.26

从每列看,是$(1,2),(1,3),(1,4),(2,3),(2,4),(3,4)$,于是,前6列,对任意两个学生,他们共同答对的试题都是恰有1道题,现在将子表扩充到3倍的表中,从而"对任意两个学生,他们共同答对的试题都是3道题".相应的答题情况如下(图3.27):

	1	2	3	4	5	6	7	8	9	10	11	12	13	14	15	16	17	18
A	*	*	*				*	*	*				*	*	*			
B	*			*	*	*				*	*	*					*	*
C		*		*				*		*				*		*		
D			*		*				*		*				*	*	*	

图3.27

当$(x,y)=(8,14)$时,构造数表,使每行有7点,每列有4点,每两行有3条线段,得到相应的答题情况如下(图3.28):

	1	2	3	4	5	6	7	8	9	10	11	12	13	14
A	*	*	*	*	*	*	*							
B	*	*		*							*		*	*
C		*	*				*			*		*		
D			*	*		*		*				*		*
E			*		*		*							
F	*				*			*	*					*
G		*												
H	*		*			*		*		*		*		

图 3.28

例 4 某次运动会有 5 个城市的运动员参加比赛,每个城市都派出若干名运动员参加一共 67 个项目的比赛,对其中任何一个城市代表队,每个项目都至少有一人参加比赛,每个人至多参加一个项目.试证:可以从中找到 9 个同性别的运动员,他(她)们分别来自 3 个不同的城市,参加 3 个不同项目的比赛.(原创题)

分析与解 设 5 个城市的代号为 $A_1, A_2, \cdots, A_5$,67 个项目的代号为 $B_1, B_2, \cdots, B_{67}$,对每一个城市 $A_i (1 \leqslant i \leqslant 5)$,在每一个项目中各取出一名运动员作为代表(若有多名运动员参加同一项目则任取其中一名),这样共取出了 165 名运动员.

作一个 5×67 的方格棋盘,用其第 i 行第 j 列的格 a_{ij} 表示第 i 个城市参加第 j 个项目比赛的运动员代表.

现将棋盘的每个方格都染红、蓝二色之一,其中红色代表男性运动员,蓝色代表女性运动员,则问题转化为:存在 3 行 3 列,它们交成的 9 个方格同色.

考察第 1 行的方格,将 67 个格归入 2 种颜色,由抽屉原理,必有其中 33 个格同色,不妨设是前 33 个格同色.

考察第 2 行的前 33 个方格,将这 33 个格归入 2 种颜色,由抽屉原理,必有其中17个格同色,不妨设是前17个格同色.

考察第3行的前17个方格,将这17个格归入2种颜色,由抽屉原理,必有其中9个格同色,不妨设是前9个格同色.

考察第4行的前9个方格,将这9个格归入2种颜色,由抽屉原理,必有其中5个格同色,不妨设是前5个格同色.

考察第5行的前5个方格,将这5个格归入2种颜色,由抽屉原理,必有其中3个格同色,不妨设是前3个格同色.

考察整个棋盘的前3列,其中每一行的前3格都是同一种颜色,将这5行归入2种颜色,由抽屉原理,必有其中3行同色,这3行的前3个方格共9个格同色,命题获证.

例5 某羽毛球俱乐部的 $2n$ 名成员为 n 对夫妻.俱乐部准备为所有成员安排一轮回避配偶的混合双打比赛.规定配偶夫妻在赛程中既不作为搭档,也不作为对立面出现.要求:

(1) 同性别的每两名成员恰作为对立面在一场混双比赛中相遇;

(2) 任何两个不是配偶的异性成员恰作为搭档参加一场混双比赛,也恰作为对立面在一场混双比赛中相遇.

设 $(n,6)=1$,你能否安排一轮符合上述规定和要求的混合双打比赛?(2001年IMO中国国家集训队测试试题)

分析与解 给俱乐部的成员按家庭用 $1,2,\cdots,n$ 编号.第 i 个家庭成员记为 h_i 和 w_i,其中 h_i 是丈夫,w_i 是妻子.

将 $n\times n$ 方格表的行用 $1,2,\cdots,n$ 编号,列也用 $1,2,\cdots,n$ 编号.

我们在 $n\times n$ 方格表第 i 行第 j 列交汇处的方格中填写 $a_{ij}=2i-j$,其中的数按模 n 理解,即大于 n 的数换成关于模 n 的最小正余数.

对于固定的 i,当 j 从1变到 n,相应的 $2i-j$ 遍历 $\bmod n$ 的一

个完全剩余系.因而第 i 行所填数为 $0,1,\cdots,n-1$ 的一个排列.

因为 $(2,n)=1$,所以对固定的 j,当 i 从 1 变到 n,相应的 $2i-j$ 遍历 mod n 的一个完全剩余系,因而第 j 列所填的数为 $1,2,\cdots,n$ 的一个排列.

按照所填方格表安排赛程,规定:如果 $i<j, a_{ij}=k, a_{ji}=l$,那么就安排 h_i 与 w_k 作为搭档,h_j 与 w_l 作为搭档,双方进行一场混和双打比赛.

在所填 $n\times n$ 方格表上,主对角线的第 i 格填写的是 i.因此,如果 $i<j, a_{ij}=k, a_{ji}=l$,那么,$k\neq i,j, l\neq i,j$,因而配偶回避,既不作为搭档,也不作为对立面.

任何两个非配偶的不同性别成员,恰作为搭档一次,也作为对立面一次.(因为每行是 $1、2、\cdots、n$ 的一个排列,每列也是.)

任意两个同性别成员恰作为对立面一次.对于不同的 i,j,由 a_{ij} 和 a_{ji} 安排的混双比赛恰让 h_i 和 h_j 作为对立面一次.不同的 k 和 l 恰作为 $(a_{ij},a_{ji})(i<j)$ 出现一次,于是 w_k 与 w_l 恰作为对立面一次.

另解 给俱乐部的成员按家庭用 $1,2,\cdots,n$ 编号.第 i 个家庭中丈夫记为 h_i,妻子记为 w_i.

取 C_n^2 场混合双打比赛如下:对 $i<j$,让 (h_i, w_{3j+i}) 与 (h_j, w_{3i+j}) 比赛.

因为 $(n,6)=1$,所以 $(n,2)=(n,3)=1$,有 $i\not\equiv 3j+i, j\not\equiv 3i+j$ (mod n).

考察另一场比赛 (h_a, w_{3b+a}) 与 (h_b, w_{3a+b}),其中 $a<b$,$(a,b)\neq (i,j)$.

若 $(w_{3a+b}, w_{3b+a})=(w_{3i+j}, w_{3j+i})$,则 $3a+b\equiv 3i+j, 3b+a\equiv 3j+i$ (mod n).两式相加减,得 $4a+4b\equiv 4i+4j, 2a-2b\equiv 2i-2j$ (mod n),所以 $a+b\equiv i+j, a-b\equiv i-j$ (mod n).两式再相加减,得 $2a\equiv 2i, 2b\equiv 2j$ (mod n),所以 $(a,b)=(i,j)$,矛盾.

若$(h_j, w_{3j+i}) = (h_b, w_{3b+a})$,则$j \equiv b, 3j+i \equiv 3b+a \pmod{n}$,所以$(a,b)=(i,j)$,矛盾.

若$(h_i, w_{3i+j}) = (h_a, w_{3a+b})$,则$i \equiv a, 3i+j \equiv 3a+b \pmod{n}$,所以$(a,b)=(i,j)$,矛盾.

因此,这样安排的比赛,任意两名同性的选手至多比赛一场,任意两名异性(非夫妻)的选手至多作为一次搭档,也最多作为一次对手($*$).

又共有C_n^2场比赛,任意两名同性的选手恰比赛一场,且每场比赛异性的选手对子有4个,所以比赛共产生$4C_n^2 = 2n(n-1)$个对子.

而由($*$)知,任意两名异性(非夫妻)的选手至多产生2个对子,而非夫妻的异性对子有$n(n-1)$个(每个人与$n-1$个异性组成对子),共至多产生$2n(n-1)$个对子,所以不等式等号成立,于是任意两名异性(非夫妻)的选手都恰好作为一次搭档,也恰好作为一次对手.

故上述安排比赛合乎要求.

习 题 3

1. 设A_i是$M=\{1,2,3,\cdots,1990\}$的子集($i=1,2,\cdots,30$),$|A_i| \geqslant 660$,求证:存在$1 \leqslant i < j \leqslant 30, |A_i \cap A_j| \geqslant 200$.

2. 设X是有限集,$A_1、A_2、\cdots、A_k$是X的子集,且$|A_i|=r$($1 \leqslant i \leqslant k$),若对任何$i \neq j$,有$|A_i \cap A_j| \leqslant t$,求证:$|X| \geqslant \dfrac{kr^2}{r+(k-1)t}$.

3. 设$A_1、A_2、\cdots、A_7$是$M=\{x_1, x_2, \cdots, x_7\}$的7个子集,对$M$中每一对元素恰属于同一个唯一的子集$A_j$($1 \leqslant j \leqslant 7$),对任何$i$($1 \leqslant i \leqslant 7$),有$3 \leqslant |A_i| \leqslant 7$,证明:对任何$1 \leqslant i < j \leqslant 7$,有$|A_i \cap A_j|=1$.

4. 由n个元素$a_1、a_2、\cdots、a_n$组成n个元素对$P_1, P_2, \cdots, P_n$,当

且仅当 a_i、a_j 组成一个元素对时，$P_i \cap P_j \neq \varnothing$. 求证：每个元素恰属于 2 个元素对.

5. 给定 1987 个集合 $A_1, A_2, \cdots, A_{1987}$，已知 $|A_i| = 45(i = 1, 2, \cdots, 1987)$，$|A_i \cup A_j| = 89$ $(1 \leqslant i < j \leqslant 1987)$，求 $|A_1 \cup A_2 \cup \cdots \cup A_{1987}|$.

6. 有 $n(n > 1)$ 名选手参加比赛，历时 k 天，其中任何一天 n 名选手的得分都恰好是 $1, 2, 3, \cdots, n$ 的一个排列. 如果在第 k 天末，每个选手的总分都是 26，求 (n, k) 的所有可能取值.

7. 设 $X = \{(a_1, a_2, \cdots, a_8) | a_i = 0 \text{ 或 } 1 (i = 1, 2, \cdots, 8)\}$，对 X 中的任何两个元素 $A = (a_1, a_2, \cdots, a_8)$ 和 $B = (b_1, b_2, \cdots, b_8)$，定义 A、B 的距离为 $|A - B| = \sum\limits_{i=1}^{8} |a_i - b_i|$. 设 T 是 X 的子集，且 T 中任何两个元素的距离都不小于 5，求 $|T|$ 的最大值.（1995 年中国国家集训队选拔考试题）

8. 有 A、B 两人进行乒乓球比赛，规定先净胜 3 局者为胜，经过 13 局比赛后，A 才以 8 胜 5 负的成绩获胜，求这 13 局的胜负所有不同情况种数.

9. 设 m、n 都是大于 1 的给定整数，$a_{ij}(i = 1, 2, \cdots, n; j = 1, 2, \cdots, m)$ 是不全为 0 的 mn 个非负实数，求

$$f = \frac{n \sum\limits_{i=1}^{n} \left(\sum\limits_{j=1}^{m} a_{ij} \right)^2 + m \sum\limits_{j=1}^{m} \left(\sum\limits_{i=1}^{n} a_{ij} \right)^2}{\left(\sum\limits_{i=1}^{n} \sum\limits_{j=1}^{m} a_{ij} \right)^2 + mn \sum\limits_{i=1}^{n} \sum\limits_{j=1}^{m} a_{ij}^2}$$

的最大值和最小值.（2008 年 IMO 中国国家集训队选拔考试试题）

10. 设 d、n 是正整数，$d | n$. n 元整数组 $(x_1, x_2, \cdots, x_n)$ 满足条件：

(1) $0 \leqslant x_1 \leqslant x_2 \leqslant \cdots \leqslant x_n \leqslant n$.

(2) $d | (x_1 + x_2 + \cdots + x_n)$.

求证:符合条件的所有 n 元数组中,恰有一半满足 $x_n = n$.
(2006 年 IMO 中国国家集训队试题)

11. 一群童子军,年龄是 $7 \sim 13$ 的整数,来自 11 个国家.求证:至少有 5 个孩子,对其中的任何一个孩子,在童子军中与其同年龄的人多于同国籍的人.(加拿大数学奥林匹克试题)

习题 3 解答

1. 不妨设所有 $|A_i| = 660$(否则,去掉 A_i 中的一些元素).构造集合元素关系表 $(x_{ij})_{1990 \times 30}$,其中

$$x_{ij} = \begin{cases} 1 & (a_i \in A_j) \\ 0 & (a_i \notin A_j) \end{cases}, 1 \leqslant i \leqslant 1990, 1 \leqslant j \leqslant 30.$$

因为 $|A_i| = 660$,由关系式 I,有 $\sum_{i=1}^{1990} m_i = \sum_{i=1}^{30} |A_i| = 30 \times 660$. 此外,由关系式 II,有

$$\sum_{1 \leqslant i < j \leqslant 30} |A_i \cap A_j| = T = \sum_{i=1}^{1990} C_{m_i}^2.$$

利用 Cauchy 不等式,得

$$2 \sum_{1 \leqslant i < j \leqslant 30} |A_i \cap A_j| = 2 \sum_{i=1}^{1990} C_{m_i}^2 = \sum_{i=1}^{1990} m_i^2 - \sum_{i=1}^{1990} m_i$$

$$\geqslant \frac{(\sum_{i=1}^{1990} m_i)^2}{\sum_{i=1}^{1990} 1^2} - \sum_{i=1}^{1990} m_i$$

$$= \frac{(30 \times 660)^2}{1990} - 30 \times 660.$$

所以必有一个 $A_i \cap A_j$,使

$$|A_i \cap A_j| \geqslant \frac{\frac{(30 \times 660)^2}{1990} - 30 \times 660}{2C_{30}^2}$$

$$= \frac{(30 \times 660) \times (30 \times 660 - 1\,990)}{30 \times 29 \times 1\,990}$$

$$= \frac{660 \times 1\,781}{29 \times 199} > \frac{660 \times 1\,780}{29 \times 200} > 200.$$

2. 构造集合、元素的关系数表 $(x_{ij})_{n \times k}$,其中

$$x_{ij} = \begin{cases} 1 & (a_i \in A_j) \\ 0 & (a_i \notin A_j) \end{cases}, 1 \leqslant i \leqslant n, 1 \leqslant j \leqslant k.$$

设表中第 i 行有 m_i 个 $1(1 \leqslant i \leqslant n)$,则由关系式 Ⅰ,Ⅱ,我们有

$$\sum_{i=1}^{n} m_i = \sum_{j=1}^{k} |A_j| = rk, \sum_{i=1}^{n} C_{m_i}^2 = \sum_{1 \leqslant i < j \leqslant k} |A_i \cap A_j|.$$

由 Cauchy 不等式,有

$$2t \cdot C_k^2 \geqslant 2 \sum_{1 \leqslant i < j \leqslant k} |A_i \cap A_j| = 2\sum_{i=1}^{n} C_{m_i}^2 = \sum_{i=1}^{n} m_i^2 - \sum_{i=1}^{n} m_i$$

$$\geqslant \frac{\left(\sum_{i=1}^{n} m_i\right)^2}{\sum_{i=1}^{n} 1^2} - \sum_{i=1}^{n} m_i = \frac{r \cdot k^2}{n} - rk,$$

所以

$$tk(k-1) \geqslant \frac{r \cdot k^2}{n} - rk,$$

解得

$$n \geqslant \frac{kr^2}{r + (k-1)t}.$$

另解 设元素 x 在 $A_1, A_2, \cdots, A_k$ 中出现的总次数为 $d(x)$,称为 x 的度,则 $\sum_{x, x \in X} d(x) = \sum_{i=1}^{k} |A_i|$.

对于集合 A_i,其所有元素的度的和称为 A_i 的度,记为 $d(A_i)$,即 $d(A_i) = \sum_{x, x \in A_i} d(x)$,考察所有集合度的和 $S = \sum_{i=1}^{k} d(A_i)$. 一方面,从每个 A_i 出发计算,对固定的 A_i,$|A_i \cap A_j|$ 可理解为 A_i 中

元素在 A_j 中出现的次数,于是 $d(A_i) = \sum\limits_{\substack{j \neq i \\ 1 \leqslant j \leqslant k}} |A_i \cap A_j| + |A_i|$

(各在 A_i 中出现一次) $\leqslant \sum\limits_{\substack{j \neq i \\ 1 \leqslant j \leqslant k}} t + r = (k-1)t + r$,所以

$$S = \sum_{i=1}^{k} d(A_i) \leqslant \sum_{i=1}^{k} [r + (k-1)t] = k[r + (k-1)t]. \quad ①$$

另一方面,从每个元素 x 出发计算,对固定的 x,假定 x 在 A_{i_1}、A_{i_2}、$\cdots$、A_{i_t} 中出现(其中 $t = d(x)$),则 $d(A_{i_1}), d(A_{i_2}), \cdots, d(A_{i_t})$ 中各有一项为 $d(x)$,从而 $d(A_{i_1}) + d(A_{i_2}) + \cdots + d(A_{i_t})$ 中共有 t 项为 $d(x)$,故 x 对 $S = \sum\limits_{i=1}^{k} d(A_i)$ 的贡献为 $t \cdot d(x) = d(x)^2$,于是

$$S = \sum_{i=1}^{k} d(A_i) = \sum_{x, x \in X} d(x)^2. \quad ②$$

由式①②,利用 Cauchy 不等式,有

$$k[r + (k-1)t] = S = \sum_{x, x \in X} d(x)^2 \geqslant \frac{(\sum\limits_{x \in X} d(x))^2}{\sum\limits_{x \in X} 1}$$

$$= \frac{(\sum\limits_{i=1}^{k} |A_i|)^2}{|X|} = \frac{(kr)^2}{|X|}.$$

上式整理,得

$$|X| \geqslant \frac{kr^2}{r + (k-1)t}.$$

3. 构造集合元素关系表 $(x_{ij})_{7 \times 7}$,其中

$$x_{ij} = \begin{cases} 1 & (a_i \in A_j) \\ 0 & (a_i \notin A_j) \end{cases}, 1 \leqslant i \leqslant 7, 1 \leqslant j \leqslant 7.$$

不妨设表中第 i 行有 m_i 个 $1(1 \leqslant i \leqslant 7)$,则由关系式 Ⅰ 和 Ⅱ,我们有

$$\sum_{i=1}^{7} m_i = \sum_{j=1}^{7} |A_j| \geqslant 3 \times 7 = 21, \sum_{i=1}^{7} C_{m_i}^{2} = \sum_{1 \leqslant i < j \leqslant k} |A_i \cap A_j|.$$

又由题设条件:"M 中每一对元素恰属于唯一的同一个子集 A_j",有 $|A_i \cap A_j| \leqslant 1$. 否则, 存在 $|A_i \cap A_j| \geqslant 2$, 即有 $a \neq b \in A_i \cap A_j$, 即 a、b 既属于 A_i, 又属于 A_j, 矛盾. 所以

$$C_7^2 = \sum_{1 \leqslant i < j \leqslant 7} 1 \geqslant \sum_{1 \leqslant i < j \leqslant 7} |A_i \cap A_j| = \sum_{i=1}^{7} C_{m_i}^2$$

$$\geqslant \frac{(\sum_{i=1}^{7} m_i)^2}{2 \times 7} - \frac{\sum_{i=1}^{7} m_i}{2}.$$

因为 $f(x) = \dfrac{x^2}{7} - x = \dfrac{1}{7}(x - \dfrac{7}{2})^2 - \dfrac{7}{4}$ 在 $[21, +\infty)$ 上递增, 所以

$$21 = C_7^2 \geqslant \frac{(\sum_{i=1}^{7} m_i)^2}{2 \times 7} - \frac{\sum_{i=1}^{7} m_i}{2} \geqslant \frac{21^2}{14} - \frac{21}{2} = \frac{21 \times 3}{2} - \frac{21}{2} = 21.$$

所以不等式等号都成立, 故对任何 $1 \leqslant i < j \leqslant 7$, 有 $|A_i \cap A_j| = 1$.

4. 构造集合元素关系表 $(x_{ij})_{n \times n}$, 其中

$$x_{ij} = \begin{cases} 1 & (a_i \in A_j) \\ 0 & (a_i \notin A_j) \end{cases}, 1 \leqslant i \leqslant n, 1 \leqslant j \leqslant n.$$

不妨设表中第 i 行有 $m_i (1 \leqslant i \leqslant n)$ 个 1, 则由关系式 Ⅰ 和 Ⅱ, 我们有 $\sum_{i=1}^{n} m_i = \sum_{j=1}^{n} |A_j| = 2n$, $\sum_{i=1}^{n} C_{m_i}^2 = \sum_{1 \leqslant i < j \leqslant k} |A_i \cap A_j|$. 因为题中有 n 个元素对, 而一个元素对对应于一个"非空交": $P_i \cap P_j \neq \varnothing$, 这等价于 $|P_i \cap P_j| \neq 0$. 又 $|P_i| = 2(i = 1, 2, \cdots, n)$, 所以 $|P_i \cap P_j| \leqslant 1$, 结合 $P_i \cap P_j \neq \varnothing$, 有 $|P_i \cap P_j| = 1$. 所以, 一个元素对 (a_i, a_j) 对应于 $|P_i \cap P_j| = 1$, 又题中恰有 n 个元素对, 它等价于恰有 n 个"交"为单元集, 而其余"交"为空集, 于是 $\sum_{1 \leqslant i < j \leqslant n} |A_i \cap A_j| = n$.

所以

$$n = \sum_{1 \leqslant i < j \leqslant n} |A_i \cap A_j| = \sum_{i=1}^{17} C_{m_i}^2 \geqslant \frac{\sum_{i=1}^{n} m_i^2}{2n} - \frac{\sum_{i=1}^{n} m_i}{2}$$

$$= \frac{4n^2}{2n} - \frac{2n}{2} = n.$$

因为不等式等号成立,从而 $m_1 = m_2 = \cdots = m_n = 2$.

5. 由条件知,对 $i<j$,有 $|A_i| + |A_j| = 90$,$|A_i \bigcup A_j| = 89$,所以 $|A_i \bigcap A_j| = 1$. 考察 A_1 中元素在集合 $A_1, A_2, \cdots, A_{1987}$ 中出现的总次数 S,因为 $|A_1 \bigcap A_j| = 1 (j = 2, 3, \cdots, 1987)$,所以 A_1 中的元素在各 $A_j (j>1)$ 中共出现 1986 次;又 $|A_1| = 45$,A_1 中的元素在 A_1 中共出现 45 次,所以 $S = 1986 + 45 = 2031$,于是必有一个元素 a,使 a 在 $A_j (j = 1, 2, \cdots, 1987)$ 中出现的次数不少于 $\frac{2031}{45} > 45$,不妨设 a 在 $A_1, A_2, \cdots, A_{46}$ 中出现,凭直觉,a 应属于所有的子集 A_i,下面用反证法证明这一猜想.

反设存在 $A_j (47 \leqslant j \leqslant 1987)$,使 $a \notin A_j$,为避免混淆,记 $A_j = A$,为了找到 $|A_i \bigcap A_j| \geqslant 2$(导出矛盾),也即在关系表中找到一个矩形,注意到已存在长为 46 的线段(a 在 46 个子集 $A_1, A_2, \cdots, A_{46}$ 中出现),只需有一个元素 $b (b \neq a)$ 在子集 $A_1, A_2, \cdots, A_{46}$ 中出现两次,在哪里找 b?为了保证 b 与 a 互异($b \neq a$),这显然要利用"反设"中的集合 A,从而想到在 A 中找 b 即可保证 $b \neq a$(图 3.29).

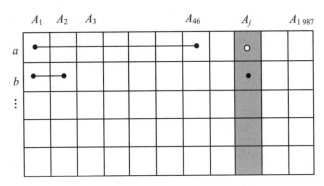

图 3.29

于是，估计 A 中元素在 $A_1, A_2, \cdots, A_{46}$ 中出现的总次数：因为 $|A_i \cap A| = 1 (i = 1, 2, \cdots, 46)$，即 A 中的元素在各子集 $A_1, A_2, \cdots, A_{46}$ 中至少出现 46 次，但 $|A| = 45$，从而至少有一个元素 $b \in A (b \neq a)$，且 b 在 $A_1, A_2, \cdots, A_{46}$ 中出现了两次，不妨设 $b \in A_1, b \in A_2$，则 $b \in A_1 \cap A_2$，又 $a \in A_1 \cap A_2, b \neq a$，所以 $|A_1 \cap A_2| \geqslant 2 > 1$，矛盾，由此可知，$a$ 是所有集合的公共元素．

故 $|A_1 \cup A_2 \cup \cdots \cup A_{1\,987}| = 1\,987 \times 44 + 1 = 87\,429$．

6. 计算第 k 天后 n 名选手得分之和 S．一方面，每天的得分为 $1 + 2 + 3 + \cdots + n$，所以 $S = k(1 + 2 + \cdots + n)$；另一方面，每个选手得 26 分，从而 $S = 26n$，所以 $k(n+1) = 52$，于是 $(n, k) = (51, 1), (25, 2), (12, 4), (3, 13)$．

但当 $(n, k) = (51, 1)$ 时，各选手的得分不互异，矛盾，故舍去，而由下面的数表可知（图 3.30），其他 3 种情况都是可能的．

	A_1	A_2	$\cdots$	A_{25}
1	1	2	$\cdots$	25
2	25	24	$\cdots$	1

	A_1	A_2	$\cdots$	A_{12}
1	1	2	$\cdots$	12
2	12	11	$\cdots$	1
3	1	2	$\cdots$	12
4	12	11	$\cdots$	1

	A_1	A_2	A_3
1	2	3	1
2	3	1	2
3	1	2	3
4	2	3	1
5	3	1	2
6	→		
7	←		
$\vdots$	$\vdots$	$\vdots$	$\vdots$
12	→		
13	←		

图 3.30

故 $(n, k) = (25, 2), (12, 4), (3, 13)$．

7. 首先构造合乎条件的子集 T，不妨设 $A = (0, 0, \cdots, 0) \in T$．若再取 $A' = (1, 1, \cdots, 1) \in T$，则已达到饱和（不能再增加元素），但此时的 T 不是最大的．实际上，去掉 A' 后可以加入更多的元素．注意到

3 集合元素关系表

对其他任何一个元素 B，由 $|A-B| \geq 5$，知 B 中至少有 5 个 1. 先考察恰有 5 个 1 的元素. 设 5 个 1 为前 5 个分量，得 $B = (1,1,1,1,1,0,0,0)$，再设 5 个 1 为后 5 个分量，得 $C = (0,0,0,1,1,1,1,1)$. 注意到 B、C 有两个公共的分量，即第 4、5 分量都是 1，于是 D 的第 4、5 分量都应为 0，以产生更多的距离. 又 D 中至少有 5 个 1，先考察 D 能否有 6 个 1，便得 $D = (1,1,1,0,0,1,1,1)$. 此时 $T = \{A,B,C,D\}$ 达到饱和. 猜想 $|T| \leq 4$. 下面证明这一猜想.

设 $T = \{A_1, A_2, \cdots, A_m\}$ 是一个合乎条件的集合，其中 $A_i = (a_{1i}, a_{2i}, \cdots, a_{8i})$，则 $|T| = m$. 令 $D = \sum_{1 \leq i < j \leq m} d(A_i, A_j)$，则

$$D = \sum_{1 \leq i < j \leq m} d(A_i, A_j) \geq \sum_{1 \leq i < j \leq m} 5 = 5C_m^2.$$

另一方面，

$$D = \sum_{1 \leq i < j \leq m} d(A_i, A_j) = \sum_{1 \leq i < j \leq m} \sum_{k=1}^{8} |a_{ki} - a_{kj}|$$

$$= \sum_{k=1}^{8} \sum_{1 \leq i < j \leq m} |a_{ki} - a_{kj}|.$$

构造集合元素关系表 $(x_{ij})_{n \times k}$，其中

$$x_{ij} = \begin{cases} 1 & (a_i \in A_j) \\ 0 & (a_i \notin A_j) \end{cases}, 1 \leq i \leq 8, 1 \leq j \leq m.$$

不妨设表中第 i 行有 r_i 个 $1(1 \leq i \leq 8)$. 对于表中的第 k 行，有 r_k 个 1，$m - r_k$ 个 0，它们对 D 的贡献为 $r_k(m - r_k) \leq \left(\frac{m}{2}\right)^2 = \frac{m^2}{4}$. 所以 $r_k(m - r_k) \leq \left[\frac{m^2}{4}\right]$. 即 $\sum_{1 \leq i < j \leq m} |a_{ki} - a_{kj}| \leq \left[\frac{m^2}{4}\right]$. 于是

$$5C_m^2 \leq D = \sum_{k=1}^{8} \sum_{1 \leq i < j \leq m} |a_{ki} - a_{kj}| \leq \sum_{k=1}^{8} \left[\frac{m^2}{4}\right] = 8\left[\frac{m^2}{4}\right]$$

$$\leq 8\left(\frac{m^2}{4}\right) = 2m^2.$$

所以 $m \leqslant 5$. 但 $m=5$ 时, $5C_m^2 \leqslant 8\left[\dfrac{m^2}{4}\right]$ 不成立, 所以 $m \leqslant 4$. 故 $|T|$ 的最大值为 4.

8. 用格点 (m,n) 表示比赛了 $m+n$ 局, 其中 A 胜 m 局, B 胜 n 局的那一时刻, 则问题转化为从 $(0,0)$ 走到 $(8,5)$, 且通过的点 (x,y) 满足 $|x-y|<3$ 的格径数. 显然, 格径位于以 $(0,0)$、$(2,0)$、$(6,4)$、$(8,5)$、$(3,5)$、$(0,2)$ 为顶点的多边形内部 (包括边界), 采用标数法即得合乎条件的格径数为 243, 其中每个格点处的标数为从 $(0,0)$ 出发到达该点的不同路径数 (图 3.31).

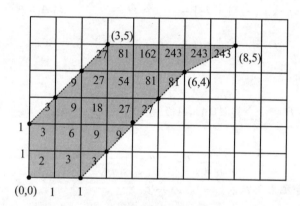

图 3.31

9. (1) f 的最大值为 1. 先证明 $f \leqslant 1$. 即

$$n\sum_{i=1}^{n}\left(\sum_{j=1}^{m}a_{ij}\right)^2 + m\sum_{j=1}^{m}\left(\sum_{i=1}^{n}a_{ij}\right)^2$$

$$\leqslant \left(\sum_{i=1}^{n}\sum_{j=1}^{m}a_{ij}\right)^2 + mn\sum_{i=1}^{n}\sum_{j=1}^{m}a_{ij}^2. \qquad ①$$

记

$$G = \left(\sum_{i=1}^{n}\sum_{j=1}^{m}a_{ij}\right)^2 + mn\sum_{i=1}^{n}\sum_{j=1}^{m}a_{ij}^2 - n\sum_{i=1}^{n}\left(\sum_{j=1}^{m}a_{ij}\right)^2$$

$$- m \sum_{j=1}^{m} \left(\sum_{i=1}^{n} a_{ij} \right)^2,$$

只需证明 $G \geqslant 0$. 将所有的 a_{ij} 排成一个 n 行 m 列的数表,使 a_{ij} 位于第 i 行第 j 列. 考虑数表中位置构成矩形的 4 个数 a_{pq}、a_{pr}、a_{sq}、a_{sr},并把它们叫作一个矩形数组,记作 $[psqr]$,其中 $1 \leqslant p < s \leqslant n$, $1 \leqslant q < r \leqslant m$. 记

$$G^* = \sum_{[psqr]} (a_{pq} + a_{sr} - a_{pr} - a_{sq})^2,$$

其中求和跑遍所有矩形数组 $[psqr]$. 下面证明: $G = G^*$.

首先,比较形如 a_{ij}^2 项的系数. 对确定的 i、j,易见 G 中 a_{ij}^2 项的系数为 $mn + 1 - m - n$,而在 G^* 中,因为以 a_{ij} 为一个顶点的矩形数组恰有 $(m-1)(n-1)$ 个,所以 G^* 中 a_{ij}^2 项的系数为 $(m-1)(n-1) = mn + 1 - m - n$,这说明 G 和 G^* 中 a_{ij}^2 项的系数相等. 其次,比较形如 $a_{ij}a_{ik}(j \neq k)$ 项的系数. G 中的系数为 $-2(n-1)$,而 G^* 中这种项对应的矩形数组 $[psqr]$ 中还有一个行标 s 有 $n-1$ 种选择,因此它在 G^* 中的系数也为 $-2(n-1)$,这表明 G 和 G^* 中形如 $a_{ij}a_{ik}(j \neq k)$ 项的系数相等. 进而,与上述类似,G 和 G^* 中形如 $a_{ik}a_{jk}(i \neq j)$ 项的系数都为 $-2(m-1)$. 最后,G 和 G^* 中形如 $a_{pq}a_{st}(p \neq s, q \neq t)$ 项的系数都为 2. 从而 $G = G^* \geqslant 0$,① 得证.

当所有 $a_{ij}(i=1,2,\cdots,n; j=1,2,\cdots,m)$ 均为 1 时,$f = 1$,所以 f 的最大值为 1.

(2) f 的最小值为

$$\frac{m+n}{mn + \min\{m,n\}}.$$

先证明

$$f \geqslant \frac{m+n}{mn + \min\{m,n\}}.$$

不妨设 $n \leqslant m$,这时只需证明

$$f \geq \frac{m+n}{mn+n}.$$

记

$$S = \frac{n^2(m+1)}{m+n}\sum_{i=1}^{n}r_i^2 + \frac{mn(m+1)}{m+n}\sum_{j=1}^{m}c_j^2$$

$$- \Big(\sum_{i=1}^{n}\sum_{j=1}^{m}a_{ij}\Big)^2 - mn\sum_{i=1}^{n}\sum_{j=1}^{m}a_{ij}^2,$$

其中 $r_i = \sum_{j=1}^{m}a_{ij}, i=1,2,\cdots,n; c_j = \sum_{i=1}^{n}a_{ij}, j=1,2,\cdots,m$. 我们只需证明 $S \geq 0$. 在拉格朗日恒等式

$$\Big(\sum_{i=1}^{n}a_i b_i\Big)^2 = \Big(\sum_{i=1}^{n}a_i^2\Big)\Big(\sum_{i=1}^{n}b_i^2\Big) - \sum_{1 \leq k < l \leq n}(a_k b_l - a_l b_k)^2$$

中,令 $a_i = r_i, b_i = 1, i=1,2,\cdots,n$,得

$$-\Big(\sum_{i=1}^{n}\sum_{j=1}^{m}a_{ij}\Big)^2 = -n\sum_{i=1}^{n}r_i^2 + \sum_{1 \leq k < l \leq n}(r_k - r_l)^2,$$

将它代入 S 的表达式,得

$$S = \frac{mn(n-1)}{m+n}\sum_{i=1}^{n}r_i^2 + \frac{mn(m+1)}{m+n}\sum_{j=1}^{m}c_j^2$$

$$- mn\sum_{i=1}^{n}\sum_{j=1}^{m}a_{ij}^2 + \sum_{1 \leq k < l \leq n}(r_k - r_l)^2.$$

因为 $mn = \frac{mn(n-1)}{m+n} + \frac{mn(m+1)}{m+n}$,上面的 S 可重写为

$$S = \frac{mn(n-1)}{m+n}\sum_{j=1}^{m}\sum_{i=1}^{n}a_{ij}(r_i - a_{ij})^2$$

$$+ \frac{mn(m+1)}{m+n}\sum_{j=1}^{m}\sum_{i=1}^{n}a_{ij}(c_j - a_{ij})^2 + \sum_{1 \leq k < l \leq n}(r_k - r_l)^2.$$

因为所有的 $a_{ij} \geq 0$,且 $r_i - a_{ij} \geq 0, c_j - a_{ij} \geq 0 (i=1,2,\cdots,n; j=1,2,\cdots,m)$,故由上式便知 $S \geq 0$. 当 $a_{11} = a_{22} = \cdots = a_{nn} = 1$,其他元素都取 0 时,$f = \frac{m+n}{mn+n}$,所以 f 的最小值为 $\frac{m+n}{mn+n}$. 同理,当 $n \geq m$

时, f 的最小值为 $\dfrac{m+n}{mn+m}$, 所以 f 的最小值为 $\dfrac{m+n}{mn+\min\{m,n\}}$.

10. 记符合条件的所有 n 元组的集合为 M, M 中 $x_n = n$ 的所有元素构成的子集合为 N, N 关于 M 的补集为 $\overline{N}$. 欲证 $|M| = 2|N|$ ($|X|$ 表示集合 X 的元素个数), 只需证 $|N| = |\overline{N}|$. 对每一个 $(x_1, x_2, \cdots, x_n) \in M$, 作一个 $n \times n$ 的数表 $A = (a_{ij})$, 满足

$$a_{ij} = \begin{cases} 1 & 若 j \leqslant x_i \\ 0 & 若 j > x_i \end{cases} \quad (1 \leqslant i, j \leqslant n).$$

则

$$x_i = \sum_{j=1}^{n} a_{ij}.$$

将 A 中所有数字 0 改写为 1, 而所有数字 1 改写为 0 后, 得到一个新数表 $B = (b_{ij})$. 显然 $b_{ij} = 1 - a_{ij} \in \{0,1\}$ ($1 \leqslant i, j \leqslant n$).

例如: 当 $d = 3$, $n = 9$, $(x_1, x_2, \cdots, x_9) = (0,1,1,2,3,4,6,7,9)$ 时,

$$A = \begin{bmatrix} 0 & 0 & 0 & 0 & 0 & 0 & 0 & 0 & 0 \\ 1 & 0 & 0 & 0 & 0 & 0 & 0 & 0 & 0 \\ 1 & 0 & 0 & 0 & 0 & 0 & 0 & 0 & 0 \\ 1 & 1 & 0 & 0 & 0 & 0 & 0 & 0 & 0 \\ 1 & 1 & 1 & 0 & 0 & 0 & 0 & 0 & 0 \\ 1 & 1 & 1 & 1 & 0 & 0 & 0 & 0 & 0 \\ 1 & 1 & 1 & 1 & 1 & 1 & 0 & 0 & 0 \\ 1 & 1 & 1 & 1 & 1 & 1 & 1 & 0 & 0 \\ 1 & 1 & 1 & 1 & 1 & 1 & 1 & 1 & 1 \end{bmatrix}$$

$$B = \begin{bmatrix} 1 & 1 & 1 & 1 & 1 & 1 & 1 & 1 & 1 \\ 0 & 1 & 1 & 1 & 1 & 1 & 1 & 1 & 1 \\ 0 & 1 & 1 & 1 & 1 & 1 & 1 & 1 & 1 \\ 0 & 0 & 1 & 1 & 1 & 1 & 1 & 1 & 1 \\ 0 & 0 & 0 & 1 & 1 & 1 & 1 & 1 & 1 \\ 0 & 0 & 0 & 0 & 1 & 1 & 1 & 1 & 1 \\ 0 & 0 & 0 & 0 & 0 & 0 & 1 & 1 & 1 \\ 0 & 0 & 0 & 0 & 0 & 0 & 0 & 1 & 1 \\ 0 & 0 & 0 & 0 & 0 & 0 & 0 & 0 & 0 \end{bmatrix}$$

实际上,A 的第 i 行的前 x_i 个数为 1,后面的全为 0;B 的第 i 列的前 y_i 个数为 1,后面的全为 0。即对每一个 i,有 $x_i = \sum_{j=1}^{n} a_{ij}$,且 $a_{i1} \geqslant a_{i2} \geqslant \cdots \geqslant a_{in}$;$y_j = \sum_{i=1}^{n} b_{ij}$,且 $b_{i1} \leqslant b_{i2} \leqslant \cdots \leqslant b_{in}$,由此得 $0 \leqslant y_1 \leqslant y_2 \leqslant \cdots \leqslant y_n \leqslant n$。因为将 A 与 B 重叠后,恰是一个全为数字 1 的 $n \times n$ 数表,所以 $\sum_{i=1}^{n} x_i + \sum_{j=1}^{n} y_j = n^2$。据已知条件 $d \mid n$,$d \mid \sum_{i=1}^{n} x_i$,所以有 $d \mid \sum_{j=1}^{n} y_j$。所以,$n$ 元组 $(y_1, y_2, \cdots, y_n)$ 也满足条件(1) 和(2),$(y_1, y_2, \cdots, y_n) \in M$。

定义映射 $f: M \to M$,使 $f(x_1, x_2, \cdots, x_n) = (y_1, y_2, \cdots, y_n)$。因为对每一个 $(x_1, x_2, \cdots, x_n) \in M$,能且只能作唯一的一个数表 A 及相应的 B,显然 A 与 B 是一对一的,所以 f 是 $M \to M$ 的一个一一映射。设经过映射 f,N 和 $\bar{N}$ 的像的集合分别为 N^* 和 $\bar{N}^*$,由于 f 是一一映射,有 $|N| = |N^*|$,$|\bar{N}| = |\bar{N}^*|$。一方面,对每一个 $(x_1, x_2, \cdots, x_n) \in N$,因为 $x_n = n$,所以 $a_{nj} = 1 (1 \leqslant j \leqslant n)$。从而 $b_{nj} = 0$,特别地,$b_{nn} = 0$,于是 $y_n = \sum_{i=1}^{n} b_{in} < n$。$(y_1, y_2, \cdots, y_n) \in \bar{N}$。所以 $N^* \subseteq \bar{N}$,

$|N|=|N^*|\leqslant|\bar{N}|$. 另一方面,对每一个 $(x_1,x_2,\cdots,x_n)\in\bar{N}$,因为 $x_n<n$,又据条件(1), $0\leqslant x_1\leqslant x_2\leqslant\cdots\leqslant x_n\leqslant n$,从而对 $i=1,2,\cdots,n$,均有 $x_i<n$. 从而 $a_{1n}=a_{2n}=\cdots=a_{nn}=0$,于是 $b_{1n}=b_{2n}=\cdots=b_{nn}=1$, $y_n=\sum_{i=1}^{n}b_{in}=n$, $(y_1,y_2,\cdots,y_n)\in N$. 所以 $\bar{N}\subseteq N^*$,$|\bar{N}|=|\bar{N}^*|\leqslant|N|$,故 $|N|=|\bar{N}|$.

值得一提的是,本书作者的学生邓煜给出了该题的一个完全"代数化"的证明,今介绍如下.

记

$$f(t,x)=\frac{1}{(1-t)(1-tx)\cdots(1-tx^n)}=\prod_{j=0}^{n}\sum_{k=0}^{\infty}t^k x^{kj},$$

容易知道,对任意的 $r\geqslant 0$,满足 $0\leqslant x_1\leqslant\cdots\leqslant x_n\leqslant n$,且 $x_1+\cdots+x_n=r$ 的 $(x_1,\cdots,x_n)$ 的组数等于 $f(t,x)$ 中 $t^n x^r$ 的系数(因为诸 x_i 中有 k 个为 j,对应于 f 展开式中 $t^k x^{kj}$ 那一项). 又因为

$$\sum_{l=0}^{d-1}\omega^{rl}=\begin{cases}d, & \text{当 } d\mid r\\ 0, & \text{否则}\end{cases} \quad (\text{这里 }\omega\text{ 是 }d\text{ 次本原单位根}).$$

因此,满足题设条件的 n 元数组的个数为 $g(t)=\frac{1}{d}\sum_{l=0}^{d-1}f(t,\omega^l)$ 中 t^n 的系数. 而如果 $x_n=n$,则相当于将题目条件中的 n 个数换成 $n-1$ 个数(因为 $d\mid n$),相应的个数为 $g(t)$ 中 t^{n-1} 的系数. 对任意复数 η,若 $\eta^d=1$,则可以取一个最小的正整数 q,使得 $\eta^q=1$. 则 $q\mid d$,故 $q\mid n$.

设 $n=sq$,则

$$f(t,\eta)=\frac{1}{(1-t)(1-t\eta)\cdots(1-t\eta^n)}$$

$$=\frac{1}{1-t}\left[\frac{1}{(1-t)(1-t\eta)\cdots(1-t\eta^{q-1})}\right]^s$$

$$=\frac{1}{1-t}\left(\frac{1}{1-t^q}\right)^s,$$

这是因为 $1, 2, \cdots, n$ 构成 mod q 的 s 个完系,且 $1, \eta, \cdots, \eta^{q-1}$ 恰好是全部 q 次单位根. 因此,$\prod_{j=0}^{q-1}(1 - t\eta^j) = 1 - t^q$,即 $f(t, \eta) = \left(\sum_{m=0}^{\infty} t^m\right)\left(\sum_{m=0}^{\infty} C_{m+s-1}^{s-1} t^{qm}\right)$,其中 $t^n = t^{qs}$ 的系数恰好为 $\sum_{m=0}^{s} C_{m+s-1}^{s-1} = C_{2s}^{s}$. 现在,若固定 q,则上述 η 的个数易知为 $\varphi(q)$. 再设 $d = kq, n = ud$,则 $s = uk$. 因此,所有 n 元数组的个数为 $\sum_{k|d} \varphi\left(\dfrac{d}{k}\right) C_{2uk}^{uk}$. 类似处理,知满足 $x_n = n$ 的个数为 $\sum_{k|d} \varphi\left(\dfrac{d}{k}\right) C_{2uk-1}^{uk}$,显然后者是前者的一半.

11. 设 11 个国家的代号为 $1, 2, \cdots, 11$,用 a_{ij} 表示第 j 国中年龄为 i 岁的人数 $(i = 7, 8, \cdots, 13; j = 1, 2, \cdots, 11)$. 记 i 岁的人数为 r_i,第 j 国的人数为 t_j,则 $\sum_{j=1}^{11} a_{ij} = r_i, \sum_{i=7}^{13} a_{ij} = t_j$.

解题目标:要证明存在若干个二元对 (i, j),满足 $r_i > t_j$ 且 $\sum_{r_i > t_j} a_{ij} \geqslant 5$. 从整体上估计 $S = \sum_{i=7}^{13} \sum_{j=1}^{11} a_{ij} \cdot \left(\dfrac{1}{t_j} - \dfrac{1}{r_i}\right)$,从中分离出 $\sum_{r_i > t_j} a_{ij}$.

一方面,
$$\sum_{i=7}^{13} \sum_{j=1}^{11} a_{ij} \cdot \left(\dfrac{1}{t_j} - \dfrac{1}{r_i}\right) = \sum_{i=7}^{13} \sum_{j=1}^{11} \dfrac{a_{ij}}{t_j} - \sum_{i=7}^{13} \sum_{j=1}^{11} \dfrac{a_{ij}}{r_i}$$

$$= \sum_{j=1}^{11} \dfrac{1}{t_j} \sum_{i=7}^{13} a_{ij} - \sum_{i=7}^{13} \dfrac{1}{r_i} \sum_{j=1}^{11} a_{ij}$$

$$= \sum_{j=1}^{11} \left(\dfrac{1}{t_j} \cdot t_j\right) - \sum_{i=7}^{13} \left(\dfrac{1}{r_i} \cdot r_i\right)$$

$$= \sum_{j=1}^{11} 1 - \sum_{i=7}^{13} 1 = 4;$$

另一方面,

$$\sum_{i=7}^{13}\sum_{j=1}^{11} a_{ij} \cdot \left(\frac{1}{t_j} - \frac{1}{r_i}\right) = \sum_{r_i > t_j} a_{ij}\left(\frac{1}{t_j} - \frac{1}{r_i}\right) \text{(为正和)}$$

$$+ \sum_{r_i \leqslant t_j} a_{ij}\left(\frac{1}{t_j} - \frac{1}{r_i}\right)$$

$$\leqslant \sum_{r_i > t_j} a_{ij}\left(\frac{1}{t_j} - \frac{1}{r_i}\right) \text{(构造目标)}$$

$$\leqslant \sum_{r_i > t_j} a_{ij} \cdot 1 = \sum_{r_i > t_j} a_{ij}.$$

所以,$\sum_{r_i > t_j} a_{ij} \geqslant \sum_{i=7}^{13}\sum_{j=1}^{11} a_{ij} \cdot \left(\frac{1}{t_j} - \frac{1}{r_i}\right) = 4.$ 由于 $\frac{1}{t_j} - \frac{1}{r_i} < 1$,将上式中 $a_{ij}\left(\frac{1}{t_j} - \frac{1}{r_i}\right)$ 看作是 a_{ij} 个 $\left(\frac{1}{t_j} - \frac{1}{r_i}\right)$ 的和,那么上式中至少有 5 个这样的和为正,从而有 5 个孩子合乎要求.

4 图论方法

图论是数学中一个相对独立的分支,它来源于下面一个生活中的有趣问题.

帕瑞格尔河从哥尼斯堡(俄罗斯的加里宁格勒,当时属于德国)城中穿过,河中有两个岛 A、B,河面上有 7 座桥联结这两个岛 A、B 及河的两岸 C、D(图 4.1). 试问:

(1) 一个旅行者能否通过每座桥恰好一次,使之既不重复,又不遗漏?

(2) 能否通过每座桥恰好一次,并且又回到原来的出发点?

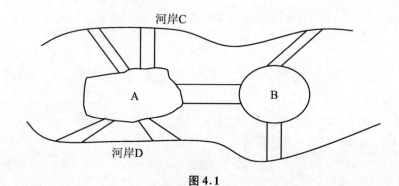

图 4.1

该问题被 18 世纪的大数学家欧拉(Euler)所解决,故称为欧拉问题.

4 图论方法

问题一经提出,就引起了人们的广泛兴趣,其中也有不少数学家试图解决这一问题,但都没有成功.欧拉后来也研究了这一问题,他从人们的失败中领悟到,也许那样的方案根本不存在.

1736 年,年方 29 岁的欧拉终于解决了这个问题,并在圣彼得堡科学院报告了自己的成果,随即在世界上产生了很大的反响.因为欧拉的成果不仅解决了一个难题,还标志着一个新的数学分支——图论的创立.他在论文中使用了如下全新的观点和方法.

用 A、B、C、D 四个点分别代表两个岛及河的两岸,如果其中的一座桥联结着其中的某两地,如 A、B,则在这两点 A、B 间连一条线,得到一个图(图 4.2).

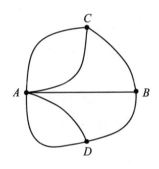

图 4.2

这里的"图"与普通的几何图形有着本质的区别,因为这样的"图"只关心某两点是否相连,至于连什么形式的线(直线或曲线)、连多长的线都不考虑,这就是图论中的图的原型.

伴随图论的产生,也就产生了一种新的探索问题解决的思考方法——借助图论中的图来思考:有些数学问题,表面上与图无关,但只要适当转化,便可化为图的问题来处理,从而使问题变得简单、直观.

本章介绍利用图处理数学问题的一些思考方法.

4.1 度分析

一个顶点 A 引出的边的条数,称为该顶点的度,记为 $d(A)$.

所谓度分析,就是考察图 G 中有关顶点引出的边的条数,由此找到解题途径.它通常包括四个方面:一是考察度最大或最小的点,由此打开解题的突破口;二是考察各点之间度的大小关系,导出有关结论;三是从某点的度出发,找到该点的邻域(与该点相邻的点的集合),或者考察某点必定与哪些点相连(可能是部分与该点相连的点),得到图的某种结构;四是讨论某个特殊顶点的度的所有可能取值,通过分类讨论,使问题获解.

例1 $n(n>3)$名乒乓球选手单打比赛若干场后,任意两个选手赛过的对手集都不相同.证明可以从中去掉一名选手,使剩下任意两个选手赛过的对手集仍不相同.(1987年全国高中数学联赛试题)

分析与证明 用 n 个点表示 n 名选手,当两个选手已比赛过时,对应的点连实边,否则连虚边,得到图 G.如果去掉顶点 A 后,余下的点任意两个的邻域互不相同,则称 A 是"可去点".

解题目标:证明至少有一个"可去点".题给的条件:任意两个点都不同邻域.由此直接找到"可去点"存在困难(不能判定哪个点为"可去点"),可用反证法:假设没有"可去点",由此导出矛盾.

如何推出矛盾?关键是如何利用"任意两个点都不同邻域".

先任取一个2点组,然后根据目标需要来优化假设.此外,还要考虑反证法中的"反设"增加了什么新条件,也就是说,要充分利用每个都不是"可去点"."A 不可去"是什么含义?——存在不同的两个点 B、C,当去掉 A 后,B、C 同邻域,但不去掉 A 时,B、C 不同邻域.

现在讨论点 A、B、C 具有的特征.首先,A、B、C 显然两两互异.其次,因为 B、C 在去掉 A 后同邻域,所以 B、C 不相连;又 A 未去掉

前 B、C 不同邻域,所以 B、C 中恰有一个点与 A 相连,不妨设 B 与 A 相邻,C 不与 A 相连.

由此可见(总结规律),对任何点 A(因为它不可去),都存在这样的两点 B、C,同时满足以下条件:

(1) B 与 A 相邻,C 不与 A 相连;

(2) B、C 不相连;

(3) $d(B) = d(C) + 1$.

从图形上看,对任何点 A,都存在一个三角形 ABC,其中有两条虚边,一条实边,A 是实边的顶点(图 4.3).

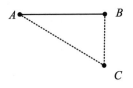

图 4.3

同理,由 B 也可得到一个这样的三角形,但 B 已在三角形 ABC 中(B 为实边的顶点).

再由 C 不可去,C 也在一个这样的三角形中,不妨设这个三角形为 CDE,其中 CD 为实边,CE、DE 为虚边(图 4.4).

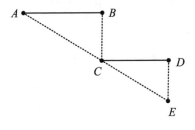

图 4.4

去 A 后 B、C 同邻域,而 D、C 相邻,于是有边 DB.

去 C 后 D、E 同邻域,而 D、B 相邻,于是有边 EB(图 4.5).

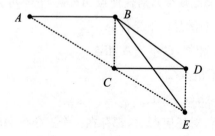

图 4.5

由此可见,B、E 相邻,而 C、E 不相邻,若 $A \neq E$,则与"去 A 后 B、C 不同邻域"矛盾,故 A 与 E 重合.

优化假设:适当选取点 A,使得图 4.5 中存在矛盾,设 A 是使得 $d(A)$ 最大的点,则

$$d(A) = d(E) = d(D) - 1 < d(D),$$

与 $d(A)$ 最大性矛盾.

综上所述,命题获证.

例 2 给定正整数 n、$r(2 \leqslant r \leqslant n)$,有 n 个人参加聚会,大家相互握手问候.已知任何 r 个人中都有 2 个人,他们之间没有握手.试问:其中握手次数最少的人至多握了多少次手?(原创题)

分析与解 本题等价于:若 n 阶简单图 G 中不含 K_r,求 G 中点的最小度的最大值.

设 G 中点的最小度为 d,我们证明 $d_{\max} = \left[\dfrac{n(r-2)}{r-1} \right]$.

一方面,考察图 $K_{q,q,\cdots,q,q+1,q+1,\cdots,q+1}$,它是由 n 个顶点构成的具有下述性质的 $r-1$ 部分完全图:n 个顶点分为 $r-1$ 个部分,每个部分之间的点的数目至多相差 1.

具体地说,设 $n = q(r-1) + t(0 \leqslant t < r-1)$,$r-1$ 个部分为

$A_1, A_2, \cdots, A_{r-1}$,则各部分点的个数分别为:$|A_1| = |A_2| = \cdots = |A_{r-1-t}| = q, |A_{r-t}| = |A_{r-t+1}| = \cdots = |A_{r-1}| = q+1$,且同一部分中的点互不相邻,不同部分中的任何两个点都相邻.

首先,$K_{q,q,\cdots,q,q+1,q+1,\cdots,q+1}$ 中显然不含 K_r.

其次,因为 $K_{q,q,\cdots,q,q+1,q+1,\cdots,q+1}$ 中每个部分中的点都与其他部分的点相邻,所以当 $n = q(r-1) + t (0 < t < r-1)$ 时,每个部分中的点最多与它所在部分的 $q+1$ 个点不相邻,从而 $d = n - q - 1$. 因为 $q = \dfrac{n-t}{r-1}$,所以

$$n - q - 1 = n - \dfrac{n-t}{r-1} - 1 = \dfrac{n(r-2) + t - (r-1)}{r-1}.$$

又 $0 < t < r-1$,所以

$$\dfrac{n(r-2)}{r-1} - 1 < n - q - 1 < \dfrac{n(r-2)}{r-1},$$

所以

$$d = n - q - 1 = \left[\dfrac{n(r-2)}{r-1}\right].$$

当 $n = q(r-1)$ 时,每个部分中的点最多与它所在部分的 q 个点不相邻,从而 $d = n - q$. 因为 $q = \dfrac{n}{r-1}$,所以

$$d = n - q = n - \dfrac{n}{r-1} = \dfrac{n(r-2)}{r-1} = \left[\dfrac{n(r-2)}{r-1}\right].$$

所以,不论哪种情况,在图 $K_{q,q,\cdots,q,q+1,q+1,\cdots,q+1}$ 中,都有 $d = \left[\dfrac{n(r-2)}{r-1}\right]$.

下面我们证明,对任何不含 K_r 的 n 阶图 G,都有 $d \leqslant \dfrac{n(r-2)}{r-1}$.

用反证法,设有某个不含 K_r 的 n 阶图 G,使 $d > \dfrac{n(r-2)}{r-1}$,取 G 中一个最大(点数最多)的完全图 $K_t (t \geqslant 2)$.

因为 G 中不含 K_r，所以 $t \leq r-1$. 设 K_t 的顶点的集合为 $P = \{A_1, A_2, \cdots, A_t\}$，$G$ 的不属于 P 的顶点的集合为 Q. 因为 $d(A_i) \geq d(1 \leq i \leq t)$，所以 A_i 至少与 Q 中 $d-t+1$ 个点相邻，即 Q 中至多有 $n-t-(d-t+1) = n-d-1$ 个点与 A_i 不相邻. 于是，与 $A_1, A_2, \cdots, A_t$ 中至少一个不相邻的点的个数不多于 $t(n-d-1)$. 这样，与 $A_1, A_2, \cdots, A_t$ 都相邻的点的个数为
$$x \geq n - t - t(n-d-1) = t(d-n) + n.$$
因为 $d < n, t \leq r-1$，所以
$$x \geq t(d-n) + n \geq (r-1)(d-n) + n = (r-1)d - (r-2)n.$$
又 $d > \dfrac{n(r-2)}{r-1}$，所以 $x \geq (r-1)d - (r-2)n > 0$，于是 Q 中至少有一个点与 $A_1, A_2, \cdots, A_t$ 都相邻，这与 K_t 的"最大性"矛盾.

所以，$d \leq \dfrac{n(r-2)}{r-1}$，从而 $d \leq \left[\dfrac{n(r-2)}{r-1}\right]$.

综上所述，$d_{\max} = \left[\dfrac{n(r-2)}{r-1}\right]$.

例3 某歌舞团有 $n(n > 3)$ 名演员，他们编排了一些节目，每个节目都由 3 个演员同台表演. 在一次演出中，他们发现：能适当安排若干个节目，使团中每 2 个演员都恰有一次同台表演的机会，求 n 的最小值.（原创题）

分析与解 用 n 个点表示 n 个演员，若某 2 个演员有一次同台表演的机会则将对应的点连边，则本题的条件等价于：能将 n 阶完全图 K_n 分割为若干个 3 阶完全图 K_3，使每一条边都恰属于一个 K_3.

显然，$C_3^2 | C_n^2$，即 $6 | n(n-1)$，所以 $3 | n$ 或 $3 | n-1$.

其次，考察含点 A（以为顶点）的边，共有 $n-1$ 条，每条边都恰属于一个 K_3，从而共有 $n-1$ 个含点 A（以为顶点）的 K_3.

但每个含点 A 的 K_3 都有两条含点 A 的边，从而每个 K_3 都被计算两次，于是，$2 | n-1$，所以 n 为奇数.

4 图论方法

由上可知，$3 \mid n$（n 为奇数）或 $6 \mid n-1$，即 $n=6k+3$ 或 $6k+1$（$k \in \mathbf{N}_+$），于是 $n \geqslant 7$。

当 $n=7$ 时，将 7 个点用 $0,1,2,3,4,5,6$ 表示，对 $m=0,1,2,3,4,5,6,7$，令 m、$m+1$、$m+3$ 组成一个 K_3（其中的数按模 7 理解），它相当于将 0、1、3 构成的 K_3 依次旋转 6 次，则 7 个 K_3 是合乎条件的分割。

综上所述，n 的最小值为 7。

例 4 有 n 个人在某个节日期间互通电话问候，已知其中每个人至多打通了 3 个朋友家的电话，对任何 2 个人，其中至多一人打通了另一个人家里的电话，且任何 3 个人中至少有 2 人，其中一人打通了另一个人家里的电话，求 n 的最大值。（原创题）

分析与解 本题有明显的图论色彩：打电话、未打电话分别对应于连边、不连边。于是，用 n 个点表示 n 个人，如果一个人 A 打通了另一个人 B 家里的电话，则连一条从 A 到 B 的有向边，得到一个简单的有向图 G。

由条件"任何 3 个人中至少有 2 人，其中一人打通了另一个人家里的电话"可知，任何 3 个点中至少有 2 个点连边，从"补集"考虑，即图中不存在虚边三角形，也就是图 G 的补图 $\bar{G}$ 中无三角形。由此可见，我们要用到图中不存在三角形的一个结论，即下面的引理。

引理 n 阶简单图 G 中不存在 K_3，则 $\|G\|$ 的最大值为 $\left[\dfrac{n^2}{4}\right]$。

该引理通常是用抽屉原理证明的，我们利用极端假设——度最大的点，可得到一个简单证法。

设 A 是各顶点中度最大的点，设与 A 相邻的点的集合为 $M=\{A_1,A_2,\cdots,A_r\}$，与 A 不相邻的点的集合为 $N=\{B_1,B_2,\cdots,B_s\}$（$r+s=n-1$），由于 G 中无三角形，从而 M 中没有边。于是，G 的所有边都是由顶点 $B_1,B_2,\cdots,B_s$ 和 A 引出的（图 4.6），于是

$$\|G\| \leqslant d(A) + d(B_1) + d(B_2) + \cdots + d(B_s)$$
$$\leqslant r + r + \cdots + r = (s+1)r \leqslant \left(\frac{s+r+1}{2}\right)^2$$
$$= \frac{n^2}{4}(r+s = n-1),$$

又 $\|G\| \in \mathbf{Z}$,所以 $\|G\| \leqslant \left[\dfrac{n^2}{4}\right]$.

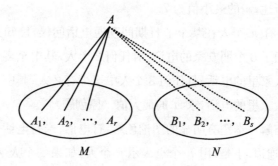

图 4.6

另一方面,$\|G\| = \left[\dfrac{n^2}{4}\right]$ 是可能的,取 G 为 $K_{\left[\frac{n+1}{2}\right],\left[\frac{n}{2}\right]}$ 则 G 有 $\left[\dfrac{n+1}{2}\right] \cdot \left[\dfrac{n}{2}\right] = \left[\dfrac{n^2}{4}\right]$ 条边,且无三角形,故 $\|G\|_{\max} = \left[\dfrac{n^2}{4}\right]$.

解答原题 由引理,我们有
$$\|G\| = C_n^2 - \|\overline{G}\| \geqslant C_n^2 - \left[\dfrac{n^2}{4}\right] = \left[\dfrac{(n-1)^2}{4}\right].$$

另一方面,因为每个人至多打通了 3 个朋友家的电话,即 $d^+(x_i) \leqslant 3$,所以
$$\|G\| = \sum_{i=1}^{n} d^+(x_i) \leqslant \sum_{i=1}^{n} 3 = 3n,$$

所以
$$\left[\dfrac{(n-1)^2}{4}\right] \leqslant 3n. \qquad ①$$

4 图论方法

当 n 为奇数时,式①变为 $\dfrac{(n-1)^2}{4} \leqslant 3n$,所以 $n^2 - 14n + 1 \leqslant 0$,此时不要直接解此不等式,而要先采用放缩变形,将其转化为整根不等式:

$$n^2 - 14n \leqslant -1 < 0,$$

解得 $n < 14$,即 $n \leqslant 13$.

当 n 为偶数时,式①变为 $\dfrac{n^2-2n}{4} \leqslant 3n$,解得 $n \leqslant 14$.

所以,恒有 $n \leqslant 14$.

下面构造一个 $n=14$ 个人通话的例子. 先满足第一个条件——"任何 3 个人中至少有 2 人,其中一人打通了另一个人家里的电话",为此,我们创造一个充分条件——将所有人分成两个集合 P、Q,令同一个集合中的每 2 个人都通了电话(完全图 K_7),这样,由抽屉原理知,任取 3 个人,必有 2 个人在同一个集合中,从而合乎要求.

再满足第二个条件——"每个人至多打通了 3 个朋友家的电话". 为了保证两个条件容易同时成立,可想象每个人都恰打通了 3 个朋友家的电话来实施构造. 在这一假设下,同一个集合中的点是"对称"的,从而可采用循环对称构造:构造两个完全相同的 K_7,对每一个 $K_7 : A_1 A_2 \cdots A_7$,令 A_i 指向 $A_{i+1}, A_{i+2}, A_{i+3}(i=1,2,\cdots,7)$(旋转式对称构造),则每个点都恰有 3 条出边(图 4.7),此时,对任何 3 个点,必有两个点在同一个 K_7 中,这两个点中一个点对应的人打通了另一个点对应的人家里的电话.

综上所述,n 的最大值为 14.

例 5 有 $2n(n>1)$ 个人进行乒乓球单打比赛,每个人至少比 n 场. 求证:其中存在 4 个人 A、B、C、D,使得 A 与 B 已比赛,B 与 C 已比赛,C 与 D 已比赛,D 与 A 已比赛.

分析与证明 用点表示人,当且仅当两个人已比赛,其对应的点连边,得到一个简单图 G. 问题等价于 $2n(n>1)$ 阶简单图 G 中,每

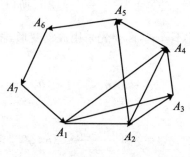

图 4.7

个顶点的度至少是 n,我们要证明 G 中存在长为 4 的圈 C_4.

采用这样的策略:先找一个角 $\angle PAQ$(共点边),然后在非顶点的端点 P、Q 处找同时与其相连的点,即 P、Q 的邻域有公共点,即证明:

$$|D(P) \cap D(Q)| \geq 1.$$

任取一个点 x,它至少引出 n 条边,令

$$A = \{a \mid a\text{ 与 }x\text{ 相邻}\}, B = \{b \mid b\text{ 与 }x\text{ 不相邻}\},$$

我们只需找到 A 中两个点 a_1、a_2,使它们与同一个点相邻.

这个点在哪里找?考察 A 中的点,它至少引出 n 条边,但除连 x 外,可以向 B 引 $n-1$ 条边,从而不一定与 a_1、a_2 都连边,于是只能在 B 中找.

这有如下两个问题需要解决:

① B 中有点吗? ② B 中点一定与 A 中两个点 a_1、a_2 相连吗?

对于问题①,自然想到优化假设,令最先取的点 x 满足:$d(x) < 2n-1$.但这样的点 x 未必存在,分类讨论即可.

对于问题②,这是很容易解决的,因为 $|B| \leq n-1$,所以 B 中的点至多在 B 中连 $n-2$ 条边,从而至少向 A 中两个点连边.

若对所有点 x,有 $d(x) = 2n-1$,则 G 是完全图,结论显然成立.

若存在点 x,使 $d(x)<2n-1$,令 $A=\{a|a$ 与 x 相邻$\}$,$B=\{b|$ b 与 x 不相邻$\}$,则由 $d(x)<2n-1$ 知,B 非空,任取 $b\in B$ (图 4.8),我们只需证明 b 与 A 中两个点 a_1、a_2 相邻.

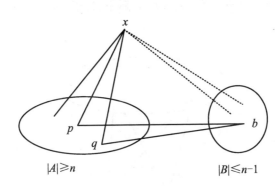

图 4.8

由题意,$|A|\geq n$,所以 $1\leq|B|\leq n-1$.

由于 $d(b)\geq n$,而 b 在 B 中的度不大于 $n-2$,所以 b 必与 A 中的两个点 a_1、a_2 相邻,得到 C_4.

综上所述,命题获证.

我们也可采用这样的策略:先找两个点 A、B,使 A、B 出发的角对接,即与 A、B 相邻的点集合 $D(x)$、$D(y)$ 有 2 个公共点,即证明 $|D(x)\cap D(y)|\geq 2$.实际上,任取点 x、y,因为 $d(x)\geq n$,$d(y)\geq n$,所以 $d(x)+d(y)\geq 2n$,但无法证得 $|D(x)\cap D(y)|\geq 2$,是因为 x 可能属于 $D(y)$.

为了使 x 不属于 $D(y)$,可假定 x、y 不相邻(否则为 K_{2n},结论显然成立).这样,x、y 所引出的 $2n$ 条边都是与其余 $2n-2$ 个点连的边,而 $2n=(2n-2)+2$,由抽屉原理知,x、y 必有 2 个公共的邻点 ($|D(x)\cap D(y)|\geq 2$).

若任何两个点都相邻,则 G 为 K_{2n},结论显然成立.

若存在两个点 x、y 不相邻,其余 $n-2$ 个点的集合为 P,因为

$d(x) \geqslant n, d(y) \geqslant n$,所以 $d(x)+d(y) \geqslant 2n$,即$\{x,y\}$与P之间至少连$2n$条边(图 4.9).

又每个点至多向$\{x,y\}$引出两条边,由抽屉原理,必存在两个点 a、b,使 a 与 x、y 都相邻,b 与 x、y 都相邻. 于是,a、x、b、y、a 为一个 C_4.

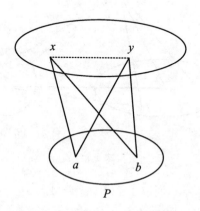

图 4.9

例 6 给定正整数 m、n,求最小的正整数 r,使得在任意 r 个人中,要么存在 $2m$ 个人,可以将他们分成 m 组,每组中两个人互相认识;要么存在 $2n$ 个人,可以将他们分成 n 组,每组中两个人互相不认识.(第 15 届亚太地区数学奥林匹克试题)

分析与解 用 r 个点表示 r 个人,如果两个人认识,则对应点之间连红边,否则连蓝边,得到一个二色完全图 K_r.

从构造入手,构造尽可能多的点,使最多有 $m-1$ 条独立的红边(任何两条红边没有公共端点),最多有 $n-1$ 条独立的蓝边(任何两条蓝边没有公共端点).

想象所有红边构成一个红色完全子图,则红色完全子图至多可以有 $2m-1$ 个点(否则有 m 条独立红边),图中其他的边都是蓝边,则 K_{2m-1} 外的其他点至多有 $n-1$ 个,否则每个这样的点可能与

K_{2m-1} 中的一个点连一条蓝边,得到至少 n 条蓝边.

由此可见,可以构造 $2m-1+n-1=2m+n-2$ 个点,使最多有 $m-1$ 条独立的红边,最多有 $n-1$ 条独立的蓝边.

由对称性,也可以构造 $2n+m-2$ 个点,使最多有 $m-1$ 条独立的红边,最多有 $n-1$ 条独立的蓝边.

于是,记 $M=\max\{m,n\}, N=\min\{m,n\}$,则可以构造 $2M+N-2$ 个点,使最多有 $m-1$ 条独立的红边,最多有 $n-1$ 条独立的蓝边,所以 $r \geqslant 2M+N-1$.

下面证明,当 $r=2M+N-1$ 时,任何 2 色 K_r,要么存在 m 条独立的红边,要么存在 n 条独立的蓝边.

如果对 $m+n$ 归纳,去掉一个点,无法确定谁为 M、谁为 N.

如果对 M 归纳,应去掉 2 个点才能得到 $2(M-1)+N-1$ 个点,此外,当构造 $M-1$ 时,未必有 $M-1 \geqslant n$.

所以,只能对 N 归纳.

当 $N=1$ 时,$r=2M$,此时,若 $m=1$,则当存在红边时,有 m 条独立的红边;若所有边都是蓝边,则有 n 条独立的蓝边.若 $n=1$,则当存在蓝边时,有 n 条独立的蓝边;若所有边都是红边,则有 m 条独立的红边.结论成立.

设 $N=k$ 时结论成立.当 $N=k+1$ 时,由对称性,设 $m \geqslant n$,则 $n=N=k+1, m=M$,此时 $r=2M+N-1=2m+k$.

对任意 K_{2m+k},取定其中一个点 P,考察 P 以外的 $2m+k-1$ 个点构成的 $K_{2m+k-1}=G_0$,因为 $m \geqslant n=k+1$,所以 $m>k$,取 $m_0=m, n_0=k$,则 $M_0=m, N_0=k$,由归纳假设,这 $2m+k-1=2M_0+N_0-1$ 个点构成的 K_{2m+i-1} 中,要么存在 $m_0=m$ 条独立的红边,要么存在 $n_0=k$ 条独立的蓝边.

如果前者发生,则 K_{2m+k} 中存在 m 条独立的红边,结论成立.

如果后者发生,记 k 条独立的蓝边为 $A_iB_i (i=1,2,\cdots,k)$,这 k

条独立的蓝边构成的图记为 G_1.

考察 G_1 外的 $2m+k-2k=2m-k$ 个点,如果有 2 点连蓝边(找充分条件),则得到 $k+1$ 条蓝边,结论成立. 现设 G_1 外的所有点两两连红边,则得到红色的 $K_{2m-k}=G_2$.

对任意一条蓝边 A_iB_i,如果 G_2 中存在 2 个点 U、V,使 U、V 都与蓝边 A_iB_i 构成蓝色三角形(找充分条件),则去掉蓝边 A_iB_i,添加蓝边 A_iU、B_iV,得到 $k+1$ 条蓝边,结论成立.

下设对每一条蓝边 A_iB_i,都在 G_2 中存在 1 个点 U_i,使 U_i 与 A_i、B_i 之一连红边,注意到 $i=1,2,\cdots,k$,从而得到 k 条独立的红边.

在 G_2 中去掉这 k 条红边关联的 k 个点,得到一个红色的 K_{2m-2k},其中有 $m-k$ 条独立的红边,连同前面 k 条独立的红边,共有 m 条独立的红边,结论成立.

例 7 n 个选手参加一次体育比赛,每两个人比赛一次,没有平局,如果某个选手胜或间接胜其他所有选手,则称为优秀选手,求证:若 A 不是优秀选手,则存在优秀选手 B,使 A 未胜 B,也未间接胜 B.

分析与证明 没有平局的比赛很容易转化为图论中的竞赛图. 实际上,用 n 个点表示 n 个选手,如果选手 A 战胜了选手 B,则连一条由 A 指向 B 的有向边,得到 n 阶完全竞赛图 G.

这样,我们的目标变为,寻找优顶点 B,使 A 未战优且未间接战优 B. 而题给的条件是,A 不是优顶点.

这自然想到竞赛图 G 的性质:G 中必有优顶点. 可采用逼近的策略:先使 B 满足部分条件(A 未战优且未间接战优 B),然后取极端使 B 满足另一个条件(B 是优顶点).

因为 A 不是优顶点,所以存在选手 B,使 A 未战优且未间接战优 B. 对于所有这样的选手 B,设他们构成的集合为 G'. 考察 G' 中所有选手间的比赛,必存在一个 G' 中(局部)的优顶点 B'(图 4.10). 我们证明, B' 即是整体的优顶点.

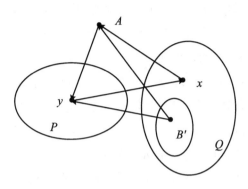

图 4.10

令 $P=\{x\mid A\text{战优}x\}$, $Q=\{y\mid y\text{战优}A\}$, 显然, $G'\subseteq Q$.

对 G 中任何选手 x,若 $x=A$,则 B' 战优 x;若 $x\in P$,则 B' 战优 x,是因为 B' 未被 A 间接战优 x;若 $x\in G'$,则因为 B' 是 G' 中的优顶点,所以 B' 战优或间接战优 x;若 $x\in Q\setminus G'$,则 x 被 A 间接战优,于是存在 $y\in P$,使 y 战优 x,因而 B' 战优 y, y 战优 x,所以 B' 间接战优 x,故 B' 是整体的优顶点,证毕.

例 8 一次体育比赛共设有 $2n$($n\geqslant 2$)个项目,每个选手恰好报名参加其中的两个项目,而任两个人都至多有一个相同的项目,假定对于每个 $k\in\{1,2,\cdots,n-1\}$,不超过 k 人报名的项目少于 k 个.

求证:存在 $2n$ 个选手,使得每个项目都恰好有其中的两人参加. (原创题)

分析与证明 用 $2n$ 个点表示这 $2n$ 个项目,若其中某两个项目被同一人选报,则令相应的两点相邻(一条边表示一个选手),于是得到 $2n$ 阶简单图 G,只要证明图 G 含有哈密尔顿圈(经过图 G 每个顶点的圈).

依题意,图 G 满足"性质 P":对任何 $k\in\{1,2,\cdots,n-1\}$,度数

不大于 k 的顶点至多有 $k-1$ 个. 这等价于：对任何 $k \in \{1,2,\cdots, n-1\}$，任意 k 个点中必定有一个点 u，使 $d(u) \geqslant k+1$.

反证法：若图 G 中不含哈密尔顿圈，则 G_0 是具有性质 P 且不含哈密尔顿圈的图中边数最多的（第一次极端，使 G_0 具有"任何不相邻点都有哈氏路"，从而推出性质 Q）.

令 $S = \{x \in G_0 \mid d(x) \leqslant n-1\}$，$T = \{y \in G_0 \mid d(y) \geqslant n\}$，我们先证明，$T$ 中任何 2 个点都相邻（称为性质 Q）.

实际上，假定存在 u、$v \in T$，使 u、v 不相邻，由 G_0 的最大性，存在以 u、v 为端点的一条哈密尔顿路 $v_1 v_2 \cdots v_{2n}$，其中 $v_1 = u$，$v_{2n} = v$，设 $d(u) = m(m \geqslant n)$，与 u 相邻的 m 个点为 $v_{i_1}, v_{i_2}, \cdots, v_{i_m}$，由于 G_0 中无哈密尔顿圈，所以对任何 $k=1,2,\cdots,m$，v_{2n} 与 v_{i_k-1} 不相邻（否则有哈密尔顿圈：$v_1 v_2 \cdots v_{i_k-1} v_{2n} v_{2n-1} \cdots v_{i_k}$，矛盾），于是至少有 m 个点与 v_{2n} 不相邻，所以 $d(v_{2n}) \leqslant 2n-1-m \leqslant 2n-1-n = n-1$，与 $v_{2n} = v \in T$ 矛盾.

下面，我们立足于在 T 中找 2 个点 x、y 不相邻来导出矛盾，先退一步：找 2 个点不相邻，其中有一个点在 T 中，一个点在 S 中.

S 中有点吗？由于 G_0 不是完全图，至少有 2 个点不相邻，由性质 Q，这 2 个点中至少有一个在 S 中，从而 S 非空，在 S 中任取一个点 u（以后优化），设 $d(u) = m(m \leqslant n-1)$.

下面利用 u 来找 T 中的 x，使 x 与 u 不相邻.

由性质 P 可知，$|S| \leqslant n-2$，于是 $|T| \geqslant n+2 > n-1 \geqslant m = d(u)$，从而 T 中至少有一个点 x 与 u 不相邻（由 G_0 的最大性得到哈密尔顿路，可以从中寻找与 x 不相邻的 y）.

由 G_0 的最大性，存在以 u、x 为端点的一条哈密尔顿路 $v_1 v_2 \cdots v_{2n}$，其中 $v_1 = u$，$v_{2n} = x$，设与 u 相邻的 m 个点为 $v_{i_1}, v_{i_2}, \cdots, v_{i_m}$. 由于 G_0 中无哈密尔顿圈，故对任何 $k=1,2,\cdots,m$，v_{2n} 与 v_{i_k-1} 不相邻（否则有哈密尔顿圈：$v_1 v_2 \cdots v_{i_k-1} v_{2n} v_{2n-1} \cdots v_{i_k}$，矛盾）.

考察 m 个点 $v_{i_k-1}(k=1,2,\cdots,m)$，由性质 P，其中必有一个点 v_{i_k-1}（记为 y），使 $d(y)\geqslant m+1$.

为了使 $y\notin S$，只需优化假设：设 u 是 S 中度最大者，由 $d(y)\geqslant m+1>d(u)$ 知，$y\notin S$，即 $y\in T$，所以 x、$y\in T$，但 x、y 不相邻，与性质 Q 矛盾.

故原假设不真，因此图 G 中有哈密尔顿圈，即本题的结论成立.

例9 设 m、n 是两个不同的自然数，现要把 mn 粒糖分成若干包，使得这些糖包既可以分成 m 堆，每堆 n 粒糖，又可以分成 n 堆，每堆 m 粒糖. 求合乎条件的分法中糖的包数的最小值.

分析与解 设分成的 m 堆分别为 $A_1,A_2,\cdots,A_m$，每堆 n 粒糖；设分成的 n 堆分别为 $B_1,B_2,\cdots,B_n$，每堆 m 粒糖.

将 A_i、$B_j(i=1,2,\cdots,m;j=1,2,\cdots,n)$ 视为平面上的 $m+n$ 个点，令 $P=\{A_1,A_2,\cdots,A_m\}$，$Q=\{B_1,B_2,\cdots,B_n\}$，若 A_i 与 B_j 中有公共的包，则将 A_i 与 B_j 用边相连，得到一个 $m+n$ 阶的二部分图 $G=(P,Q,E)$.

对于每一个糖包，它恰在 $A_1,A_2,\cdots,A_m$ 的一个中出现，也恰在 $B_1,B_2,\cdots,B_n$ 的一个中出现，故每个包恰对应一条边.

反之，每一条边，它至少对应一个糖包，且不同的边对应的糖包不同，所以糖的包数 $\geqslant$ 边的条数.

下面求边数的最小值.

设 $(m,n)=d$，$m=dm_1$，$n=dn_1$. 首先取一个含点最多的连通子图 P_1，由于 P_1 的点数最多，所以 P_1 中的点不与 P_1 以外的任何点相连. 再在除 P_1 的点外的其他点中取一个点数最多的连通子图 P_2. 如此下去，可将 G 分成 $P_1,P_2,\cdots,P_k$ 这 k 个两两无边相连的连通子图.

设 P_i 有 $A_1,A_2,\cdots,A_m$ 中的 a_i 个点，有 $B_1,B_2,\cdots,B_n$ 中的 b_i 个点. 考察 P_1，由于 $|P_1|\geqslant 1$，所以 a_1、b_1 不同为 0，不妨设 $a_1\neq 0$，则有

点 $A_s \in P_1$.

由于 A_s 中任一糖包必在 $B_1, B_2, \cdots, B_n$ 的一个中出现，故 A_s 至少引出一条边，设为 $A_s B_t$，则 $B_t \in P_1$. 所以 $b_1 \neq 0$，从而 a_1、b_1 都不为 0, $na_1 = mb_1$，即 $dn_1 a_1 = dm_1 b_1$，所以 $n_1 | b_1 m_1$，但 $(m_1, n_1) = 1$，所以 $n_1 | b_1$，于是 $b_1 \geq n_1$.

同样，$a_1 \geq m_1$. 所以，$|P_1| = a_1 + b_1 \geq m_1 + n_1$.

去掉 P_1 中的点及其关联的边，由于 P_2 中的点不与 P_1 中的点连边，再考察 P_2，类似有 $|P_2| \geq m_1 + n_1$.

如此下去，有 $|P_k| \geq m_1 + n_1$.

所以，$m + n = \sum_{i=1}^{k} |P_i| \geq k(m_1 + n_1) = k \cdot \dfrac{m+n}{d}$，即 $k \leq d$.

对任何连通图，边数不少于点数减 1，故
$$\|G\| = \sum_{i=1}^{k} \|P_i\| \geq \sum_{i=1}^{k} (|P_i| - 1)$$
$$= \sum_{i=1}^{k} |P_i| - k = m + n - k$$
$$\geq m + n - d = m + n - (m, n).$$

下面构造，对 $m + n$ 归纳.

首先，当 $m + n = 2$ 时，$m = n = 1$，共一粒糖，显然糖的包数为 $1 = 1 + 1 - (1, 1)$，结论成立.

设结论对小于 $m + n$ 的自然数成立，考察 $m + n$ 的情形，不妨设 $m \geq n$.

若 $m = n$，则只需 m 包，每包 m 粒糖，有 $m = m + n - (m, n)$，结论成立.

若 $m > n$，注意到 $(m - n) + n = m \leq m + n - 1$，可对 $(m - n, n)$ 构造出合乎条件的 $(m - n) + n - (m - n, n)$ 包糖，分成的 $m - n$

堆分别为 $A_1, A_2, \cdots, A_{m-n}$，每堆中有 n 粒糖，分成的 n 堆分别为 $B_1, B_2, \cdots, B_n$，每堆中有 $m-n$ 粒糖. 此时，再增加 n 包糖：C_1, $C_2, \cdots, C_n$，每堆中有 n 粒糖，共得到 $m+n-(m,n)$ 包糖，这 $m+n-(m,n)$ 包糖可以分成 m 堆，分别为 $A_1, A_2, \cdots, A_{m-n}, C_1, C_2$, $\cdots, C_n$，每堆都有 n 粒糖；又可分为 n 堆，分别为 $B_1 \cup C_1, B_2 \cup C_2$, $\cdots, B_n \cup C_n$，每堆有 $(m-n)+n = m$ 粒糖，结论成立.

故所求的最小值为 $m+n-(m,n)$.

例 10 设 S 是满足 $1 \leqslant a < b < n$ 的 m 个无序正整数对 (a, b) 组成的集合. 求证：至少有 $\dfrac{m(4m-n^2)}{3n}$ 个 3 元数组 (a, b, c)，使 $(a, b), (a, c), (b, c)$ 都属于 S. (1989 年亚太地区数学奥林匹克试题)

分析与证明 以 $1, 2, \cdots, n$ 为顶点，当且仅当 $(i, j) \in S$ 时，i, j 之间连边，得到 n 个顶点的简单图 G，$\|G\| = m$. 于是，问题等价于证明 G 中有 $\dfrac{m(4m-n^2)}{3n}$ 个三角形.

令顶点 i 的度为 d_i，则 $\sum\limits_{i=1}^{n} d_i = 2m$.

对 G 中的任何一条边 (i, j)，它的两个端点向其余的 $n-2$ 个点共引出了 $d_i + d_j - 2$ 条边（点 i 向 j 以外的点引了 $d_i - 1$ 条边，点 j 向 i 以外的点引了 $d_j - 1$ 条边），于是，点 i, j 共与 $d_i + d_j - 2$ 个点连边.

但 i, j 以外只有 $n-2$ 个点，于是，有 $d_i + d_j - 2 - (n-2) = d_i + d_j - n$ 个点同时与 i, j 相连，得到 $d_i + d_j - n$ 个三角形.

这样，G 中三角形的个数不少于 $\sum\limits_{(i,j) \in S}(d_i + d_j - n)$，但每个三角形有 3 条边，被重复计数 3 次，所以 G 中三角形的个数为

$$k \geqslant \frac{1}{3} \sum_{(i,j) \in S}(d_i + d_j - n) = \frac{1}{3}\sum_{(i,j) \in S}(d_i + d_j) - \frac{1}{3}\sum_{(i,j) \in S} n$$

$$= \frac{1}{3}\sum_{(i,j)\in S}(d_i+d_j)-\frac{1}{3}mn.$$

考察 $S=\sum_{(i,j)\in S}(d_i+d_j)$ 中 d_i 出现的次数,点 i 每连一条边 (i,j),则 d_i 在 S 中出现一次,注意到 i 连了 d_i 条边,从而 d_i 在 S 中共出现 d_i 次,于是

$$S=\sum_{(i,j)\in S}(d_i+d_j)=\sum_{i=1}^{n}d_i\sum_{\substack{j\\(j与i连)}}1=\sum_{i=1}^{n}d_i^2.$$

所以

$$k\geqslant \frac{1}{3}\sum_{(i,j)\in S}(d_i+d_j)-\frac{1}{3}mn=\frac{1}{3}\sum_{i=1}^{n}d_i^2-\frac{1}{3}mn$$

$$\geqslant \frac{(\sum_{i=1}^{n}d_i)^2}{3n}-\frac{1}{3}mn=\frac{m(4m-n^2)}{3n}.$$

本题是图论中著名的 Mantel 定理. 上述证明是数学家 Lovasz 在 1972 年给出的. 正是由于他找到了该定理的简单证明,此结论作为竞赛试题才成为可能.

例 11 有 $n(n\geqslant 5)$ 个情报员,他们中的每两个人都从给定的 2 套密码中选用其中一套进行联络. 如果 A、B 选用了其中某套密码进行联络,而 B、C 也用该套密码进行联络,则称 A、C 可通过 B 用该套密码进行间接联络. 证明:对任何正整数 $n(n\geqslant 5)$,这 n 个情报员都存在一种选用密码的方案,使得其中任何两个人,他们既可以通过某套密码进行直接联络,也可以用另一套密码通过第三方进行间接联络.(原创题)

分析与解 用 n 个点 $A_1,A_2,\cdots,A_n$ 代表 n 个情报员,如果某两个情报员之间用第一种密码联络,则将他们对应的点用红色线段联结,如果他们之间用第二种密码联络,则将他们对应的点用蓝色线段联结,得到一个 2-色的 n 阶完全图 $A_1A_2\cdots A_n$.

问题变为证明:存在一个 2-色的 n 阶完全图 $A_1A_2\cdots A_n$,使对每

一条边 $A_iA_j(1\leqslant i<j\leqslant n)$，都存在顶点 A_k，使边 A_iA_k、A_jA_k 都与边 A_iA_j 异色.

对某条边 $A_iA_j(1\leqslant i<j\leqslant n)$，如果存在顶点 A_k，使 A_iA_k、A_jA_k 都与 A_iA_j 异色，则称有序组 (A_i,A_j,A_k) 为一个好组.

易知，$n=5$ 时，如图 4.11 所示的 2-色的 5 阶完全图 $A_1A_2\cdots A_5$ 合乎条件.

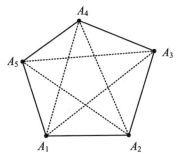

图 4.11

对 $n=6$，构造比较困难些，首先，2-色 K_6 中必有同色三角形，设为红色 $\triangle A_3A_4A_5$，考察红边 A_3A_5，必有点，设为 A_1，使 A_1A_3、A_1A_5 为蓝色.

若 A_1A_4 为蓝色，考察蓝边 A_1A_4，必有点，设为 A_6，使 A_1A_6、A_4A_6 为红色.

考察蓝边 A_1A_3，必有点，设为 A_2，使 A_1A_2、A_3A_2 为红色，如此下去，便可得到合乎条件的 2-色 K_6（图 4.12）.

对 $n=7$，可类似地构造一个合乎条件的 2-色 K_7（图 4.13）.

该图中相应的 $C_7^2=21$ 个好组如下：

$(A_1,A_2,A_4),(A_1,A_3,A_2),(A_1,A_4,A_7),(A_1,A_5,A_2),$
$(A_1,A_6,A_7),(A_1,A_7,A_5),(A_2,A_3,A_6),(A_2,A_4,A_3),(A_2,$
$A_5,A_7),(A_2,A_6,A_5),(A_2,A_7,A_1),(A_3,A_4,A_1),(A_3,A_5,$

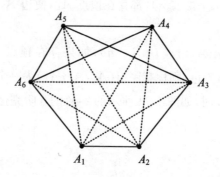

图 4.12

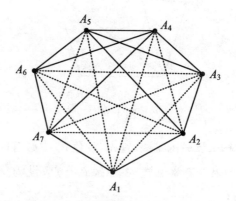

图 4.13

A_7),(A_3,A_6,A_5),(A_3,A_7,A_4),(A_4,A_5,A_1),(A_4,A_6,A_1),(A_4,A_7,A_2),(A_5,A_6,A_1),(A_5,A_7,A_6),(A_6,A_7,A_2).

对 $n=8$,可类似构造一个合乎条件的 2-色 K_8(图 4.14).

该图中相应的 $C_8^2=28$ 个好组如下:

(A_1,A_2,A_6),(A_1,A_3,A_2),(A_1,A_4,A_5),(A_1,A_5,A_3),(A_1,A_6,A_5),(A_1,A_7,A_8),(A_1,A_8,A_4),(A_2,A_3,A_5),(A_2,A_4,A_7),(A_2,A_5,A_4),(A_2,A_6,A_4),(A_2,A_7,A_3),(A_2,A_8,A_5),(A_3,A_4,A_1),(A_3,A_5,A_4),(A_3,A_6,A_4),(A_3,A_7,A_5),

4 图论方法

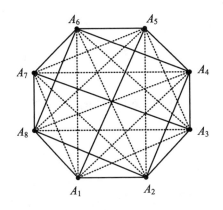

图 4.14

(A_3,A_8,A_2),(A_4,A_5,A_7),(A_4,A_6,A_1),(A_4,A_7,A_3),(A_4,A_8,A_2),(A_5,A_6,A_2),(A_5,A_7,A_6),(A_5,A_8,A_1),(A_6,A_7,A_1),(A_6,A_8,A_3),(A_7,A_8,A_4).

当 $n \geqslant 9$ 时,设 $n = 3k + r (k \geqslant 3, r = 0,1,2)$,若 $r = 0$,则将 n 阶完全图的 n 个顶点记为 $A_{11}, A_{12}, \cdots, A_{1k}, A_{21}, A_{22}, \cdots, A_{2k}, A_{31}, A_{32}, \cdots, A_{3k}$;若 $r = 1$,则在上述 $3k$ 个点的基础上增加点 $A_{1,k+1}$;若 $r = 2$,则在上述 $3k+1$ 个点的基础上再增加点 $A_{2,k+1}$. 对于其中的任何两个点 A_{ij}、A_{pq},如果 $(i-p)(j-q) = 0$,则将它们用红色线段联结,否则用蓝色线段联结,我们证明,这样得到的 2-色 n 阶完全图合乎条件.

实际上,对任意一条边 $A_{ij}A_{pq}(1 \leqslant i, p \leqslant 3, 1 \leqslant j, q \leqslant k+g$,其中 $g = 0$ 或 1),如果 $i - p = 0$,则该边为红边 $A_{ij}A_{iq}$.

因为 $k \geqslant 3$,所以必存在 $1 \leqslant s \leqslant 3, 1 \leqslant t \leqslant k$,使 $s \neq i, t \neq j, q$,且点 A_{st} 是 n 阶完全图的顶点.

因为 $(s-i)(t-j)(t-q) \neq 0$,所以 $A_{ij}A_{st}$、$A_{iq}A_{st}$ 为蓝边,(A_{ij}, A_{pq}, A_{st}) 为好组.

如果 $j - q = 0$,则该边为红边 $A_{ij}A_{pj}$.

因为 $k \geqslant 3$,所以必存在 $1 \leqslant s \leqslant 3, 1 \leqslant t \leqslant k$,使 $s \neq i、p, t \neq j$,且点 A_{st} 是 n 阶完全图的顶点.

因为 $(s-i)(s-p)(t-j) \neq 0$,所以 $A_{ij}A_{st}、A_{pj}A_{st}$ 为蓝边,(A_{ij}, A_{pq}, A_{st}) 为好组.

如果 $(i-p)(j-q) \neq 0$,则边 $A_{ij}A_{pq}$ 为蓝边.

不妨设 $j < q \leqslant k+g$,则 $j \leqslant k$,于是点 A_{pj} 是 n 阶完全图的顶点,且 $A_{ij}A_{pj}、A_{pq}A_{pj}$ 为红边,所以 (A_{ij}, A_{pq}, A_{pj}) 为好组.

综上所述,命题获证.

注 对 $n \geqslant 8$,我们还有一个更简单的构造,如图 4.15 所示,其中 $A_6, A_7, \cdots, A_n$ 之间两两连实边,而图中没有画出的边都是虚边.

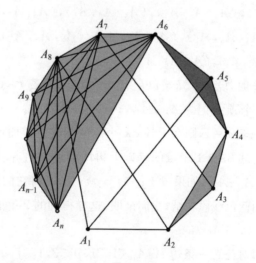

图 4.15

实际上,考察任意一条边 A_iA_j,若 $1 \leqslant i < j \leqslant 8$,则相应的 $C_8^2 = 28$ 个好组如下:

$(A_1, A_2, A_6), (A_1, A_3, A_2), (A_1, A_4, A_5), (A_1, A_5, A_3),$
$(A_1, A_6, A_5), (A_1, A_7, A_8), (A_1, A_8, A_4), (A_2, A_3, A_5), (A_2,$
$A_4, A_7), (A_2, A_5, A_4), (A_2, A_6, A_4), (A_2, A_7, A_3), (A_2, A_8,$

$A_5)$,(A_3,A_4,A_1),(A_3,A_5,A_4),(A_3,A_6,A_4),(A_3,A_7,A_5),(A_3,A_8,A_2),(A_4,A_5,A_7),(A_4,A_6,A_1),(A_4,A_7,A_3),(A_4,A_8,A_2),(A_5,A_6,A_2),(A_5,A_7,A_6),(A_5,A_8,A_1),(A_6,A_7,A_1),(A_6,A_8,A_3),(A_7,A_8,A_4).

若 $9 \leqslant i < j \leqslant n$,则相应的 $C_{n-8}^2 = \dfrac{(n-8)(n-9)}{2}$ 个好组为 $(A_i, A_j, A_1)(9 \leqslant i < j \leqslant n)$.

若 $1 \leqslant i \leqslant 8, 9 \leqslant j \leqslant n$,则相应的 $8(n-8)$ 个好组为 (A_1, A_j, A_8),(A_2, A_j, A_8),(A_3, A_j, A_7),(A_4, A_j, A_6),(A_5, A_j, A_6),(A_6, A_j, A_1),(A_7, A_j, A_1),$(A_8, A_j, A_3)(9 \leqslant j \leqslant n)$.

4.2 边 分 析

两个顶点之间连的线段称为边,图 G 的边数记为 $\|G\|$.

所谓边分析,就是考察图 G 中边的相关性质,由此找到解题途径.它包括如下 5 个方面:一是分析有关边的顶点的归属,发掘图 G 的性质;二是找有公共顶点的边,由此扩充,找到目标中的特定子图;三是计算 $\|G\|$,它可从度出发,分析图中的边是由哪些点引出的,也可从子集出发,将顶点分为若干组,然后分别计算各组内部的点之间引出的边数以及不同组的点之间引出的边数,通过对边的总数的估计,导出某种关系,它通常采用"算两次"的技巧;四是增加或去掉一些边,得到图 G',使问题在图 G' 中获解;五是沿边前进,由此发现有关结论.

例 1 有 $2n$ 个人,其中每一个人都至少认识其中 n 个人.求证:可以从中选出 4 个人,让他们坐成一个圆圈,使得每个人都认识他的邻座.

分析与证明 用点表示人,当且仅当两个点对应的两个人认识时将该两点用线段联结,得到一个简单图 G.

本题要证明 G 中存在长为 4 的圈. 为了便于利用条件, 我们对目标对象进行分解, 将长为 4 的圈 (A,B,C,D) 分解为 2 个"同构"的对象: 两个角 $\angle ABC$, $\angle ADC$.

这样, 解题目标变为寻找对同一条线段所张的两个"角". 这里, 对任何三角形 ABC, 我们称 $\angle ABC$ 为对线段 AC 所张的"角".

考察题目条件, 每个点引出至少 n 条边, 任取两个点 P、Q, 则 P、Q 共至少引出 $n+n=2n$ 条边, 这 $2n$ 条边的第二端点(非 A、B 的端点)共有 $2n$ 个, 但除 A、B 外只有 $2n-2$ 个点, 由抽屉原理, 必有其中 2 个点同时引出 2 条边, 长为 4 的圈, 结论成立.

上述证明存在一个漏洞: P、Q 未必共至少引出 $2n$ 条互异的边, 因为可能有边 PQ, 则 PQ 被计算两次, 所以 P、Q 可能一共只引出 $2n-1$ 条互异的边.

怎样保证 P、Q 一共至少引出 $2n$ 条互异的边? 这只需边 PQ 不存在. 于是, 优化假设: 选取两个点 P、Q 不相连.

但这样的两个点未必存在, 从而利用这一充分条件分类讨论.

(1) 如果任何两个点都相连, 则任取其中 4 个点, 它们构成长为 4 的圈.

(2) 如果有 2 个点不相连, 设 A、B 不相连. $n+n=2n$ 条边, 这 $2n$ 条边互不相同, 其第二端点(非 A、B 的端点)共有 $2n$ 个, 但除 A、B 外只有 $2n-2$ 个互异的点, 由抽屉原理, 必有其中 2 个点同时引出 2 条边, 设为 C、D, 则 (A,C,B,D) 是长为 4 的圈.

综上所述, 命题获证.

例2 设 n 是大于 3 的整数, 在一次会议上有 n 个数学家, 每 2 个数学家都用且只能用会议规定的 n 种语言之一进行交流, 对于其中任意 3 种语言, 都存在 3 个数学家用这 3 种语言相互交流, 求 n 的所有可能值. (第 5 届香港数学奥林匹克试题)

分析与解 用点表示人, 如果两个人用第 i 种语言交流, 则将两

点用第 i 种颜色的边联结. 这样, 题目条件变为: 将 K_n 的边都染 n 种颜色之一, 使得任意 3 种颜色, 都存在一个三角形, 其边包含这 3 种颜色.

由于共有 C_n^3 个 3 色集, 又恰有 C_n^3 个三角形, 显然, 不同的 3 色集对应不同的三角形(每个三角形的边的颜色是确定的), 从而其对应是一一对应, 所以每个三角形的 3 条边不同色.

考察含有 1 色边的三角形的个数 S.

一方面, 从三角形上考虑, 对任意一条 1 色边, 该边之外还有 $n-2$ 个顶点, 每个顶点与该边构成一个含有 1 色边的三角形, 得到 $n-2$ 个含有 1 色边的三角形. 设共有 k(过渡参数)条 1 色边, 则 $S = k(n-2)$.

另一方面, 从颜色上考虑, 除 1 色外, 还有 $n-1$ 种颜色, 从中取 2 种颜色, 都与 1 色构成一个含有 1 色的三色组, 于是, 含有 1 色的三色组的个数为 C_{n-1}^2. 由一一对应可知, $S = C_{n-1}^2$.

所以, $C_{n-1}^2 = k(n-2)$, 得 $2k = n-1$.

由此可见, n 为奇数.

反之, 若 n 为奇数, 我们证明: 可以将 K_n 的边染 n 种颜色之一, 使得任意三角形的 3 边都互不同色.

设 n 个顶点为 $A_1, A_2, \cdots, A_n$, 而 n 种颜色为 $1, 2, \cdots, n$, 对任何 $1 \leqslant i < j \leqslant n$, 假设将边 A_iA_j 染颜色 $f(i,j)$, 那么, 我们需要 $f(i,j)$、$f(j,k)$、$f(k,i)$ 互不相等, 显然(找充分条件)令 $f(i,j) = i+j \pmod{n}$ 即可.

现在将边 A_iA_j 染颜色 $i+j \pmod{n}$, 那么, 考虑任意 3 个点 A_i、A_j、$A_k (1 \leqslant i < j < k \leqslant n)$, 我们只需证明: $i+j$、$j+k$、$k+i$ 两两互不同余.

实际上, 若 $i+j \equiv j+k \pmod{n}$, 则 $i \equiv k \pmod{n}$, 这与 $1 \leqslant i < j < k \leqslant n$ 矛盾.

例3 有 n 个人,已知他们中任意两人至多通电话一次,他们中的任意 $n-2$ 个人之间通电话的总次数相等,都是 3^k 次,其中 k 是正整数,求 n 的所有可能值.(2000 年全国高中数学联赛试题)

分析与解 用 n 个点表示 n 个人,当且仅当两人通了电话对应点相邻,得到一个简单图 G.

我们的目标是求出 n 之值,而题中仅给出了唯一的条件:任何 $n-2$ 个点之间的边数都为 3^k,这自然要进行边分析.

我们期望用两种方式计算 $\|G\|$(用 n 表示),得到关于 n 的等式.

一方面,显然有
$$\|G\| = \frac{1}{2}\sum_{i=1}^{n} d_i. \qquad ①$$

另一方面,为了利用题给条件,考察去掉任意两个点 x_i、x_j 后的 $n-2$ 个人之间通电话的总次数,有
$$\|G\| = 3^k + d_i + d_j - d_{i,j}, \qquad ②$$
其中 d_i 为顶点 x_i 引出的边数,$d_{i,j}$ 为顶点 x_i 与 x_j 之间连的边数.

显然 $d_{i,j} = 0$ 或 1,是因为两点之间最多有一条边.所以,由式①②得
$$\frac{1}{2}\sum_{i=1}^{n} d_i = 3^k + d_i + d_j - d_{i,j}.$$

为了求 n,只需求出 d_i 与 $d_{i,j}$(用 n 表示).

注意到"任何 $n-2$ 个点之间的边数为 3^k",自然猜想 G 为正则图.我们期望能够证明 d_i 为常数.

考察特例,注意到 $n-2$ 个点之间的边数至少为 $3^1 = 3$,从而 $n-2 \geqslant 3$,得 $n \geqslant 5$.

当 $n=5$ 时,容易发现对应的图为 5 阶完全图 K_5.所以,我们猜想在一般情况下,合乎条件的图是 n 阶完全图 K_n.

先证明 G 是正则图,即对任何 $1 \leqslant i < j \leqslant n$,有 $d_i = d_j$.

为此，我们估计 $d_i - d_j$. 为简便起见，由对称性，只需估计 $d_1 - d_2$.

在式②中分别令 $j=1,2$，得

$$\left.\begin{array}{l}\|G\| = 3^k + d_1 + d_i - d_{1,i} \\ \|G\| = 3^k + d_2 + d_i - d_{2,i}\end{array}\right\} \Rightarrow d_2 - d_1 = d_{2,i} - d_{1,i}, \quad ③$$

于是

$$|d_1 - d_2| = |d_{1,i} - d_{2,i}| \leqslant 1. \quad ④$$

下面只需证明 $|d_2 - d_1| \neq 1$. 用反证法，假设 $|d_2 - d_1| = 1$，不妨设 $d_1 < d_2$，则 $d_2 - d_1 = 1$，代入式③得

$$d_{2,i} - d_{1,i} = 1.$$

又 $d_{2,i}, d_{1,i} \in \{0,1\}$，所以

$$d_{2,i} = 1(i = 3,4,\cdots,n), \quad d_{1,i} = 0(i = 2,3,\cdots,n).$$

由此可见，点 $x_i(i=3,4,\cdots,n)$ 都与 x_2 相邻，点 $x_i(i=2,3,\cdots,n)$ 都与 x_1 不相邻，于是

$$d_2 \geqslant n-2, \quad d_1 \leqslant 1, \quad d_2 - d_1 \geqslant n-3.$$

注意到 $n-2$ 个点中的边数为 $3^k \geqslant 3$，有 $n-2 \geqslant 3$，即 $n \geqslant 5$，所以 $d_2 - d_1 \geqslant n-3 \geqslant 2$，与式④矛盾.

所以 $d_2 - d_1 = 0$，即 $d_1 = d_2$. 同理可证，对任何 $i \neq j, d_i = d_j$，即 d_i 为常数.

代入式②得 $d_{i,j}$ 为常数，所以

$$d_{i,j} = 0(\text{对任何 } i \neq j), \text{ 或 } d_{i,j} = 1(\text{对任何 } i \neq j).$$

但若 $d_{i,j} = 0$(对任何 $i \neq j$)，则 $\|G\| = 0$，矛盾. 所以 $d_{i,j} = 1$(对任何 $i \neq j$)，可知 G 是完全图，$d_i = n-1(1 \leqslant i \leqslant n)$，进而由式②得

$$C_n^2 = 3^k + (n-1) + (n-1) - 1,$$
$$(n-2)(n-3) = 2 \times 3^k.$$

注意到 $(n-2, n-3) = 1$，所以

$$\begin{cases} n-2 = 2 \times 3^k, \\ n-3 = 1, \end{cases} \text{或} \begin{cases} n-2 = 3^k, \\ n-3 = 2. \end{cases}$$

解得 $n=5$,此时,5 阶完全图 K_5 显然合乎条件.

综上所述,n 有唯一的取值为 5.

例 4 有 $n(n \geqslant 6)$ 个人聚会,已知:

(1) 每个人至少同其中 $\left[\dfrac{n}{2}\right]$ 个人互相认识;

(2) 对于其中任何 $\left[\dfrac{n}{2}\right]$ 个人,或者其中有两个人互相认识,或者余下的人中有两个人互相认识.

求证:这 n 个人中必有 3 个人两两认识.(1996 年全国高中数学联赛试题)

分析与证明 用点表示人,当且仅当两人认识时,两点之间连线,得到一个简单图 G.

解题目标:证明 G 中有三角形.采用逐步逼近的策略,先"适当"取定一条边,然后扩充为三角形.

考察题中的条件,它们的实际作用都是可以找到相关的边.实际上,对于若干人的集合 X,条件(1)告诉我们:如果 $|X| < \left[\dfrac{n}{2}\right]$,则 X 中的点 A 至少要与 X 外的一点连一条边.而条件(2)则是说,如果 $|X| = \left[\dfrac{n}{2}\right]$,则 X 中至少有一条边或 $\overline{X} = G \backslash X$ 中至少有一条边.

先任取一条边 ab,则要找一点 c,使 c 与 a、b 都相邻,即 c 既属于 a 的邻域,又属于 b 的邻域,于是应考虑 a、b 的邻域.

令 $A = \{a$ 的邻点$\}$,$B = \{b$ 的邻点$\}$,在 A、B 中找 c.

若 $A \cap B \neq \varnothing$,取 $c \in A \cap B$,则 a、b、c 为三角形,结论成立;

若 A 中有两个相邻的点 p、q,则 a、p、q 为三角形,结论成立;

若 B 中有两个相邻的点 p、q,则 b、p、q 为三角形,结论成立.

4 图论方法

这样分类讨论太繁,可改用反证法的模式叙述(这里的反证法只是为了使表述简单):假设图 G 中无三角形,则 $A \cap B = \varnothing$,且 A 中的点互不相邻,B 中的点互不相邻.

为了找三角形,注意到条件(2)还没有用上,需要创造运用(2)的前提:考察 $\left[\dfrac{n}{2}\right]$ 元集.

由于 $|A| \geqslant \left[\dfrac{n}{2}\right] \geqslant \dfrac{n-1}{2}$,$|B| \geqslant \left[\dfrac{n}{2}\right] \geqslant \dfrac{n-1}{2}$,于是 $|A| + |B| \geqslant n - 1$.

但 $|A| + |B| \leqslant n$,所以 $|A| + |B| = n$ 或 $n - 1$,现对这两种情况分别寻找三角形.

(ⅰ)若 $|A| + |B| = n$,又 $A \cap B = \varnothing$,所以 $|A \cup B| = n$,此时 A、B 包含了 G 的所有顶点,由抽屉原理,不妨设 $|A| \leqslant \dfrac{n}{2}$,又 $|A| \in \mathbf{Z}$,所以 $|A| \leqslant \left[\dfrac{n}{2}\right]$.

但依题意,$|A| \geqslant \left[\dfrac{n}{2}\right]$,所以 $|A| = \left[\dfrac{n}{2}\right]$,由条件(2),或者 A 中有 2 点相邻,或者 B 中有 2 点相邻,都得到三角形(图 4.16),矛盾.

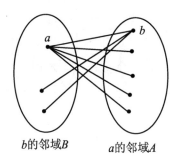

图 4.16

(ⅱ)若 $|A| + |B| = n - 1$,又 $A \cap B = \varnothing$,所以 $|A \cup B| = n - 1$,

此时 A、B 外恰有一个点 c,其中 c 与 a、b 都不相邻($c \notin A$ 且 $c \notin B$).

又依题意,$|A| \geqslant \left[\dfrac{n}{2}\right] \geqslant \dfrac{n-1}{2}$,同理 $|B| \geqslant \left[\dfrac{n}{2}\right] \geqslant \dfrac{n-1}{2}$.

于是 $n-1 = |A| + |B| \geqslant n-1$,此不等式等号成立,即 $|A| = |B| = \dfrac{n-1}{2}$,且 n 为奇数.

此时,$|A| = |B| = \dfrac{n-1}{2} = \left[\dfrac{n}{2}\right]$,又可利用条件(2)找边,但 A、B 中没有边,从而补集 $\bar{A}$、$\bar{B}$ 中有边. 这样的边只能以 c 为顶点,而 $\bar{A} \neq \bar{B}$,从而顶点 c 至少引出 2 条边,现在我们可找以 c 为顶点的三角形.

显然,所找三角形的另外两个顶点不能都在 A 中或都在 B 中,是因为 A、B 中都无边,只能是一个点 a' 在 A 中,另一个点 b' 在 B 中.

于是令 $A' = \{c$ 在 A 中的邻点$\}$,$B' = \{c$ 在 B 中的邻点$\}$,显然,A'、B' 中的点不相邻,为了找到以 c 为顶点的三角形,期望 A' 中有一点 a' 与 B' 中一点 b' 相连(图 4.17).

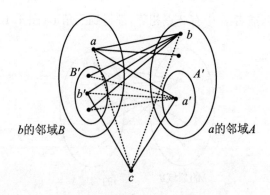

图 4.17

先要证 $A' \neq \varnothing$,$B' \neq \varnothing$,可考虑反证法,如果 $A' = \varnothing$,由条件

4 图论方法

$d(c) \geqslant \left[\dfrac{n}{2}\right]$,想到估计 $d(c)$ 来导出矛盾.

实际上,由 $A' = \varnothing$,得

$$d(c) = |B'| \leqslant |B| - 1(因为 a \notin B') = \dfrac{n-1}{2} - 1 < \dfrac{n-1}{2},$$

这与 $d(c) \geqslant \left[\dfrac{n}{2}\right] = \dfrac{n-1}{2}$ 矛盾,所以 $A' \neq \varnothing$,同理 $B' \neq \varnothing$.

我们要在 A' 中"适当取"一个点 a',使之与 B' 中的一个点相连,但直接寻找困难,可从反面考虑,假定所取的 a' 与 B' 中任何点都不相连,看看会发生什么情况?注意题目条件中关于度的信息: $d(a') \geqslant \dfrac{n-1}{2}$,想到估计 $d(a')$.

如果 a' 与 B' 中任何点都不相连,则

$$d(a') \leqslant 1 + |B \backslash B'| = 1 + \dfrac{n-1}{2} - |B'| = \dfrac{n+1}{2} - |B'|,$$

要导出矛盾,只需 $\dfrac{n+1}{2} - |B'| < \dfrac{n-1}{2}$,即 $|B'| > 1$,这是易于证明的.

因为 $d(c) \geqslant \left[\dfrac{n}{2}\right] \geqslant 3$,所以 $|A'| + |B'| \geqslant 3$,由对称性,不妨设 $|B'| \geqslant 2$.

于是,$|B \backslash B'| \leqslant \dfrac{n-1}{2} - 2 = \dfrac{n-5}{2}$.

取 A' 中的一个点 a',如果 a' 不与 B' 中任何点相邻,则

$$d(a') \leqslant 1 + |B \backslash B'| \leqslant 1 + \dfrac{n-5}{2} = \dfrac{n-3}{2} < \dfrac{n-1}{2},$$

矛盾,所以 a' 至少与 B' 中一个点 b' 相邻,得到三角形 $ca'b'$,矛盾.

综上所述,命题获证.

我们利用度分析得到了上述命题的一个巧妙证明,介绍如下.

用点表示人,当且仅当两人认识时,两点之间连线,得到一个简

单图 G,问题变为证明图中有三角形.

用反证法:假设图 G 中无三角形,并设点 A 的度 $d(A)$ 最小,与 A 相邻的所有点为 $B_1, B_2, \cdots, B_r$,与 A 不相邻的所有点为 $C_1, C_2, \cdots, C_s (r+s = n-1)$,令 $B = \{B_1, B_2, \cdots, B_r\}, C = \{C_1, C_2, \cdots, C_s\}$.

因为 B_1 与 B 中的点都不相邻,所以 $d(B_1) \leqslant n - r$,所以
$$r = d(A) \leqslant d(B_1) \leqslant n - r,$$
于是 $r \leqslant \left[\dfrac{n}{2}\right]$.

又 $r = d(A) \geqslant \left[\dfrac{n}{2}\right]$,所以
$$r = \left[\dfrac{n}{2}\right], \quad s = n - 1 - r = n - 1 - \left[\dfrac{n}{2}\right] = \left[\dfrac{n-1}{2}\right].$$

因为 $|B| = \left[\dfrac{n}{2}\right]$,由条件(2),$B$ 或 $C \cup \{A\}$ 中有边.若 B 中有边,则该边与 A 构成三角形,矛盾,所以 $C \cup \{A\}$ 中有边.

又 C 中的点与 A 不相邻,所以 C 中有边.

取 C 中的一条边,不妨设为 $C_1 C_2$,考察 B 中任意一点 B_i,由于无三角形,可知 B_i 与 B 中的点不相邻,B_i 与 C_1、C_2 中至少一个点不相邻,于是
$$d(B_i) \leqslant n - r - 1 = n - \left[\dfrac{n}{2}\right] - 1 = \left[\dfrac{n-1}{2}\right] \leqslant \left[\dfrac{n}{2}\right].$$

又 $d(B_i) \geqslant \left[\dfrac{n}{2}\right]$,所以上述不等式等号成立,因此 $d(B_i) = \left[\dfrac{n}{2}\right]$,且 C 中恰有一条边.

从整体上考察 $d(C_1) + d(C_2)$,对 B 中任意一点 B_i,C_1、C_2 至多与 B_i 连一条边(否则有三角形),于是 C_1、C_2 至多向 B 连 r 条边,又 C 中恰有一条边,所以

$$d(C_1) + d(C_2) \leqslant r + 2 = \left[\frac{n}{2}\right] + 2.$$

但由条件(1),有

$$d(C_1) + d(C_2) \geqslant \left[\frac{n}{2}\right] + \left[\frac{n}{2}\right] = 2\left[\frac{n}{2}\right],$$

所以

$$2\left[\frac{n}{2}\right] \leqslant d(C_1) + d(C_2) \leqslant \left[\frac{n}{2}\right] + 2,$$

解得 $\left[\frac{n}{2}\right] \leqslant 2$,所以 $n \leqslant 5$,矛盾.

例 5 由 n 个点和这些点之间的 t 条线段组成一个空间图形,其中 $n = q^2 + q + 1, t \geqslant \frac{1}{2}q(q+1)^2 + 1, q \geqslant 2, q \in \mathbf{N}$. 已知此图中任意 4 点不共面,每点至少有一条线段,存在一点至少有 $q+2$ 条线段.试证:图中必有一个空间四边形.(2003 年全国高中数学联赛加试试题)

分析与证明 设这 n 个点的集合 $V = \{A_0, A_1, A_2, \cdots, A_{n-1}\}$ 为全集,A_i 的邻域为 B_i,记 $|B_i| = d_i (i = 0, 1, 2, \cdots, n-1)$,则 $d_i \leqslant n - 1, \sum_{i=0}^{n-1} d_i = 2t$.

反设图中无四边形,则 $|B_i \cap B_j| \leqslant 1$,由此想到算点对的个数.

一方面,V 中有 n 个点,其点对个数 $S = C_n^2$.

另一方面,对集合 $B_i (0 \leqslant i \leqslant n-1)$,$B_i$ 中的点对有 $C_{d_i}^2$ 个,而 $|B_i \cap B_j| \leqslant 1$,所以 B_i、$B_j (0 \leqslant i < j \leqslant n-1)$ 中的点对互不相同,所以

$$C_n^2 = S \geqslant \sum_{i=0}^{n-1} C_{d_i}^2 = \frac{1}{2}\sum_{i=0}^{n-1}(d_i^2 - d_i)$$

$$= \frac{1}{2}\sum_{i=0}^{n-1} d_i^2 - \frac{1}{2}\sum_{i=0}^{n-1} d_i = \frac{1}{2}\sum_{i=0}^{n-1} d_i^2 - t$$

$$\geqslant \frac{1}{2} \cdot \frac{(\sum\limits_{i=0}^{n-1} d_i)^2}{n} - t = \frac{1}{2} \cdot \frac{(2t)^2}{n} - t,$$

$$n(n-1) \geqslant \frac{4t^2}{n} - 2t,$$

$$n^2(n-1) \geqslant 4t^2 - 2nt = 2t(2t-n) = 2t(2t - q^2 - q - 1)$$

$$\geqslant [q(q+1)^2 + 2] \cdot [q(q+1)^2 + 2 - q^2 - q - 1],$$

$$[q(q+1)+1] \cdot [q(q+1)]$$

$$\geqslant [q(q+1)^2 + 2] \cdot [q(q+1)^2 + 2 - q^2 - q - 1]. \quad ①$$

但由式①并不能导出矛盾,究其原因,是没有用到条件:"存在一点至少有 $q+2$ 条线段",不妨设 $d_0 \geqslant q+2$,我们以此来改进式①的估计.

若采用"使左边减小,且使右边增大"的办法改进不等式,则是很困难的,但我们可设想两边同时减小,但左边减小得更多些.

注意到 $d_0 \geqslant q+2$,将 B_0 中的点去掉,则每个 B_i 中至多去掉一个点,但 V 中至少去掉了 $q+2$ 个点,去掉的"点对"也就多得多.

令 $C_i = B_i \backslash B_0 = B_i \cap \overline{B_0}(i=1,2,\cdots,n-1)$,$V' = V \cap \overline{B_0}$,则由 $|B_i \cap B_j| \leqslant 1$,可知 $|C_i \cap C_j| \leqslant 1$,计算 V' 中的点对个数 S.

一方面,V' 中的点对个数 $S = C_{n-d_0}^2$.

另一方面,对集合 C_i,C_i 中的点对有 $C_{|C_i|}^2$ 个,因为 $|C_i \cap C_j| \leqslant 1$,所以 C_i、C_j 中的点对互不相同,于是

$$C_{n-d_0}^2 = S \geqslant \sum_{i=1}^{n-1} C_{|C_i|}^2.$$

因为 $|B_i \cap B_0| \leqslant 1$,所以 $|C_i| = |B_i \cap \overline{B_0}| \geqslant d_i - 1$,于是

$$2C_{n-d_0}^2 \geqslant 2\sum_{i=1}^{n-1} C_{|C_i|}^2 \geqslant 2\sum_{i=1}^{n-1} C_{d_i-1}^2 = \sum_{i=1}^{n-1}(d_i^2 - 3d_i + 2)$$

$$\geqslant \frac{(\sum\limits_{i=1}^{n-1} d_i)^2}{n-1} - 3\sum_{i=1}^{n-1} d_i + 2(n-1)$$

4 图论方法

$$= \frac{(2t-d_0)^2}{n-1} - 3(2t-d_0) + 2(n-1),$$

去分母,并注意到

$$2t \geqslant q(q+1)^2 + 2 = (n-1)(q+1) + 2,$$

得

$$(n-1)(n-d_0)(n-d_0-1)$$
$$\geqslant (2t-d_0)^2 - 3(2t-d_0) + 2(n-1)^2$$
$$= (2t-d_0-n+1)(2t-d_0-2n+2)(\text{分解因式})$$
$$\geqslant [(n-1)(q+1)+2-d_0-n+1]$$
$$\quad \cdot [(n-1)(q+1)+2-d_0-2n+2](\text{利用条件})$$
$$= (nq-q+2-d_0)(nq-q-n+3-d_0)(\text{展开}),$$
$$q(q+1)(n-d_0)(n-d_0-1) \geqslant (nq-q+2-d_0)$$
$$\quad \cdot (nq-q-n+3-d_0)(\text{左边利用条件}),$$
$$[q(n-d_0-1)][(q+1)(n-d_0)]$$
$$\geqslant (nq-q-n+3-d_0)(nq-q+2-d_0). \qquad ②$$

但由

$$(nq-q-n+3-d_0) - q(n-d_0-1)$$
$$= (q-1)d_0 - n + 3$$
$$\geqslant (q-1)(q+2) - n + 3 = 0,$$

得

$$nq - q - n + 3 - d_0 \geqslant q(n-d_0-1);$$

由

$$(nq-q+2-d_0) - (q+1)(n-d_0)$$
$$= qd_0 - q - n + 2$$
$$\geqslant q(q+2) - q - n + 2 = 1,$$

得

$$nq - q + 2 - d_0 > (q+1)(n-d_0) > 0.$$

如果 $n - d_0 - 1 > 0$，则以上两个不等式相乘，其结果与式②矛盾.

如果 $n - d_0 - 1 = 0$，即 $d_0 = n - 1$，由于无四边形，所以 $P = \{A_1, A_2, \cdots, A_{n-1}\}$ 中没有长为 3 的链，故 P 中的任何两条边都没有公共端点，于是 P 中至多有 $\left[\dfrac{n-1}{2}\right]$ 条边，因此

$$t = \|G\| \leqslant (n-1) + \left[\dfrac{n-1}{2}\right] \leqslant (n-1) + \dfrac{n-1}{2} = \dfrac{3}{2}(n-1)$$

$$\leqslant \dfrac{q+1}{2}(n-1) = \dfrac{1}{2}q(q+1)^2 < \dfrac{1}{2}q(q+1)^2 + 1,$$

与题设条件矛盾，故 G 中有四边形.

综上所述，命题获证.

例 6 设 n 为自然数，$A_1, A_2, \cdots, A_{2n+1}$ 是集合 X 的子集，已知：

(1) $|A_i| = 2n \ (i = 1, 2, \cdots, 2n+1)$；

(2) $|A_i \cap A_j| = 1 (1 \leqslant i < j \leqslant 2n+1)$；

(3) X 中每个元素至少属于两个不同的 A_i.

问：对怎样的 n，可将 X 中的元素贴上一张写有 0 或 1 的标签，使得每个集合 A_i 中恰有 n 个元素贴着写有 0 的标签，n 个元素贴着写有 1 的标签？（第 29 届 IMO 试题）

分析与解 本题实际上是要将 X 中的元素分为两类，使每个集合 A_i 中两类元素个数相等.

考察题给的条件，其中(1)(2)比较简单，应用也较为方便，比较别扭的是条件(3). 由此，我们想到考察每个元素究竟在各个子集中出现多少次.

实际上，不难发现，对任何 $x \in X$，x 恰属于两个 A_i.

用反证法：假定存在元素 x，使 x 至少在各个子集中出现 3 次，不妨设 $x \in (A_1 \cap A_2 \cap A_3)$，则由(2)，有

4 图论方法

$$A_1 \cap A_2 = A_1 \cap A_3 = \{x\}.$$

于是

$$\Big|\bigcup_{i=2}^{2n+1}(A_1 \cap A_i)\Big| = |A_1 \cap A_2| + \Big|\bigcup_{i=4}^{2n+1}(A_1 \cap A_i)\Big|$$

$$= 1 + \Big|\bigcup_{i=4}^{2n+1}(A_1 \cap A_i)\Big|$$

$$\leqslant 1 + (2n-1) = 2n - 1,$$

但 $|A_1| = 2n$,从而 A_1 中至少有一个元素 y,使 $y \notin \bigcup_{i=2}^{2n+1} A_i$,故 y 只出现一次,与(3)矛盾.

所以每个元素恰出现两次,这样,结合条件(2)可知,X 中的元素与"子集对"可建立一一对应,由此发现本题的图论色彩.

用 $2n+1$ 个点 $A_1, A_2, \cdots, A_{2n+1}$ 表示相应的 $2n+1$ 个集合,由于任何两个集合恰有一个公共元素,将这个元素用联结这两个集合对应点的边表示,则每两个点都恰连一条边,得到 $2n+1$ 阶完全图 $G = K_{2n+1}$,显然,G 的所有边便代表了 X 中的所有元素.

将贴着写有 0 的标签的边染红色,贴着写有 1 的标签的边染蓝色,则原问题等价于 K_{2n+1} 的每个顶点都恰引出 n 条红边和 n 条蓝边.

若 K_{2n+1} 的每个顶点都恰引出 n 条红边,考察图中红边的总数,共有 $\frac{1}{2}n(2n+1)$ 条红边,于是 n 为偶数.

反之,若 n 为偶数,令 $n = 2m$,作正 $4m+1$ 边形,若线段 A_iA_j 所对圆心角不大于 $\frac{2m\pi}{4m+1}$,则此边染红色,否则染蓝色,染色合乎要求,故所求的 n 为偶数.

例7 某乒乓球俱乐部组织交流活动,安排符合以下规则的双打赛程表:

(1) 每名参加者至多属于两个对子;

(2) 任意两个不同对子之间至多进行一次双打;

(3) 凡表中同属一对的两人就不在任何双打中作为对手相遇.

统计各人参加双打的次数,约定将所有不同的次数组成的集合称为"赛次集",给定由不同的正整数组成的集合 $A = \{a_1, a_2, \cdots, a_k\}$,其中每个数都被 6 整除.试问至少要有多少个人参加活动,才可以安排符合上述规则的赛程表,使相应的"赛次集"恰为 A?请证明你的结论.

分析与解 设共有 n 个人参加活动,我们的目标是求 n 的最小值.为此,我们可先建立不等式: $f(n, a_1, \cdots, a_k) \geqslant 0$.

一种想法是,上述不等式能否分解为若干个子不等式: $g(n, a_i) \geqslant 0$.

为建立这样的子不等式,我们从反面估计 a_i,即某个人 $P = x_0$ 的比赛次数.

因为 P 的比赛是在对子之间进行的,需要知道 P 属于多少个对子,从而引入参数:设 P 属于 m 个对子,其中 $m = 1, 2$,这是因为若 $m = 0$,则 $a_i = 0$,矛盾.

用 n 个点表示这 n 个人,如果两个点构成一个对子,则在这两点间连一条虚边;如果两个对子之间进行了比赛,则在这两个对子间连一条实边.

设 P 与 $x_1, x_2, \cdots, x_m$ 连虚边,令 $X = \{x_0, x_1, x_2, \cdots, x_m\}$,则 $|X| = m + 1$.

设 X 外的 $(n - m - 1)$ 个人的集合为 Y,则由(3)知, x_0 所在的对子连的边只可能是 X 中对子与 Y 中对子之间的边(图 4.18).

X 中有 2 个对子,下面估计 Y 中有多少个对子.假定 Y 中有 p 个对子,则有 $2p$ 个人(按重数计算),又由(1),每个人至多算两次,所以

$$n - m - 1 = |Y| \text{ (人数)} \geqslant \frac{2p}{2} = p,$$

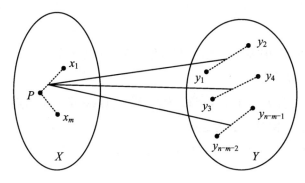

图 4.18

所以 Y 中有 $p \leqslant n-m-1$ 个对子. 于是

$$a_i(X、Y\text{ 之间的边数}) \leqslant m(n-m-1),$$

所以 $n \geqslant \dfrac{a_i}{m} + m + 1$(显然 $m \neq 0$).

若 $m=1$,则 $n \geqslant a_i + 2 > \dfrac{a_i}{2} + 3 (a_i \geqslant 6)$;

若 $m=2$,则 $n \geqslant \dfrac{a_i}{2} + 3$.

所以恒有 $n \geqslant \dfrac{a_i}{2} + 3$,从而 $n \geqslant \dfrac{N}{2} + 3$,其中 $N = \max\{a_1, \cdots, a_k\}$.

下面证明 $n = \dfrac{N}{2} + 3$ 满足要求,为此先证明如下的引理.

引理 设 $\{q\} \subseteq B \subseteq \{1, 2, \cdots, q\}$,则存在一个 $q+1$ 阶图 G,使得 G 的各顶点的度的集合为 B.

另一种表述:对 N 的任何非空有限子集 B,存在一个 $q+1$ 阶图 G,使得 G 的各顶点的度的集合为 B,其中 q 是 B 中的最大元素.

引理的证明 $q=1$ 时结论显然成立,设 $q < l (l \geqslant 2)$ 时结论成立,当 $q = l$ 时分三种情况:

(i) 若 1 不属于 B,设 $C = \{x - 1 \mid x \in B\}$,则 $\{l-1\} \subseteq C \subseteq \{1,$

$2,\cdots,l-1\}$,由归纳假设知存在一个 l 阶图 G_0,使各顶点的度的集合为 C.

现在 G_0 中添加一点,它和其他所有顶点都相邻,得到 $l+1$ 阶图 G,易知 G 满足要求.

(ⅱ)若 $B=\{1,l\}$,令 G 为 $l+1$ 个顶点和由一个顶点出发的所有边组成的图,则 G 满足要求.

(ⅲ)若 $1\in B$,且不是(ⅱ)的情况,则有一个最大的 $t,2\leqslant t<l$,使得 $t\in B$.

设 $C=\{x-1\mid x\in B,x\neq 1,l\}$,则 C 中的最大元素为 $t-1$,故 $\{t-1\}\subseteq C\subseteq\{1,2,\cdots,t-1\}$,由归纳假设,存在一个 t 阶图 G_0,使各顶点的度的集合为 C.

现在 G_0 中添加 $(l-t)$ 个孤立点,再添加一个点,它和其他所有点都相邻,得到一个 $l+1$ 阶图 G.

显然 G 的顶点的度,除 $1,l$(均属于 B)外,都是 G_0 的顶点的度(C 中元素)加 1,故属于 B;反过来,对 B 中元素 x,若 $x\neq 1,n$,则 $x-1$ 是 G_0 顶点的度,从而 x 是 G 的顶点的度;$1,n$ 显然是 G 的顶点的度,从而各顶点的度的集合为 B,故引理成立.

现设 $a_i=6b_i(i=1,2,\cdots,k)$,$\max\{b_1,\cdots,b_k\}=q$,将 $\dfrac{N}{2}+3=3(q+1)$ 个人排成 $3\times(q+1)$ 表,第 $j(j=1,2,\cdots,q+1)$ 列的人为 x_{1j},x_{2j},x_{3j},令 $A_j=\{x_{1j},x_{2j},x_{3j}\}$,$A_j$ 中每 2 个人为一个对子,共有 $3(q+1)$ 个对子,每个人恰好属于 2 个对子.

将 A_j 看作点,共有 $q+1$ 个点,对于 $B=\{b_1,\cdots,b_k\}$,有 $\{q\}\subseteq B\subseteq\{1,2,\cdots,q\}$,由引理,存在一个以 A_j 为顶点的 $q+1$ 阶图 G,使得各顶点的度分别为 $b_1,\cdots,b_k$,安排赛程时,使得当 A_i 和 A_j 相邻时,令 A_i 中的对子与 A_j 中的对子都进行双打,其余对子之间不进行双打.

4 图论方法

此时容易验证,对每个 $j=1,2,\cdots,q+1$,A_j 中的人比赛的场数为 $t=6d(A_i)$,实际上,A_j 中的人属于 2 个对子,如果 A_j 与 A 相邻,这 2 个对子与 A 中 3 个对子比赛,共有 6 场,从而"赛次集"为 $\{6d(A_i)|1\leqslant i\leqslant q+1\}=6B=A$.

综上所述,至少需要 $\dfrac{N}{2}+3$ 人,其中 $N=\max\{a_1,\cdots,a_k\}$.

例 8 某部队有 169 名士兵,每天安排 4 名士兵值勤,问:能否到某一时刻,每 2 个人都恰好值勤一次?(1998 年俄罗斯数学奥林匹克试题)

分析与解 用点表示士兵.当且仅当两个士兵在同一天一起值勤,对应的点连边,得到一个 169 阶的完全图 K_{169}.

4 名士兵在同一天一起值勤,等价于图中的一个 K_4.这样,问题等价于:能否将 K_{169} 分割为 $\dfrac{C_{169}^2}{C_4^2}=13^2\times 14$ 个两两没有公共边的 K_4?

采用分组构造.注意到 $169=13\times 13$,从而可将 169 个士兵排列成 13×13 的点阵,先将同一行的点构成的子图分割成两两没有公共边的 K_4,再将每一行看作一个大点,然后采用类似的分割.

用 (i,j) 表示 169 个点,其中 $i=0,1,2,\cdots,12;j=0,1,2,\cdots,12$.

它们分为 13 行:$A_i=\{(i,0),(i,1),(i,2),\cdots,(i,12)\}$,$i=0,1,2,\cdots,12$.

又分为 13 列:$B_j=\{(0,j),(1,j),(2,j),\cdots,(12,j)\}$,$j=0,1,2,\cdots,12$.

对同一行 A_i 中 13 个点连的边,可用其 $C_{13}^2=13\times 6$ 条边划分为 13 个两两无公共边的 K_4,第 j 个 K_4 为 $\{(i,j),(i,j+2),(i,j+3),(i,j+7)\}$,$j=0,1,2,\cdots,12$,其中的数按模 13 理解,即大于 12 的数取其模 13 的余数.(实际上,将 13 个点看成是正 13 边形的顶点,则一个 K_4 含有的 6 条边的级别恰好是 1,2,3,4,5,6,其中定义两个顶点连的边是 k 级的,是指这两点在圆周的劣弧上相距 k 段弧,每段弧是指以相邻顶点为端点的弧.于是,旋转中,不同位置对应的 K_4,其边互不相同.参见图 4.19.)

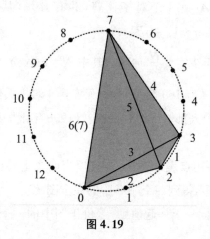

图 4.19

我们称顶点都在同一行中的 K_4 为第 1 类 K_4,每一行有 13×6 条边,共 13 行,所以所有第 1 类两两无公共边的 K_4 共含有 $(13 \times 6) \times 13 = 6 \times 13^2$ 条边.

类似地,对同一列 B_j 中 13 个点连的边,可用其 $C_{13}^2 = 13 \times 6$ 条边划分为 13 个两两无公共边的 K_4,第 i 个 K_4 为 $\{(i,j),(i+2,j),(i+3,j),(i+7,j)\}$,$i = 0,1,2,\cdots,12$,其中的数按模 13 理解,即大于 12 的数取其模 13 的余数.

下面考察任两端点都不在同一行也不在同一列中的 K_4,这可由同列中的 K_4 变异得到:引入参数 k,则同列中的 K_4 可改写为 $K_4 = \{(i,j+k),(i+2,j+k),(i+3,j+k),(i+7,j+k)\}$,此时,$K_4$ 中的点仍同列.

现在对 k 引入"加权系数"(将列错位,变成不同列),将 K_4 修改为 $K_4^* = \{(i,j),(i+2,j+k),(i+3,j+2k),(i+7,j+3k)\}$,其中的数按模 13 理解,$k \neq 0$ 时,K_4^* 中任何两点不同列($k = 0$ 时为同列 K_4).

4 图论方法

实际上,当 $k \not\equiv 0$ 时,因为 13 是质数,对 $0 \leqslant p < q \leqslant 3$,有 $(p-q) \cdot k \not\equiv 0 \pmod{13}$,所以 $pk \not\equiv qk \pmod{13}$,于是 K_4 中任何两点都不同列,这表明端点不在同列中的边都是与端点不在同列中的其他边组成 K_4.

现在,令 i、j、k 都跑遍 $0,1,2,\cdots,12$,对其中每一个 (i,j,k),都确定一个第 2 类 $K_4^* = \{(i,j),(i+2,j+k),(i+3,j+2k),(i+7,j+3k)\}$,如 $i=j=0, k=1$ 时,$K_4^* = \{(0,0),(2,1),(3,2),(7,3)\}$ (图 4.20).

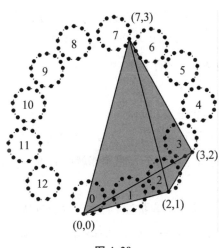

图 4.20

我们称 K_4^* 中的 K_4 为第 2 类 K_4,注意到 i、j、k 均有 13 种取值,所以第 2 类 K_4 共有 13^3 个,含有 6×13^3 条边.

反之,对任意一条边 AB,设 $A=(s,t), B=(p,q)$,如果 A、B 属于同一行,则 AB 属于唯一的一个第 1 类 K_4.

如果 A、B 属于不同行,不妨设 $p-s \in \overline{1} \cup \overline{2} \cup \cdots \cup \overline{6}$.

若 $p-s \in \overline{2}$,则令 $(s,t) = (i,j), q-t = k$,此时,$(i,j) = (s,t), (i+2,j+k) = (s+2,t+q-t) = (p,q)$,有 $AB \in K_4^*$.

若 $p-s \in \overline{3}$,则令 $(s,t) = (i,j), q-t = 2k$,有 $AB \in K_4^*$.

若 $p-s \in \bar{6}$，则令 $(s,t)=(i,j)$，$q-t=3k$，有 $AB \in K_4^*$.

若 $p-s \in \bar{1}$，则令 $(s,t)=(i+2,j+k)$，$q-t=k$，有 $AB \in K_4^*$.

若 $p-s \in \bar{5}$，则令 $(s,t)=(i+2,j+k)$，$q-t=2k$，有 $AB \in K_4^*$.

若 $p-s \in \bar{4}$，则令 $(s,t)=(i+3,j+2k)$，$q-t=k$，有 $AB \in K_4^*$.

于是每条边 AB 都属于一个第 2 类 K_4，即两类 K_4 包含了所有的边.

又上述两类 K_4 共含有 $6 \times 13^2 + 6 \times 13^3 = 6 \times 13^2 \times 14 = C_{169}^2$ 条边，从而所有 K_4 两两无公共边.

故上述安排是合乎要求的.

例 9 n 个人举行了若干次会议，每次会议 n 个人围圆桌排成一圈，如果要求每次会议每个人的相邻就座者都不同，问这样的会议最多可以开几次？

分析与解 用图论语言描述，一种座位的排法就是一个哈氏圈，要求每次会议每个人的相邻就座者都不同，等价于任何两个哈氏圈中没有公共的边.

这样，问题变为：在 n 阶完全图 K_n 中至多可以取多少个哈氏圈，使任何两个哈氏圈无公共边？

设取出了 k 个哈氏圈，由于无公共边，从而可估计所有哈氏圈的边的总数，它不能超过 $\|K_n\| = \frac{1}{2}n(n-1)$，由此可得到 k 的估计.

本题的原解答如下，但其构造有误，请读者考虑错在何处.

用 n 个点表示 n 个人，每两点连一条边得到 K_n，则 K_n 的一个哈氏圈就是题中一个座位的排法，于是问题等价于：在 K_n 中至多可以取多少个哈氏圈，使任何两个哈氏圈无公共边？

4 图论方法

设有 t 个哈氏圈,由于哈氏圈有 n 条边,且任何两个哈氏圈无公共边,于是 t 个哈氏圈的边的总数 $S = tn$.

显然 $S \leqslant \|K_n\| = \frac{1}{2}n(n-1)$,所以 $tn \leqslant \frac{1}{2}n(n-1)$,即 $t \leqslant \frac{n-1}{2}$,但 t 为整数,所以 $t \leqslant \left[\frac{n-1}{2}\right]$.

当 $n = 2k+1$ 时,设 $n = 2k+1$ 个顶点为 $0,1,2,\cdots,2k$,将 $1,2,\cdots,2k$ 依次排在正 $n-1 = 2k$ 边形的顶点上,0 排在此 $2k$ 边形的中心 O,取一个哈氏圈 $(0,1,2,2k,3,2k-1,4,\cdots,k-1,k+3,k,k+2,k+1,0)$,该圈含两条直径,一条含点 O,另一条不含点 O,然后绕正 $2k$ 边形的中心旋转 $\frac{i\pi}{k}(1 \leqslant i \leqslant k-1)$,则得到 $k = \left[\frac{n-1}{2}\right]$ 个哈氏圈(图 4.21).

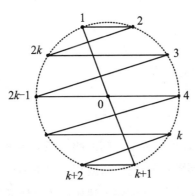

图 4.21

显然,每个圈都对应正 $2k$ 边形的一条主对角线 l,而圈中的边与 l 的夹角 $\alpha = 0, \frac{\pi}{2}, \frac{(k-1)\pi}{2k}$(对 $k-1$ 段弧),而这些边与其他对角线的夹角 $\beta \neq 0, \frac{\pi}{2}, \frac{(k-1)\pi}{2k}$,从而这些边都不在其他圈上,所以任何两个圈没有公共边.

当 $n=2k$ 时,设 $n=2k$ 个顶点 $(1,2,\cdots,2k)$,将它们依次排在正 $n=2k$ 边形的顶点上(图 4.22).

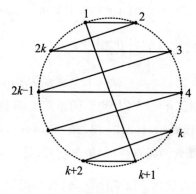

图 4.22

取一个哈氏圈 $(1,2,2k,3,2k-1,4,\cdots,k-1,k+3,k,k+2,k+1,1)$,然后绕正 $2k$ 边形的中心旋转 $\dfrac{i\pi}{k}$ $(1 \leqslant i \leqslant k-2)$,则得到 $k-1=\left[\dfrac{n-1}{2}\right]$ 个哈氏圈.

故会议最多可以开 $\left[\dfrac{n-1}{2}\right]$ 次.

上述构造中,旋转过程中不同的圈可能有边重合. 如 $n=2k$ 时,每一个圈都含有两条直径,它们长度相等但不平行,从而其中一条旋转后可能与另一条重合. 我们将上述构造改进如下.

(1) 当 n 为奇数时,令 $n=2k+1$,作圆 O,在圆 O 上取 $2k$ 个点 $A_1,A_2,\cdots,A_{2k}$,使其将圆周 $2k$ 等分,并在直径 A_1A_{k+1} 上取一点 P_0,使 P_0 与圆心 O 不重合,取一个哈氏圈 $H_n^{(0)} = (A_1, A_2, A_{2k}, A_3, A_{2k-1}, \cdots, A_k, A_{k+2}, A_{k+1}, P_0)$,此圈对应的点列中,$P_0$ 排在最后,而其他点中,与点 A_1 在圆周上相距较近的点排列在相距较远的点的前面,当两点与点 A_1 在圆周上的距离相等时,先排按顺时针方向旋转该距离得到的点(图 4.23).

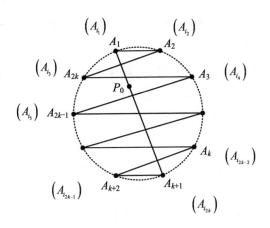

图 4.23

(2) 当 n 为偶数时,若 $n=4$,则显然有 $\left[\dfrac{n-1}{2}\right]=1$ 个哈氏圈;当 $n \geqslant 6$ 时,令 $n=2k+2$,作圆 O,在圆 O 上取 $2k$ 个点 $A_1, A_2, \cdots, A_{2k}$,使其将圆周 $2k$ 等分,作一长为 $2k$ 的圈 $(A_1, A_2, A_{2k}, A_3, A_{2k-1}, \cdots, A_k, A_{k+2}, A_{k+1})$,此圈对应的点列中,与点 A_1 在圆周上相距较近的点排列在相距较远的点的前面,当两点与点 A_1 在圆周上的距离相等时,先排按顺时针方向旋转该距离得到的点.

为方便起见,将这个哈氏圈的顶点重新编号,记为 $H_n^{(0)}=(A_{i_1}, A_{i_2}, A_{i_3}, \cdots, A_{i_{2k}}, P_0)$,显然,圈中含有圆 O 的两条直径,一条为 $A_{i_1}A_{i_{2k}}(A_1A_{k+1})$,此直径上还有哈氏圈的另一个顶点 P_0,另一条为 $A_{i_k}A_{i_{k+1}}$(因为它两侧各有圆周上的 $k-1$ 个顶点),此直径不含哈氏圈的其他顶点.

将哈氏圈 $H_n^{(0)}=(A_{i_1}, A_{i_2}, A_{i_3}, \cdots, A_{i_{2k}}, P_0)$ 绕圆心 O 按顺时针方向旋转角度 $\dfrac{j\pi}{k}$($1 \leqslant j \leqslant k-1$),得到哈氏圈 $H_n^{(j)}=(A_{i_1+j}, A_{i_2+j},$

$A_{i_3+j}, \cdots, A_{i_{2k}+j}, P_j)$,这样便得到 n 阶完全图中的 $k = \left[\dfrac{n-1}{2}\right]$ 个哈氏圈 $H_n^{(j)}$($j=0,1,2,\cdots,k-1$),其中将 $P_0, P_1, P_2, \cdots, P_{k-1}$ 看作同一个点 P.

这些哈氏圈具有这样的特点,除两条直径外,平行且相等的任何两条边都在同一个哈氏圈上. 而对于两条直径,一个过 P,另一个不过 P.

下面证明这 k 个哈氏圈中,任何两个哈氏圈没有公共边.

实际上,考察哈氏圈 $H_n^{(i)}$ 中的任意一条边 a 与哈氏圈 $H_n^{(j)}$ 中的任意一条边 b($0 \leqslant i < j \leqslant k-1$),当 a、b 长度不等时,它们不重合;当 a、b 都为直径且一个过 P,而另一个不过 P 时,显然边 a、b 不重合;当 a、b 长度相等且都过(或都不过)点 P 时(有可能同为不过 P 的直径),由于 $H_n^{(i)}$ 绕圆心 O 按顺时针方向旋转角度 $\dfrac{(j-i)\pi}{k}$,得到哈氏圈 $H_n^{(j)}$,而 $\dfrac{(j-i)\pi}{k} < \pi$,所以 a、b 的方向不同,从而也不重合.

将这个圈的顶点重新编号,记为 $(A_{i_1}, A_{i_2}, A_{i_3}, \cdots, A_{i_{2k}})$,显然,圈中含有圆 O 的两条直径,一条为 $A_{i_1}A_{i_{2k}}$(A_1A_{k+1}),另一条为 $A_{i_k}A_{i_{k+1}}$(因为它两侧各有圆周上的 $k-1$ 个顶点).

在直径 A_1A_{k+1} 上取一点 P_0,使 P_0 与圆心 O 不重合,在直径 $A_{i_k}A_{i_{k+1}}$ 上取一点 Q_0,使 Q_0 与圆心 O 不重合(图 4.24),则得到一个哈氏圈 $H_n^{(0)} = (A_{i_1}, A_{i_2}, A_{i_3}, \cdots, A_{i_k}, Q_0, A_{i_{k+1}}, \cdots, A_{i_{2k}}, P_0)$.

将哈氏圈 $H_n^{(0)} = (A_{i_1}, A_{i_2}, A_{i_3}, \cdots, A_{i_k}, Q_0, A_{i_{k+1}}, \cdots, A_{i_{2k}},$ P_0)绕圆心 O 按顺时针方向旋转角度 $\dfrac{j\pi}{k}$($1 \leqslant j \leqslant k-1$),得到哈氏圈 $H_n^{(j)} = (A_{i_1+j}, A_{i_2+j}, A_{i_3+j}, \cdots, A_{i_k+j}, Q_j, A_{i_{k+1}+j}, \cdots, A_{i_{2k}+j}, P_j)$,这样便得到 n 阶完全图中的 $k = \left[\dfrac{n-1}{2}\right]$ 个哈氏圈 $H_n^{(j)}$($j=0,1,$

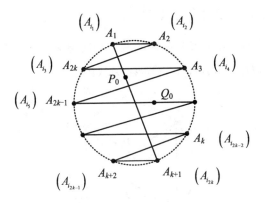

图 4.24

$2,\cdots,k-1$),其中将 $P_0,P_1,P_2,\cdots,P_{k-1}$ 看作同一个点 P,Q_0,Q_1,$Q_2,\cdots,Q_{k-1}$ 看作同一个点 Q.

这些哈氏圈具有这样的特点,除两条直径外,平行且相等的任何两条边都在同一个哈氏圈上. 而对于两条直径,一个过 P,另一个过 Q.

下面证明这 k 个哈氏圈中,任何两个哈氏圈没有公共边.

实际上,先去掉点 P、Q,考察哈氏圈 $H_n^{(i)}$ 中的任意一条边 a 与哈氏圈 $H_n^{(j)}$ 中的任意一条边 $b(0 \leqslant i < j \leqslant k-1)$,当 a、b 长度不等时,它们不重合;当 a、b 长度相等且不为直径时,由于旋转角度 $\dfrac{(j-i)\pi}{k} < \pi$,所以 a、b 的方向不同,从而也不重合;当 a、b 都为直径且都过点 P 时,由于旋转角度 $\dfrac{(j-i)\pi}{k} < \pi$,所以 a、b 的方向不同,从而也不重合;当 a、b 都为直径且都过点 Q 时,由于旋转角度 $\dfrac{(j-i)\pi}{k} < \pi$,所以 a、b 的方向不同,从而也不重合;当 a、b 都为直径且一个经过点 P,另一个经过点 Q 时,显然 a、b 不重合.

综上所述，会议最多可以开 $\left[\dfrac{n-1}{2}\right]$ 次.

如 $n=6$ 时（图 4.25），相应的两个哈氏圈为 $H_n^{(0)}=(A_1,A_2,Q,A_4,A_3,P)$，$H_n^{(1)}=(A_2,A_3,Q,A_1,A_4,P)$.

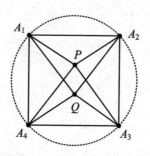

图 4.25

我们还有另一种构造方法，介绍如下.

取定 $2k$ 个点 $A_1,A_2,\cdots,A_{2k}$，每 2 点连线得到 $2k$ 阶完全图，对 $2k$ 阶完全图中的一条边 A_pA_q，如果 $|p-q|=k$，则称 A_pA_q 为完全图的一条直径. 取图中一个长为 $2k$ 的圈 $C=(A_2,A_{2k},A_3,A_{2k-1},\cdots,A_k,A_{k+2},A_{k+1},A_1)$，此点列中奇数号位置上的点的下标依次构成公差为 1 的等差数列，偶数号位置上的点的下标除最后一项外依次构成公差为 -1 的等差数列.

显然，圈 C 中除 $A_{k+1}A_1$ 外的每一条边 A_sA_t 都满足 $s+t\equiv 2$ 或 $3\pmod{2k}$，且圈中相邻两顶点的下标差依次为 $2k-2,2k-3,2k-4,\cdots,2,1,k$，其中 k 恰好出现 2 次，从而圈 C 中恰有两条直径，一条为 $A_{k+1}A_1$，设另一条为 $A_pA_q(|p-q|=k)$.

当 n 为奇数时，令 $n=2k+1$，在圈 C 的直径 $A_{k+1}A_1$ 上加入一个点 P，得到一个哈氏圈 $H_n^{(0)}=(A_2,A_{2k},A_3,A_{2k-1},\cdots,A_k,A_{k+2},A_{k+1},P,A_1)$.

显然，哈氏圈 $H_n^{(0)}$ 中除以 P 为端点的边外，其余的每一条边

A_pA_q 都满足 $p+q\equiv 2$ 或 $3\pmod{2k}$.

将哈氏圈 $H_n^{(1)}$ 除 P 外的所有顶点的下标都增加 $j(j=1,2,\cdots,k-1)$,得到第 j 个哈氏圈 $H_n^{(j)}=(A_{2+j},A_{2k+j},A_{3+j},A_{2k-1+j},\cdots,A_{k+j},A_{k+2+j},A_{k+1+j},P,A_{1+j})$.

下面证明:对哈氏圈 $H_n^{(0)}$ 任何一条边 a,将其端点的下标都增加 $j(1\leqslant j\leqslant k-1)$ 后得到的边 a' 都不在圈 $H_n^{(0)}$ 中.

实际上,若 a 是以 P 为端点的边,当 $a=A_{k+1}P$ 时,$a'=A_{k+1+j}P$,因为 $k+1+j\not\equiv k+1\pmod{2k}$,$k+1+j\not\equiv 1\pmod{2k}$,所以 a' 不在圈 $H_n^{(0)}$ 中.同样,当 $a=PA_1$ 时,a' 不在圈 $H_n^{(0)}$ 中.

若 a 不是以 P 为端点的边,不妨设 $a=A_sA_t$,则 $s+t\equiv 2$ 或 $3\pmod{2k}$,$a'=A_{s+j}A_{t+j}$,于是 a' 也不是以 P 为端点的边,因为 $(s+j)+(t+j)\equiv s+t+2j\equiv 2+2j$ 或 $3+2j\not\equiv 2$ 或 $3\pmod{2k}$,从而 a' 不在圈 $H_n^{(0)}$ 中.

由此可见,$H_n^{(1)}$,$H_n^{(2)}$,$\cdots$,$H_n^{(k-1)}$ 中的边都不与 $H_n^{(0)}$ 中的边重合,由对称性,$H_n^{(2)}$,$H_n^{(3)}$,$\cdots$,$H_n^{(k-1)}$ 中的边都不与 $H_n^{(1)}$ 中的边重合,$\cdots\cdots$,$H_n^{(k-1)}$ 中的边都不与 $H_n^{(k-2)}$ 中的边重合,从而任何两个哈氏圈中的边都不重合.

当 n 为偶数时,令 $n=2k+2$,在圈 C 的直径 $A_{k+1}A_1$ 上加入一个点 P,另一条直径 A_pA_q 上加入一个点 Q,得到第一个哈氏圈 $H_n^{(0)}=(A_2,A_{2k},A_3,A_{2k-1},\cdots,A_p,Q,A_q,\cdots,A_k,A_{k+2},A_{k+1},P,A_1)$,显然,哈氏圈 $H_n^{(0)}$ 中除以 P 或 Q 为端点的边外,其余的每一条边 A_pA_q 都满足 $p+q\equiv 2$ 或 $3\pmod{2k}$.

将哈氏圈 $H_n^{(0)}$ 除 P、Q 外的所有顶点的下标都增加 $j(j=1,2,\cdots,k-1)$,得到第 j 个哈氏圈 $H_n^{(j)}=(A_{2+j},A_{2k+j},A_{3+j},A_{2k-1+j},\cdots,A_p,Q,A_q,\cdots,A_{k+j},A_{k+2+j},A_{k+1+j},A_{1+j},P_0)$.

下面证明:对哈氏圈 $H_n^{(0)}$ 任何一条边 a,将其端点的下标都增加 $j(1\leqslant j\leqslant k-1)$ 后得到的边 a' 都不在圈 $H_n^{(0)}$ 中.

实际上,若 a 是以 P 为端点的边,当 $a = A_{k+1}P$ 时,$a' = A_{k+1+j}P$,因为 $k+1+j \not\equiv k+1 \pmod{2k}$,$k+1+j \not\equiv 1 \pmod{2k}$,所以 a' 不在圈 $H_n^{(0)}$ 中.同样,当 $a = PA_1$ 时,a' 不在圈 $H_n^{(0)}$ 中.

若 a 是以 Q 为端点的边,当 $a = A_pQ$ 时,$a' = A_{p+j}Q$,因为 $p+j \not\equiv p \pmod{2k}$,$p+j \not\equiv q \pmod{2k}$,所以 a' 不在圈 $H_n^{(0)}$ 中.同样,当 $a = QA_q$ 时,a' 不在圈 $H_n^{(0)}$ 中.

若 a 不是以 P、Q 为端点的边,不妨设 $a = A_sA_t$,则 $s+t \equiv 2$ 或 $3 \pmod{2k}$,$a' = A_{s+j}A_{t+j}$,于是 a' 也不是以 P、Q 为端点的边,因为 $(s+j)+(t+j) \equiv s+t+2j \equiv 2+2j$ 或 $3+2j \not\equiv 2$ 或 $3 \pmod{2k}$,从而 a' 不在圈 $H_n^{(0)}$ 中.

由此可见,$H_n^{(1)}$,$H_n^{(2)}$,$\cdots$,$H_n^{(k-1)}$ 中的边都不与 $H_n^{(0)}$ 中的边重合,由对称性,$H_n^{(2)}$,$H_n^{(3)}$,$\cdots$,$H_n^{(k-1)}$ 中的边都不与 $H_n^{(1)}$ 中的边重合,……,$H_n^{(k-1)}$ 中的边都不与 $H_n^{(k-2)}$ 中的边重合,从而任何两个哈氏圈中的边都不重合.

4.3 圈链分析

对于图 G 中的 r 个点 $A_1, A_2, \cdots, A_r$,如果 A_i 与 A_{i+1}($i=1, 2, \cdots, r$)都相连,其中规定 $A_{r+1} = A_1$,则称这 r 条边构成一个长为 r 的圈,记为 C_r.

所谓圈链分析,就是考察图 G 与圈或链相关的一些性质.它包括如下几个方面:一是判断 G 中是否存在具有某种性质的圈或链;二是在 G 中取一个最长的圈或链,由此找到突破口;三是讨论图 G 中圈或链的长度以及圈或链的个数的可能取值,借以发掘图 G 的相关性质.

例 1 联邦 AB 由两个共和国组成,每一条道路都联结着属于不同两个共和国的两个城市,由每一个城市都可通向不多于 10 个城市.求证:在联邦 AB 的地图上,可将每条道路都染 10 色之一,使得出自同一城市的道路都不同色.

分析与证明 用点表示城市,A 国的城市集合用 A 表示,B 国的城市集合用 B 表示,用联结两点的边表示道路,则所有边都是 A 中的点与 B 中的点相连(同一个国家中的点不相连),得到二部分图 $G=(A,B,E)$.

我们要证明:可将图 G 的边 10-染色(每条边染 10 种颜色之一),使同一个点引出的边都异色.

设 $\|G\|=n$,对 G 的边数 n 归纳. 当 $n=1$ 时,结论显然成立.

设结论对小于 n 的自然数成立,考虑 G 有 n 条边的情形.

先由归纳假设,将其中的 $n-1$ 条边按要求染色,剩下一条边未染色,设它联结着两个城市 x、y,其中 $x\in A, y\in B$.

现在考虑如何对边 xy 染色,使染色合乎条件. 显然,一个充分条件是,顶点 x、y 引出的边的并集没有包含全部的颜色,假设 x、y 引出的边都不含第 i 色,则将边 xy 染第 i 色即可.

此外,设顶点 x、y 引出的边的并集包含了全部的颜色. 由于顶点 x、y 都至多引出 10 条边,又有一条边 xy 未染色,从而 x、y 引出的边都至多染了 9 色. 不妨设 x 处无 2 色的边,则 y 处有 2 色边. 又 y 处只染 9 种色,不妨设 y 处无 1 色的边,则 x 处有 1 色的边.

这样,x 处有 1 色边而无 2 色边,y 处有 2 色边而无 1 色边(图 4.26).

设想 xy 染 1 色,则顶点 y 已满足要求,但 x 不满足要求(因为 x 处有 1 色),一种自然的想法是,将部分边的颜色修改即可.

为了使修改方案不至于太复杂,我们可设想修改中颜色的改变只在 1、2 这两种颜色中进行. 于是,考察这样的一条由 x 出发的最长链:它包含的边交替出现 1、2 色,这条链通过任何城市至多一次(因为同一城市的边不同色),且不可能终止于 y 城市(这是因为此链中

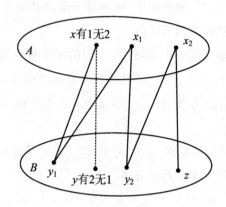

图 4.26

进入 B 国的边都是 1 色,但 y 处无 1 色的边).

现在,将此链中 1、2 色互换,并将边 xy 染 1 色,即得到合乎条件的染色.

实际上,设最长链为 $xy_1x_1y_2x_2\cdots z(z\neq y)$,链终止于 z 的边为 a 色,则 z 处无 b 色边(否则链可更长,矛盾),其中 $\{a,b\}=\{1,2\}$,于是链中 1、2 色互换,a 色改为 b 色,点 z 处仍无同色边.

因为 x 处无 2 色边,将 xy_1 改为 2 色,x 处不会出现同色边.

因为 x 处有 1 色边,将 xy 染 1 色,边 xy 不会与 x 处非 xy_1 的边同色,所以 x 处不会出现同色边.

对于链的每一个中间点,它原来本有 1、2 色边,更改颜色后仍然含有 1、2 色边,不会出现同色边.

例 2 给定圆周上 13 个点,能否将其适当编号为 $1,2,3,\cdots,13$,使任何两个相邻顶点之差的绝对值都属于区间 $[3,5]$?(1986 年匈牙利数学奥林匹克试题)

分析与证明 本题原来的证法很繁,利用圈分析可得到一个巧妙的证明.

用 x_i 表示编号为 i 的点(并非圆周上的点依次为 $x_1,x_2,\cdots$,

x_n),对任何点 x_i、x_j,当且仅当$|i-j|\in[3,5]$时,将 x_i、x_j 连边,得到一个简单图 G.

我们先明确图 G 的边 x_ix_j 的实际意义:其中 x_i、x_j 为 i、j 号点,而边 x_ix_j 表示两端点的下标满足$|i-j|\in[3,5]$.

这样,存在题中所述的编号方式,等价于图 G 中存在一个哈氏圈 C_{13}.

假定图 G 中存在一个哈氏圈 C_{13},去掉 G 中任何 3 点,C_{13} 至多被分成 3 段,从而去掉 G 中任何 3 点后,记去掉 3 点及其相关的边后的图为 G',则 G' 最多可被分成 3 个互不关联的连通分支.

现在去掉点 x_6、x_7、x_8,得到的图 G' 如图 4.27 所示.

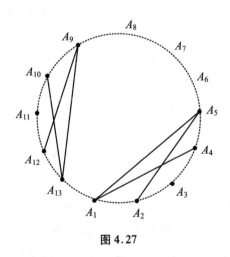

图 4.27

此时,G' 有 4 个连通分支:$\{x_1,x_2,x_4,x_5\}$,$\{x_9,x_{10},x_{12},x_{13}\}$,$\{x_3\}$,$\{x_{11}\}$,矛盾.

故合乎条件的编号方式不存在.

例 3 设 $n\geqslant 4$,同一圆周上 $2n-1$ 个互异的点构成集合 E,将 E 中一部分点染黑色,另一部分点不染色,如果至少有一对黑色的点,以它们为端点的两条弧中有一条的内部(不包括端点)恰有 E 中

的 n 个点，则称此染色方法是好的，如果将 E 中 k 个点染黑色的每一种染色方法都是好的，求 k 的最小值.(第 31 届 IMO 试题)

分析与解 所谓好染色，是存在"距离"为 n 的黑点，于是想到将所有距离为 n 的点连边，看能否找到两个相邻的黑色点.

设圆周上 $2n-1$ 个点依次为 $a_1, a_2, \cdots, a_{2n-1}$，对 $i=1,2,\cdots,2n-1$，令 a_i 与 a_{i+n+1} 相邻（每隔 n 个点连一条边），即当且仅当 $i-j \equiv \pm(n+1)(\bmod 2n-1)$ 时，A_i 与 A_j 相邻，得到一个简单图 G.

而所谓好的染色方法，即是 G 中必有两个相邻的黑色点（两个黑色点之间夹着 n 个 E 中的点）.

一方面，为了得到目标不等式 $k \geq c$，考虑一种最坏的情况：两两不相邻的点相当多，设这些点构成集合 A，则 $k > |A|$（否则仅将 A 中的点染色，它不是好染色）.

如何找到两两不相邻的点？这就要研究图 G 的性质.

显然，G 中每个点的度都是 2，由图论中熟知的结论，G 是一个圈或由若干个互不相邻的圈组成，在同一个圈中相间取点，可得到两两不相邻的点.

下面计算 G 中有多少个圈，其中注意 a_i、a_{i+3} 是同一个点 a_{i+n+1} 的邻点，这是因为

$$(i+n+1)+(n+1)=i+2n+2 \equiv i+3 (\bmod 2n-1).$$

(1) 当 $3 \mid 2n-1$ 时，由于 a_3、a_6 与同一个点相邻，从而 a_3、a_6 在同一个圈上，如此下去，可知 $a_3, a_6, a_9, a_{12}, \cdots$ 在同一个圈上.

这样，G 由 3 个圈构成，每个圈的长度都为 $\frac{1}{3}(2n-1)$.

注意到 $\frac{1}{3}(2n-1)$ 为奇数，所以每个圈上可取出

$$\frac{1}{2} \cdot \left[\frac{1}{3}(2n-1)-1\right] = \frac{1}{3}(n-2)$$

个点两两不相邻，3 个圈上共有 $n-2$ 个点两两不相邻.

由上可知，G 中至少要染 $n-1$ 个点才能保证必有两个点相邻，所以 $k \geqslant n-1$.

其次，当 $k=n-1$ 时，将 $n-1$ 个黑色点归入 3 个圈，必有一个圈上不少于 $\frac{1}{3}(n-1) > \frac{1}{3}(n-2)$ 个黑色点，从而此圈上必有黑色点相邻，所以 k 的最小值为 $n-1$.

(2) 当 $3 \nmid 2n-1$ 时，同样可知，$a_3, a_6, a_9, a_{12}, \cdots$ 在同一个圈上.

因为 3 为质数，所以 $(3, 2n-1)=1$，此时，$3, 3\times 2, 3\times 3, \cdots, 3\times(2n-1)$ 构成模 $2n-1$ 的完系，这样，G 由 1 个圈构成.

又 $2n-1$ 为奇数，此圈上可以取出 $n-1$ 个点两两不相邻，从而至少要染 n 个黑色点.

当 $k=n$ 时，此圈上有 n 个黑色点，必有两个黑色点相邻，所以 k 的最小值为 n.

综上所述，当 $3 \mid 2n-1$ 时，$k_{\min} = n-1$；此外，$k_{\min} = n$.

例 4 求最小的正数 n，使在任何 n 个无理数中（不一定互异），总有 3 个数，其中每两个数的和仍为无理数.（1988 年 IMO 加拿大训练题）

分析与证明 试验 n 的简单取值，发现 $n=3, 4$ 不合乎要求，因为 $\sqrt{2}, \sqrt{2}, -\sqrt{2}, -\sqrt{2}$ 中任何 3 个数中必有两个数互为相反数，它们的和为 0（有理数），所以 $n \geqslant 5$.

$n=5$ 时，无法构造相应的反例，从而猜想 $n=5$ 合乎要求，即 n 的最小值为 5.

注意到如下的二元关系：两数之和为有理数或无理数 ↔ 连边或不连边 ↔ 连红色边或蓝色边.

于是，用 n 个点表示 n 个无理数，如果两个无理数的和为有（无）理数，则将其对应的点连一条红（蓝）色边，得到一个 2 色的完全

图 K_n.

这样,3 个数两两之和都是无理数,等价于 K_n 中存在蓝色三角形.

当 $n=5$ 时,用点 $x_1, x_2, \cdots, x_5$ 表示 5 个无理数,相应的无理数也用它们表示,我们要证明对应的二色 K_5 中存在蓝色三角形.

首先,我们证明 K_5 中有同色三角形.用反证法,如若不然,由图论的基本定理可知,K_5 中必有一个蓝色 C_5 和一个红色 C_5.

设红色 C_5 为 $(a_1, a_2, a_3, a_4, a_5)$,令 $a_1 + a_2 = b_1, a_2 + a_3 = b_2$,$a_3 + a_4 = b_3, a_4 + a_5 = b_4, a_5 + a_1 = b_5$. 则由 C_5 为红色可知,b_1,$b_2, \cdots, b_5$ 都为有理数,由此得 $2a_1 = b_1 - b_2 + b_3 - b_4 + b_5$ 为有理数,矛盾.

其次,我们证明同色三角形必是蓝色三角形.用反证法,如若不然,则由上面的结论可知,必有红色三角形,设为 (a_1, a_2, a_3),令 $a_1 + a_2 = b_1, a_2 + a_3 = b_2, a_3 + a_1 = b_3$,则由三角形 (a_1, a_2, a_3) 为红色可知,b_1, b_2, b_3 都为有理数,由此得 $2a_1 = b_1 - b_2 + b_3$ 为有理数,矛盾.

于是三角形为蓝色三角形,设为 (a_1, a_2, a_3),则 a_1、a_2、a_3 中任何两个数的和都是无理数,命题获证.

例 5 设 $X = \{1, 2, \cdots, 50\}$,求最小的正整数 k,使 X 的任一 k 元子集都存在两个不同的数 a、b,使 $a+b \mid ab$.

分析与解 k 的最小值为 39.

为叙述问题方便,如果 $a, b \in X$,其中 $a \neq b$,使 $a+b \mid ab$,则称 (a, b) 是 X 的一个好对子.

一方面,我们先考虑 X 共有多少个好对子.

对合乎条件的 a、b,不妨设 $a > b$,记 $(a, b) = c$,令 $a = ca_1, b = cb_1$,则 $(a_1, b_1) = 1$.

于是,由 $a+b \mid ab$,有 $c(a_1 + b_1) \mid c^2 a_1 b_1, a_1 + b_1 \mid ca_1 b_1$. 又

$(a_1+b_1,a_1)=(a_1+b_1,b_1)=1$,所以 $a_1+b_1|c,a_1+b_1\leqslant c$.

再注意到 $a_1\neq b_1$,于是 $(a_1+b_1)^2\leqslant c(a_1+b_1)=a+b\leqslant 50+49=99$,所以 $3\leqslant a_1+b_1\leqslant 9$.

(1) 若 $a_1+b_1=3$,则 $(a,b)=(6,3),(12,6),(18,9),(24,12),(30,15),(36,18),(42,21),(48,24)$,共 8 组.

(2) 若 $a_1+b_1=4$,则 $(a,b)=(12,4),(24,8),(36,12),(48,16)$,共 4 组.

(3) 若 $a_1+b_1=5$,则 $(a,b)=(20,5),(40,10),(15,10),(30,20),(45,30)$,共 5 组.

(4) 若 $a_1+b_1=6$,则 $(a,b)=(30,6)$,共 1 组.

(5) 若 $a_1+b_1=7$,则 $(a,b)=(42,7),(35,14),(28,21)$,共 3 组.

(6) 若 $a_1+b_1=8$,则 $(a,b)=(40,24)$,共 1 组.

(7) 若 $a_1+b_1=9$,则 $(a,b)=(45,36)$,共 1 组.

所以 X 中共有 23 个好对子.

想象在 X 中取出 r 个数,使上述每一个好对子中都至少取出一个数,则剩下的 $50-r$ 个数中没有好对子.

由此可见,$k\leqslant 50-r$ 不合乎要求.

实际上,因为在剩下的 $50-r$ 个数中任取 k 个数构成一个 k 子集,其中没有好对子,矛盾,所以 $k\geqslant 51-r$.

显然,r 越小,上述估计越精确.

如何求出最小的 r?这可以采用逐步扩充的策略来选取 r 个数.

依次考察每一个好对子 (a,b),然后比较 a、b 在各个好对子中出现的总次数,取出出现次数较多的那一个数.如对子 $(6,3)$,其中 6 出现 3 次,而 3 只出现 1 次,从而取出 6.

进而考虑好对子 $(12,6)$,因为已取出 6,所以暂时可不取出 12.

接着考虑好对子 $(18,9)$，因为 18 出现 2 次，而 9 只出现 1 次，从而取出 18.

如此下去，发现：令
$$M = \{6,12,15,18,20,21,24,35,40,42,45,48\},$$
则每个好对子都至少有一个数属于 M.

我们也可这样构造集合 M：选取出现次数最多的一些数. 例如，12、24 各出现 4 次，6、30、36 各出现 3 次，10、18、20、21、42、48 各出现 2 次，最后取出现 1 次的 14，得到
$$M = \{6,10,12,14,18,20,21,24,30,36,42,48\}.$$

因为 $|X \setminus M| = 50 - 12 = 38$，于是，当 $k \leqslant 38$ 时，取 $X \setminus M$ 的任一 k-元子集，则其中不存在好对子，矛盾，所以 $k \geqslant 39$.

下面证明 $k = 39$ 合乎条件.

实际上，X 的任一个 39 元子集 A，我们证明 A 中必定存在好对子.

考察 A 相对于 X 的补集 $\bar{A} = X \setminus A$，有 $|\bar{A}| = 50 - 39 = 11$.

要证明 A 中含有一个好对子，由反向抽屉原理，只需找到 12 个好对子（抽屉），其中任何两个好对子没有公共元素（每个元素只属于一个抽屉），但 $\bar{A}$ 中只有 11 个元素，从而至少有一个抽屉没有 $\bar{A}$ 中的元素，从而这 12 个好对子中至少有一个在 A 中.

X 的 23 个好对子共包含 24 个数：3,4,5,6,7,8,9,10,12,14,15,16,18,20,21,24,28,30,35,36,40,42,45,48，将这 24 个数用 24 个点表示，当且仅当两点对应的数构成一个好对子时连边，得到简单图 G.

这样，我们只需在 G 中取 12 条边，使任何两条边不相邻即可（图 4.28）.

一种自然的想法是，将 G 分成若干个连通分支，然后在每个连通的分支中取尽可能多的边，使其互不相邻.

4 图论方法

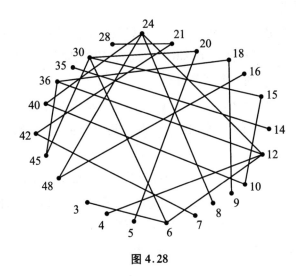

图 4.28

第一个分支是联结 30、14 的独立的一条边,此边当然取出.

第二个分支中有一条依次联结 3,6,12,36,45,30,15,10,40,24,8 的长为 11 的链,其中可取出 6 条互不相邻的边.

第三个分支中有一条依次联结 7,42,21,28 的长为 4 的链,其中可取出 2 条互不相邻的边.

最后,取出 3 条边 (5,20),(9,18),(16,48),共取出 12 条互不相邻的边(图中的红边).

对任何一个 39 元子集 A,不在 A 中的数只有 $50-39=11$ 个,从而上述 12 个好对子至少有一个对子在 A 中,所以 $k=39$ 合乎条件.

综上所述,k 的最小值为 39.

例 6 将 $n\times n$ 棋盘的小方格都染上 m 种颜色之一,使任何两行的染色不完全相同,求证:可以从中去掉一列,使任何两行的染色仍不完全相同.

分析与证明 对于 $m\times n$ 棋盘问题,可采用如下三种方案转化

为图论问题.

方案 1:用 mn 个点表示 $m \times n$ 棋盘的方格,当且仅当两个格具有题中给出的某种性质 p(如同行、同列、相邻、同色等)时,将它们用一条边联结,得到一个简单图 G.

方案 2:m 个点 $x_1, x_2, \cdots, x_m$ 表示 $m \times n$ 棋盘的 m 个行,若某两行具有题中给出的某种性质 p,则将其对应的点连边,得到简单图 G.

方案 3:假定 $m \times n$ 棋盘中选定了若干个格,我们用 m 个点 $x_1, x_2, \cdots, x_m$ 表示 $m \times n$ 棋盘的 m 个行,其集合记为 A,用另外 n 个点 $y_1, y_2, \cdots, y_n$ 表示 $m \times n$ 棋盘的 n 个列,其集合记为 B,若取定了棋盘第 i 行第 j 列的格 $a_{ij}(1 \leqslant i \leqslant m, 1 \leqslant j \leqslant n)$,则将点 x_i、y_j 连边,得到二部分图 $G = (A, B, E)$.

显然,若取定了棋盘的所有格 a_{ij},则 G 是二部分完全图.此外,棋盘中同一行(列)中选定格的个数,就是该行(列)对应点的度.

对于本题,我们要证明可以从中去掉一列,使任何两行的染色仍不完全相同.但应去掉哪一列?从正面难以入手,所以考虑反证法.

如果结论不成立,则对每一列,去掉该列后都有某两行染色完全相同,我们称"两行染色完全相同"为"这两行是同型的(具有性质 p)",从而可采用方案 2 来转化为图论问题.

用点 x_i 表示棋盘的第 $i(i = 1, 2, \cdots, n)$ 行,则对任何一个列,去掉该列后棋盘中都有两行染色完全相同,令这两个行与该列对应(如果有多个行染色完全相同,则任取其中两行),并将这两行对应的点连边,这样便得到一个有 n 个点 n 条边的简单图 G.

我们先明确 G 中的边 $x_i x_j$ 的实际意义:x_i、x_j 分别代表第 i、j 两行,而边 $x_i x_j$ 代表那样一个列(设为第 k 列),去掉第 k 列后,x_i、x_j 两行同型.这表明,每条边都对应一个去掉了的列,使两端点对应的行同型.

注意到每一个列都只取一个两行组,从而任何两条边对应的列不同.

由于 $\|G\| \geqslant |G|$,所以 G 中存在圈:$x_{i_1}, x_{i_2}, \cdots, x_{i_k}, x_{i_1}$(图 4.29).

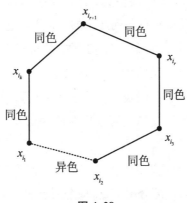

图 4.29

注意到每条边对应一个去掉了的列,假定边 $x_{i_1} x_{i_2}$ 对应第 j 列,那么由题设条件,去掉第 j 列之前,x_{i_1}、x_{i_2} 两行的第 j 格不同色,其余的格均同色(图 4.30).

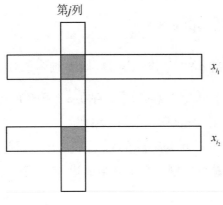

图 4.30

考察圈中其他所有边 $x_{i_r}x_{i_{r+1}}(r=2,3,\cdots,k)$，由于它们对应的列不是第 j 列，从而 x_{i_r}、$x_{i_{r+1}}$ 两行的第 j 格同色，即 $x_{i_2},\cdots,x_{i_k},x_{i_1}$ 的第 j 个格均同色，因而 x_{i_2}、x_{i_1} 两行的第 j 格同色，这与 x_{i_1}、x_{i_2} 异色矛盾.

例7 给定正整数 m、n、r，其中 $1<m<n$，在 $m\times n$ 方格表中选出若干个方格，使得每行每列选出的方格数不超过 r，试求 a 的最小值，使得总可以用 a 种颜色对选出的方格进行染色，每行每列都不存在 3 个同色的方格.（数学新星征解问题）

分析与解 用 m 个点表示方格表的 m 行，另 n 个点表示其 n 列，两个顶点相邻当且仅当该两顶点对应的行与列相交处的方格被选取，得到一个 2 部分图 $G_{m,n}$.

因为每一行（列）选取的方格数就是该行（列）对应点连的边数，从而问题变为：如果 2 部分图 $G_{m,n}$ 每个顶点的度都不大于 r，求 a 的最小值，使得总可以用 a 种颜色对 $G_{m,n}$ 的边进行染色，同一个顶点引出的边中不存在 3 条同色的边.

用 $\lceil x \rceil$ 表示不小于 x 的最小整数，我们先证明：$a \geq \left\lceil \dfrac{r}{2} \right\rceil$.

由于一个点可能引出 r 条边，且没有 3 条同色，由抽屉原理，颜色种数不少于 $\left\lceil \dfrac{r}{2} \right\rceil$，即 $a \geq \left\lceil \dfrac{r}{2} \right\rceil$.

下面证明：当 $a = \left\lceil \dfrac{r}{2} \right\rceil$ 时，总可以用 a 种颜色对 $G_{m,n}$ 的边进行染色，使得同一个顶点引出的边中不存在 3 条同色的边.

为证明该结论，先证明如下两个引理.

引理 1 对于一个 2 部分图 $G_{m,n}$，如果每个顶点的度都是偶数且不全为 0，则总可以删去其中一半的边，使每个顶点的度都减小一半.

引理 1 的证明 对 $G_{m,n}$ 的边数 t 进行归纳.

4 图论方法

因为 $G_{m,n}$ 至少有一条边,该边的顶点引出偶数条边,从而该点至少引出两条边,这两条边的另一个端点又至少引出 2 条边,从而 $t \geq 4$. 由于每个顶点引出偶数条边,所以 t 为偶数.

当 $t = 4$ 时,4 条边构成一个圈,去掉两条不相邻的边,结论成立.

设 $t < k(k \geq 5)$ 时结论均成立,考虑 $t = k$ 的情形.

因为 $G = G_{m,n}$ 至少有一条边,必定存在一个连通子图,该连通子图每个顶点的度不小于 2,从而一定存在圈,设 C 是 $G_{m,n}$ 中的一个最短的圈,则 C 中每个顶点在 C 中的度都为 2,记 $G' = G - C$,其中 $G - C$ 表示在 G 中去掉 C 的边得到的图,则 C、G' 每个顶点的度都是偶数(G' 的每个顶点的度在原来的基础上减少 2 或 0).

如果 C 包含 G 的所有边,则 $\|C\| = k$ 为偶数,设 C 的 k 条边按圈的顺序依次为 $e_1, e_2, \cdots, e_k$,去掉边 $e_1, e_3, \cdots, e_{k-1}$,则 G 剩下一半边,每个点的度由 2 变为 1,减少一半,结论成立.

如果 C 不包含 G 的所有边,则 $\|C\| < k$,$\|G'\| < k$,且 C、G' 每个顶点的度都是偶数且不全为 0,分别对 G'、C 利用归纳假设,并将 G'、C 合并还原成图 G,可知结论成立,引理 1 获证.

引理 2 对于一个 2 部分图 $G_{m,n}$,如果每个顶点的度都为 r,则总可以用 r 种颜色对 $G_{m,n}$ 的边进行染色,使得同一个顶点引出的边互不同色.

引理 2 的证明 对 r 归纳. 当 $r = 1$ 时,结论显然成立.

设结论对 $r - 1$ 成立,考虑 r 的情形. 由 Hall 定理,正则 2-部图存在完美匹配,取出一个完美匹配 P,将 P 的边都染第 r 种颜色,去掉 P 的所有边,则每个点的度减少 1,即剩下图每个点的度为 $r - 1$,由归纳假设,可用 $1, 2, \cdots, r - 1$ 这 $r - 1$ 种颜色对边进行染色,使得同一个顶点引出的边互不同色.

添加 P 的边还原成图 G,由于补充的边都是第 r 色的,从而同一

个顶点引出的边仍然互不同色,引理 2 得证.

解答原题 设 r' 为不小于 r 的最小偶数,则 $\left\lceil \dfrac{r}{2} \right\rceil = \dfrac{r'}{2}$.

记 2 部分图 $G_{m,n}$ 的两部分的顶点集分别为 $A = \{A_1, A_2, \cdots, A_m\}$,$B = \{B_1, B_2, \cdots, B_n\}$. 在 A 中增补 $n-m$ 个点 $A_{m+1}, A_{m+2}, \cdots, A_n$,得到新的 2 部分图 $G' = G_{n,n}$.

由于增加了 $n-m$ 个孤立点,图中每个顶点的度不增加,从而 G' 每个顶点的度仍不大于 r. 又 $r \leqslant r'$,所以 G' 中每个顶点的度不大于 r'.

如果 G' 中存在某个顶点的度小于 r',不妨设 $d(A_i) < r'$,又每个顶点的度不大于 r',那么

$$\sum_{i=1}^{n} d(B_i) = \|G'\| = \sum_{i=1}^{n} d(A_i) < nr',$$

所以,G' 中必定存在某个 $B_j (1 \leqslant j \leqslant n)$,使 $d(B_j) < r'$.

在 G' 中增添边 $A_i B_j$,使顶点 A_i、B_j 的度都增加 1,其他顶点的度不变,从而增加新的边后,图中每个顶点的度仍不大于 r'. 如此继续下去,直至每个顶点的度都不小于 r',记此时的图为 G''.

显然,G'' 每个顶点的度都为 r',根据引理 1,可以将 G'' 分解成两个图 $G_1 + G_2$,其中每个图 $G_i (i=1,2)$ 都含有 G 的一半的边数,且每个顶点的度都是 $\dfrac{r'}{2}$.

根据引理 2,每个图 $G_i (i=1,2)$ 的边都可以用 $\dfrac{r'}{2}$ 种颜色进行染色,使得同一个顶点引出的边不同色,现在将 G_1、G_2 合并还原成 G'',则每一种颜色的边至多在同一个顶点处出现两次,没有 3 条边同色.

现在,在 G'' 中去掉新增加的边得到图 G',则 G' 在同一个顶点处没有 3 条边同色. 最后在 G' 中去掉新增加的 $n-m$ 个点得到图

G,则 G 在同一个顶点处没有 3 条边同色.

综上所述,$a_{\min} = \left\lceil \dfrac{r}{2} \right\rceil$.

另解 用 $\lceil x \rceil$ 表示不小于 x 的最小整数,则显然有 $a \geqslant \left\lceil \dfrac{r}{2} \right\rceil$.

实际上,由于一行可能选取了 r 个格,而该行每种颜色的格至多有 2 个,所以由抽屉原理,颜色种数 $a \geqslant \left\lceil \dfrac{r}{2} \right\rceil$.

下面只需证明:总可以用 $a = \left\lceil \dfrac{r}{2} \right\rceil$ 种颜色对选出的方格进行染色,使得每行每列都不存在 3 个同色的方格.

为此,先考虑一种特殊情况,假定每行每列选出的方格数都为 r,且选定的方格排列成 $r \times r$ 棋盘,此时,用 $1, 2, \cdots, \left\lceil \dfrac{r}{2} \right\rceil$ 这 $\left\lceil \dfrac{r}{2} \right\rceil$ 种颜色按对角线周期地染色即可(同一条对角线上的方格染同一色).

上述染色的特征:先用 1 种颜色染 r 个格,使这 r 个格位于 r 个不同行和 r 个不同列.这就看出我们解决一般问题的关键步骤:能否在选定的格中找到 r 个格,使这 r 个格位于 r 个不同行和 r 个不同列.

用 m 个点表示方格表的 m 行,另 n 个点表示其 n 列,两个顶点相邻当且仅当该两顶点对应的行与列相交处的方格被选取,得到一个 2 部分图 $G_{m,n}$.

因为每一行(列)选取的方格数就是该行(列)对应点连的边数,所以题目的条件变成 2 部分图 $G_{m,n}$ 中所有点的度都不大于 r.从而问题变为:

如果 2 部分图 $G_{m,n}$ 每个顶点的度都不大于 r,求 a 的最小值,使得总可以用 a 种颜色对 $G_{m,n}$ 的边进行染色,同一个顶点引出的边中不存在 3 条同色的边.

显然,特例中 r 个格位于 r 个不同行和 r 个不同列,恰好对应 2

部分图 $G_{m,n}$ 中的一个 r 匹配.

由此想到 Hall 定理,正则 2-部图存在完美匹配,于是想到补充一些边将 2 部分图 $G_{m,n}$ 变成正则 2-部图.

为了使补充边后的图中所有点的度仍不大于 r,需要在度都小于 r 的点之间连边.

现在的问题:度小于 r 的点是否成对出现?稍作思考即可发现,$m=n$ 时,通过估计 G 的边数可知:如果 2 部分图一部分中有度小于 r 的点,则另一部分中也有度小于 r 的点.

于是,我们只需补充 $n-m$ 个孤立点使图变成 2 部分图 $G_{n,n}$.

记 2 部分图 $G_{m,n}$ 的两部分的顶点集分别为 $A=\{A_1,A_2,\cdots,A_m\}$,$B=\{B_1,B_2,\cdots,B_n\}$,在 A 中增补 $n-m$ 个点:$A_{m+1},A_{m+2},\cdots,A_n$,得到新的 2 部分图 $G'=G_{n,n}$.

由于增加了 $n-m$ 个孤立点,图中每个顶点的度不增加,从而 G' 每个顶点的度仍不大于 r.

如果 G' 中存在某个顶点的度小于 r,不妨设 $d(A_i)<r$,又每个顶点的度不大于 r,那么

$$\sum_{i=1}^n d(B_i) = \|G'\| = \sum_{i=1}^n d(A_i) < nr.$$

所以,G' 中必定存在某个 $B_j(1\leqslant j\leqslant n)$,使 $d(B_j)<r$.

在 G' 中增添边 A_iB_j,使顶点 A_i、B_j 的度都增加 1,其他顶点的度不变,从而增加新的边后,图中每个顶点的度仍不大于 r. 如此继续下去,直至每个顶点的度都不小于 r,记此时的图为 G''.

显然,G'' 每个顶点的度都为 r,由 Hall 定理,正则 2-部图存在完美匹配,取出其中一个完美匹配 P_1,在图中去掉 P_1 的边,则每个点都去掉一条边,得到的图仍是正则 2-部图,又存在完美匹配 P_2,在图中去掉 P_2 的边,则每个点又都去掉一条边,得到的图仍是正则 2-部图. 如此下去,直至取出第 r 个完美匹配 P_r.

4 图论方法

显然,每个顶点引出的 r 条边分别属于 r 个不同的完美匹配.现在,将完美匹配 P_i ($1 \leqslant i \leqslant \left\lceil \dfrac{r}{2} \right\rceil$)的边都染第 i 种颜色,完美匹配 P_j ($\left\lceil \dfrac{r}{2} \right\rceil + 1 \leqslant j \leqslant r$)的边都染第 ($j - \left\lceil \dfrac{r}{2} \right\rceil$)种颜色,则同一个顶点处没有 3 条边同色.

现在,在 G'' 中去掉新增加的边得到图 G',则 G' 在同一个顶点处没有 3 条边同色.最后在 G' 中去掉新增加的 $n-m$ 个点得到图 G,则 G 在同一个顶点处没有 3 条边同色,染色合乎要求.

综上所述,$a_{\min} = \left\lceil \dfrac{r}{2} \right\rceil$.

习 题 4

1. 已知 18 个队进行比赛,每一轮比赛中共有 9 场,其中每个队恰比赛一场,而且比赛过的两队在以后的各轮比赛中不再比赛.求证:经过 8 轮比赛后,必有 3 个队两两未比赛过.

2. 某日某城每户打出去的电话都不超过一次.求证:可以将该城市的住户分成不多于 3 组,使得同一组中的住户之间在当日彼此没有通过电话.(第 20 届全俄数学奥林匹克试题)

3. 在 X、Y 两国之间开设航空业务,对任何 $x \in X, y \in Y$,x、y 之间恰有一条单向航线.而且每一个城市都至少有一条航线通向另一个国家的某一个城市(每个点至少有一条出边).求证:存在 4 个城市 $a \to b \to c \to d \to a$.(第 54 届莫斯科数学奥林匹克试题)

4. 100 个城市用 4 852 条道路联结(每条道路联结两个城市,且不通过中间任何城市).求证:人们总可以通过已有的道路,旅行在任何两个城市之间.

5. 已知 9 个人 $A_1, A_2, \cdots, A_9$ 中,A_1 与其中两个人握过手,A_2、A_3 各和其中 4 个人握过手,A_4、A_5、A_6、A_7 各和其中 5 个人握过手,

A_8、A_9 各和其中 6 个人握过手.求证:这 9 个人中必有 3 个人两两握过手.

6. 有 8 个人参加一次聚会.

(1) 如果其中任何 5 个人中都有 3 个人两两认识.求证:可以从中找出 4 个人两两认识.

(2) 试问:如果其中任何 6 个人中都有 3 个人两两认识,那么是否一定可以找出 4 个人两两认识?

7. 把若干只棋子放置在一个 $n \times n$ 的棋盘上,满足如下条件:

(1) 每个不含棋子的小方格均与含有棋子的小方格有一公共边;

(2) 给出任意一对含有棋子的小方格,总有一系列包含有棋子的小方格,起始位置和终止位置是这一对小方格,使得其中任意两个连续的小方格都有公共边.

求证:棋盘中的棋子数不少于 $\frac{1}{3}(n^2 - 2)$.

8. 设 $M = \{1, 2, \cdots, 40\}$,求最小的正整数 n,使 M 可以划分为 n 个互不相交的子集,每个子集中都不存在这样 3 个数 a、b、c(未必互异),其中 $a = b + c$.(2000 年白俄罗斯数学奥林匹克试题)

9. 对有序数对 (a, b),(c, d),定义 $\sqrt{(a-c)^2 + (b-d)^2}$ 为它们之间的距离.能否将 mn 个有序数对 (i, j) ($1 \leqslant i \leqslant m, 1 \leqslant j \leqslant n, i$、$j \in \mathbf{N}$) 排成一个圆,使任何两个在圆上相邻的有序数对的距离为 1?

10. 在 $n \times n$ 棋盘中已选定 $2n$ 个格,每行每列均有 2 个格.求证:可以将其中的 n 个格染红色,n 个格染蓝色,使每行每列均有一个红格和一个蓝格.

11. 在一次乒乓球比赛中,每两个选手比赛一场.求证:可以适当安排各个选手的编号,使对所有 $i = 1, 2, 3, \cdots, n-1$,有 i 号选手胜 $i+1$ 号选手.(第 25 届莫斯科数学奥林匹克试题)

12. 给定正整数 k,在凸 n 边形中,连所有的对角线,如果可将各边及各对角线 k-染色(染给定的 k 种颜色之一),使得每一条以多边形的顶点为顶点的闭折线都不是各段同色,求多边形的顶点的个数 n 的最大值.(第 24 届全苏数学奥林匹克试题)

13. 在 8×8 棋盘的右上方方格放一个黑色棋子,其余方格都是空格,每次操作允许在棋盘中的任何一个空格内放一个白色棋子,并将此子邻格(具有公共点)内所有已放的棋子改变成相反的颜色.问:能否适当操作有限次,使棋盘的每个格都放有白色棋子?(1991 年列宁格勒数学奥林匹克试题)

14. 设 F 是一个由整数组成的有限集,满足:

(1) 对任意 $x \in F$,存在 $y, z \in F$,使得 $x = y + z$;

(2) 存在 n,使得对任何正整数 $k(1 \leqslant k \leqslant n)$ 及 F 中的任意 k 个 $x_1, x_2, \cdots, x_k$ 都有 $\sum_{i=1}^{k} x_i = 0$.

求证:$|F| \geqslant 2n+2$.

15. 设 n 个新生中,任意 3 个人中有 2 个人互相认识,任意 4 个人中有 2 个人互不认识.试求 n 的最大值.(2005 年中国西部数学奥林匹克试题)

16. 将 20 部电话机之间用导线连接,每根导线连接两部电话机,每对电话机之间至多连一根导线,每一部电话机至多引出 3 根导线.现在将导线 k-染色,使同一电话机引出的导线互不同色,求 k 的最小值.(第 51 届莫斯科数学奥林匹克试题)

17. 公园里有 mn 条小路和若干块草坪,每条小路都连接着两块草坪(图 4.31).现在知道可以将小路分别染成 m 种颜色(一条小路只染一种颜色),使得每块草坪所引出的小路中都没有同色的.求证:存在一种合乎条件的染色方法,使每种颜色都恰好染 n 条小路.(1980 年苏联数学奥林匹克训练题)

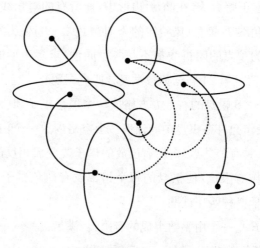

图 4.31

18. 某歌舞团有 $n(n>p,p$ 是给定的质数的幂)名演员,他们编排了一些节目,每个节目都由 p 个演员同台表演.在一次演出中,他们发现:能适当安排若干个节目,使团中每2个演员都恰有一次在这次演出中同台表演.求证:$n \geqslant p(p-1)+1$,且 $p=3,4,5$ 时,等号可以成立.(原创题)

19. 求满足如下条件的最小正整数 n:在圆 O 的圆周上任取 n 个点 $A_1,A_2,\cdots,A_n$,则在 C_n^2 个角 $\angle A_iOA_j(1 \leqslant i<j \leqslant n)$ 中,至少有 2 011 个不超过 120°.

20. 在一个由 12 个人组成的群体中,任意 9 个人中都有 5 个人,他们两两相识.证明:从这 12 个人中可以选出 6 个人,他们两两相识.(2008 年 IMO 中国国家队训练题)

21. 有 $\frac{1}{2}(n+1)(n+2)$ 张牌:$[0|0],[0|1],\cdots,[0|n],[1|1],[1|2],\cdots,[1|n],\cdots,[n|n]$,每张牌由一对整数 a、$b(0 \leqslant a \leqslant b \leqslant n)$ 组成,我们称形如 $[a_1|a_2],[a_2|a_3],\cdots,[a_k|a_{k+1}]$ 的序列为链,其长度为 k,如 $[0|5],[5|5],[5|6],[6|1]$ 便是长为 4 的链.若链

4 图论方法

$[a_1|a_2],[a_2|a_3],\cdots,[a_k|a_{k+1}]$ 满足 $a_1=a_{k+1}$,则称为闭链.
求证:

(1) 当 n 为偶数时,存在一条长为 $\frac{1}{2}(n+1)(n+2)$ 的闭链;

(2) 当 n 为奇数时,每条闭链的长不超过 $\frac{1}{2}(n+1)^2$.

(第13届奥地利-波兰数学奥林匹克试题)

22. 正整数 $a_1,a_2,\cdots,a_{2006}$(可以有相同的)使得 $\frac{a_{i+1}}{a_i}$($i=1$, $2,\cdots,2005$)两两不同,问:$a_1,a_2,\cdots,a_{2006}$ 中最少有多少不同的数? (2006年中国数学奥林匹克试题)

习题4解答

1. 用点代表球队,当且仅当两个队比赛过,在两队之间连边,得到简单图 G. 从图的角度看,每轮比赛是一个完全9-匹配(9条无公共端点的边),从而 G 由8个完全9-匹配构成. 且对任何点 x,有 $d(x)=8$,又 $n=18$,从而每个点连8条实边,9条虚边. 任取一个点 x,令 $M=\{$与 x 相邻的点$\}$,$N=\{$与 x 不相邻的点$\}$,则 $|M|=8$(8轮比赛,每个队比赛8场),$|N|=9$(共18个队,$18-8-1=9$).

反设没有虚边三角形,则 N 中的点都相邻,即 N 是一个完全图. 考察 N 中的一个点 y,因为 $d(y)=8$,从而 y 连了9条虚边,又 N 是一个完全图,y 不与 N 中的8点连虚边,所以 y 向其他9个点都连虚边,M 中的点都不与 y 相邻. 由 y 的任意性可知,M 中点不与 N 中的点相邻,从而 N 中点在每轮比赛中都构成一个匹配,于是 $|N|$ 为偶数,这与 $|N|=9$ 矛盾.

另证 用点代表球队,当且仅当两个队比赛过,在两队之间连边,得到简单图 G. 本题等价于:G 的补图中有三角形. 考察点 A_1,在8轮比赛中 A_1 共比赛8场,即 $d(A_1)=8$,还有9个队未与 A_1 比

赛,设 A_1 与 $A_2, A_3, \cdots, A_9$ 相邻,与 $B_1, B_2, \cdots, B_9$ 不相邻,令 $A = \{A_2, A_3, \cdots, A_9\}$, $B = \{B_1, B_2, \cdots, B_9\}$,我们期望存在两个点 B_i、B_j 不相邻,这样 A_1、B_i、B_j 两两不相邻. 实际上,反设任何两个点 B_i、B_j 都相邻(局部反证法),则每一个 B_i 在 B 中的度为 8,又 $d(B_i) = 8$,所以 B_i 的每一场比赛都是在 B 中进行的,从而 A、B 之间没有边相连,但这是不可能的,因为每一场比赛有 9(奇数)个队,必有一个 A_i 与一个 B_j 比赛,矛盾.

2. 用 n 个点表示 n 个住户,若住户 A_i 打通了到住户 A_j 的电话,则连一条 A_i 到 A_j 的有向边,得到一个有向图 G. 下面对 n 归纳. 当 $n = 1, 2, 3$ 时,结论显然成立,将每个住户分别作为一个组即可. 设结论对小于 n 的自然数成立,考察 n 个点的情形 ($n > 3$). 由题意,
$$\|G\| = \sum_{i=1}^{n} |N^+(A_i)| \leq \sum_{i=1}^{n} 1 = n.$$
于是,必存在一个点,设为 A_1,它的度(包括出度和入度)不大于 2. 去掉 A_1 及其关联的边,由归纳假设,剩下的 $n-1$ 个点可以分为不多于 3 组 P、Q、R,使每组中的点不连边. 又 A_1 至多与其中的两个组有边相连,将 A_1 归入与 A_1 无边相连的一个组即可.

3. 用 $G(a)$ 表示 a 可到达的城市的集合. 那么,$a \to b$ 等价于 $b \in G(a)$,由于 a、b 间恰有一条单航线,这又等价于 $a \in \backslash G(b)$. 设 a, b, c, d 为所求,则有 $b \in G(a)$,且 $b \in \backslash G(c)$,于是 $G(a)$ 不包含于 $G(c)$. 同样,$d \in G(c)$,且 $d \notin G(a)$,有 $G(c)$ 不包含于 $G(a)$. 反之则存在上述的两个点 b 和 d. 于是,我们只需找到两个点 a、c,使 $G(a)$ 与 $G(c)$ 互不包含. 若对 X 中的任何两个城市 a、c 都有 $G(a)$ 包含于 $G(c)$,设 a 是使 $|G(a)|$ 最小的一个城市,那么 $G(a)$ 包含在所有 $G(p)$ 中 (p 是 X 中的任意一个城市). 这样,考察 $G(a)$ 中的一个城市 t,X 中的所有城市 p 都有到 t 的单航线,从而 t 无出边,矛盾.

4 图论方法

另证 在 X 中取一个点 a(后面优化),由于 a 必引出一条边 $a \to b, b \in Y$,又 b 必引出一条边 $b \to c, c \in X$,显然 $c \neq a$.现在要在 $Y \setminus \{b\} = Y'$ 中找一个点 d,使 $c \to d, d \to a$.反设对所有的 $c \to d$,都有 $a \to d$,我们要导出矛盾.此时必有 $d^+(a) = d^+(c) + 1$,取 $d^+(a)$ 最小即可.

4. 我们证明更一般的结论:n 阶简单图 G 中有 $C_{n-1}^2 + 1$ 条边,则 G 是连通的.对 n 归纳.当 $n = 2$ 时,结论显然成立.设结论对小于 n 的自然数成立,考察 n 个点的情形.假定去掉一个点 A,其中 $d(A) = k$,为了利用归纳假设,要使剩下的边数不小于 $C_{n-2}^2 + 1$,即 $C_{n-1}^2 + 1 - k \geqslant C_{n-2}^2 + 1$,解得 $k \leqslant n - 2$,以此充分条件为标准进行分类讨论.

(1) 若 $k = n - 1$,则 A 与所有点相连,结论成立.

(2) 若 $k \leqslant n - 2$,则去掉点 A 及其所连的边,剩下 $n - 1$ 个点,至少有 $C_{n-1}^2 + 1 - k \geqslant C_{n-2}^2 + 1$ 条边,由归纳假设,剩下的 $n - 1$ 个点之间是连通的.

现在,加入点 A,要使图仍连通,只需 $k > 0$(又一个充分条件).优化假设,适当选取 A,使 $d(A) > 0$ 即可.

5. 考察度最大的点 A_9,显然 $d(A_9) = 6$.设 A_9 的邻域为 A.因为 $|A| = 6$,所以必有 A 中的一个点 A_i 不属于 $\{A_1, A_2, A_3\}$,于是,此点 A_i 的度不少于 5.由于集合 A 以外只有 3 个点,从而 A_i 与 A 以外的点至多连 3 条边.

但 $d(A_i) \geqslant 5$,A_i 至少要与 A 中另一个点 A_j 相连(图 4.32),从而 $\triangle A_9 A_i A_j$ 为所求.

6. (1) 用 8 个点表示 8 个人,相识两人之间连一线段.按图论语言,这些点称为图的顶点,线段称为图的边.按照题意,该图的每个 5 点子图中均有一个三角形,而每个三角形属于 $C_{8-3}^2 = C_5^2 = 10$ 个不同的 5 点子图.

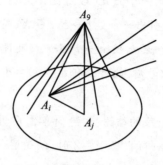

图 4.32

我们知道,这些三角形共有 $3C_8^2 = 3 \times 56 = 168$ 条边,其中每条边至多被重复计算了 10 次. 这样一来,即知:每个顶点至少连出 $\frac{2 \times 168}{8 \times 10} > 4$ 条边. 所以,存在一个顶点 A,由它至少连出 5 条边.

假设由顶点 A 有边连向 B、C、D、E、F 这 5 个顶点,而由题意在这 5 个点中又存在一个三角形,不妨设为 $\triangle BCD$. 于是 A、B、C、D 这 4 个点中的任何两点之间均有连线,所以它们所代表的 4 个人两两认识.

(2) 如果其中任何 6 个人中都有 3 个人两两彼此认识,则不一定可以找出 4 人两两彼此认识. 例如:在正八边形中连出 8 条最短的对角线,每个顶点代表一个人,有线段相连的顶点表示相应两人相互认识. 不难验证:其中任何 6 个人中都有 3 个人两两彼此认识,但是却找不出 4 人两两彼此认识.

7. 设棋盘上有 k 个棋子,用 k 个点表示这 k 个放棋子的格子,当且仅当两格相邻(当两格有公共边时称为相邻)时对应的两点连一条线,从而得到一个 k 阶图 G,由题给条件(2)知,图 G 是连通图. 用另外 $n^2 - k$ 个点表示没有放棋子的格子,组成图 T. 对点 $A \in G$,点 $B \in T$,当且仅当点 A 和点 B 对应的棋盘上的两个方格相邻时,AB 连线. 设 G 与 T 间连线的条数为 s,下面从两方面估计 s.

4 图论方法

一方面,G 中任一点的度数 $\leqslant 4$,且令 $d(G)$ 为图 G 中各顶点的度数和. 对 G 中任意一条边,它在 $d(G)$ 中算了 2 次;而 G、T 间的连线在 $d(G)$ 中算了 1 次;又由于 G 为 k 阶连通图,故图 G 中至少有 $k-1$ 条边,$4k \geqslant d(G) \geqslant 2(k-1)+s, s \leqslant 2k+2$. 另一方面,由题给条件(1),图 T 中任意一点至少向图 G 发出一条边,故 $s \geqslant n^2 - k$. 所以 $2k+2 \geqslant 2 \geqslant s \geqslant n^2 - k$,从而 $k \geqslant \dfrac{1}{3}(n^2 - 2)$.

8. $n_{\min} = 4$. 首先,$n = 4$ 合乎要求. 实际上,令 $A = \{1,4,10,13,28,31,37,40\}$,$B = \{2,3,11,12,29,30,38,39\}$,$C = \{5,6,7,8,9,32,33,34,35,36\}$,$D = \{14,15,\cdots,27\}$,则 $M = A \cup B \cup C \cup D$ 合乎要求.

其次,若 $M = A \cup B \cup C$,作一个 K_{41},其顶点为 $A_0, A_1, A_2, \cdots, A_{40}$,则对任意的 $0 \leqslant i < j \leqslant 40, i-j \in M$. 对 K_{41} 的边 3-染色,对于任意一边 $A_i A_j (i < j)$,若 $j - i \in A$,则边 $A_i A_j$ 染 1 色,若 $j - i \in B$,则边 $A_i A_j$ 染 2 色,若 $j - i \in C$,则边 $A_i A_j$ 染 3 色,这样,得到一个 3 色的 K_{41},必有同色三角形(因为 3 色的 K_{17} 有同色三角形),不妨设 $A_p A_q A_r (p < q < r)$ 是 1 色的三角形,于是 $q - p$、$r - q$、$r - p \in A$,但 $r - p = (r - q) + (q - p)$,矛盾. 所以 $n \neq 3$. 同理,$n \neq 2, 1$,故 $n_{\min} = 4$.

9. 用 $m \times n$ 棋盘的方格表示题中的 mn 个有序数对 (i, j) $(1 \leqslant i \leqslant m, 1 \leqslant j \leqslant n, i, j \in \mathbf{N})$,其中第 i 行第 j 列的格表示有序数对 (i, j). 这样,问题转化为:$m \times n$ 棋盘上的一只卒,按其行走规则(每次从一个格走到与此格有公共边的一个格),能否从某个方格出发经过每个方格各一次又回到出发点? 也就是说,$m \times n$ 棋盘中是否存在卒的哈氏圈?

(1) 若 mn 为奇数,则共有奇数个格,从而有奇数条边. 由于哈氏圈从一点出发回到出发点,从而圈中有偶数条横向边,偶数条纵向边.因而有偶数条边,矛盾.所以 mn 为奇数时,$m \times n$ 棋盘不存在卒的哈氏圈.

(2)若 mn 为偶数,我们证明 $m \times n$ 棋盘存在卒的哈氏圈.实际上,当 m、n 中有一个为 2 时,结论显然成立.设 m、$n > 2$,不妨设 m 为偶数,则存在哈氏圈(图 4.33).

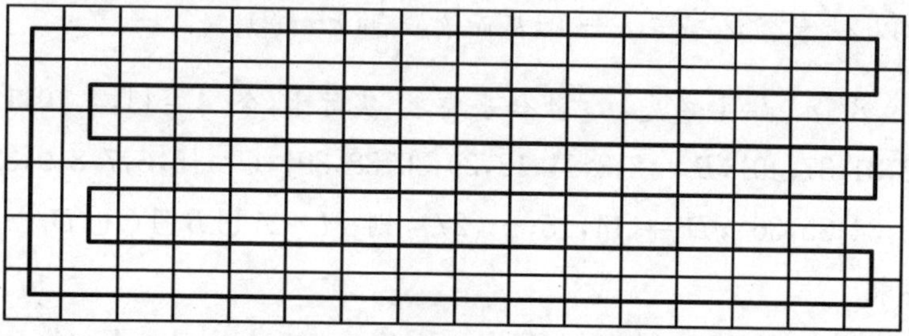

图 4.33

10. 解法 1 用 n 个点 $x_1, x_2, \cdots, x_n$ 表示 n 个行,用 n 个点 $y_1, y_2, \cdots, y_n$ 表示 n 个列,当格 a_{ij} 是棋盘中选定的格时,将 x_i 与 y_j 连线,得到一个二部分图 G(因为 G 的每个顶点的度为 2),于是 G 是一个圈或若干个圈的并.显然,表中同行(列)中的两个格等价于图中相邻的两条边.易知,二部分图中的圈含偶数条边(是因从 x 中的点出发又回到 x 中的点),从而可以将此圈的边染色,使相邻的边异色.染好各个圈后,共得到有 n 条红色边,n 条蓝色边的图 G.

对于上述染色了的图 G,若边 $x_i y_j$ 为红色,则将格 a_{ij} 染红色,若边 $x_i y_j$ 为蓝色,则将格 a_{ij} 染蓝色,这样共得到 n 个红格,n 个蓝格.由于 G 中相邻两边异色,即 G 的每个顶点引出去的边都异色,这表明棋盘中同一行同一列的格都异色.例如,点 x_i 引出两条异色的边 $x_i y_j$、$x_i y_k$,则第 i 行的两格 a_{ij}、a_{ik} 异色,命题获证.

解法 2 用点表示取定的格,当且仅当两个取定的格同行或同列时,将它们用一条边联结,得到一个简单图 G.依题意,每个顶点的度为 2,于是 G 是一个圈或若干个互不相交的圈的并.对于每一个圈,若 A 是圈上的点,则与 A 同行的点 B 也是圈上的点,从而每个圈都有偶数个点.于是,对每个圈上的点染色,使相邻的点不同色即可,命题获证.

解法 3 任取一个点染红色,沿行前进达到的一个点染蓝色,再沿列前进达到的一个点染红色.如此下去,每个沿行前进达到的点染蓝色,沿列前进达到的一个点染红色,直至不能染色为止,设最后染色的一个点为 A.

(1) 若染 A 是沿行前进的,则 A 是蓝色.因为 A 是最后染色的,不能再沿列前进,说明 A 同列有一个点 B 被染色,又该列只有 2 个点,从而 B 染色之后一定是沿行前进(B 在 A 之前染色)染一个蓝点 C,于是 B 为红色(图 4.34),由此可见,已染色的点所在行与列都是两个异色点.

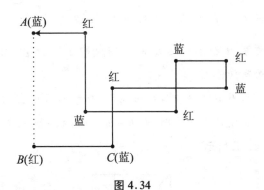

图 4.34

(2) 若染 A 是沿列前进的,同样可知,已染色的点所在行与列都是两个异色点.如果所有点被染色,则结论成立.如果还有点未被染色,再继续上述过程,直至所有点都被染色即可.综上所述,命题获证.

11. 本题的实质是,任何竞赛图中都有一条哈氏路.对 n 归纳,

设结论对 $n-1$ 成立,考察 n 的情形. 取 $n-1$ 个点构成子图,由归纳假设,存在一条哈氏路: $A_1 \to A_2 \to A_3 \to \cdots \to A_{n-1}$. 考察点 A_n,如果有 $A_n \to A_1$ 或 $A_{n-1} \to A_n$,则上述路可以在 A_1 前加上 A_n,或在 A_{n-1} 后加上 A_n,得到 n 个点的哈氏路,结论成立. 如果有 $A_1 \to A_n$ 且 $A_n \to A_{n-1}$,那么考察各个点与 A_n 的指向,由"2 色链"的性质,必存在点 A_k,使 $A_k \to A_n \to A_{k+1}$(实际上,k 是满足 $A_k \to A_n$ 的最大下标). 这样,$A_1 \to A_2 \to \cdots \to A_k \to A_n \to A_{k+1} \to A_{k+2} \to \cdots \to A_{n-1}$ 是 n 个点的哈氏路,矛盾.

12. 本题的实质是,若 n 阶完全图 K_n 可对边适当染 n 色,使之无同色圈,求 n 的最大值. 先考虑什么情况下必有同色圈. 注意,图 G 中存在圈的一个充分条件是 $\|G\| \geq |G| = n$,于是有同色圈的一个充分条件是同色边数不少于 $|G| = n$,由此可发现 n 的最大值为 $2k$,$C_n^2 \leq k(n-1)$,于是 $n \leq 2k$.

或者,当 $n \geq 2k+1$ 时,将 G 染 k 色,至少有 $\dfrac{C_{2k+1}^2}{k} = 2k+1 = n$ 条边同色,考察 n 个点和这 n 条边构成的子图 G',由于 $\|G'\| \geq n = |G'|$,必有同色圈.

另一方面,当 $n = 2k$ 时,利用循环构造法,可适当对 $2k$ 阶完全图的边染 k 色,使之无同色圈. 当 $k = 2, 3$ 时,4、6 阶完全图的染色如图 4.35、图 4.36 所示.

图 4.35

一般地,对 $2k$ 阶完全图,取正 $2k$ 边形 $A_1 A_2 \cdots A_{2k}$,用 1 色染折线 $A_1 A_{2k} A_2 A_{2k-1} \cdots A_k A_{k+1}$,将正 $2k$ 边形的各个顶点绕中心按逆

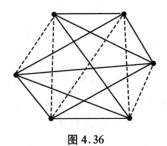

图 4.36

时针方向旋转 $\frac{(i-1)\pi}{k}$，上述折线旋转后得到的折线染第 i 色（$2 \leqslant i \leqslant k$），则此染色合乎条件（图 4.37）.

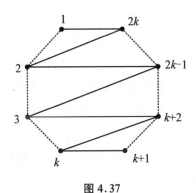

图 4.37

实际上，染第 1 色的边 $A_i A_j$ 满足 $i+j \equiv 1$ 或 $2 \pmod{n}$，又每次旋转，相当于将各顶点的下标增加 1，从而染第 2 色的边 $A_i A_j$ 满足 $i+j \equiv 3$ 或 $4 \pmod{n}$，…，染第 $\frac{n}{2}$ 色的边 $A_i A_j$ 满足 $i+j \equiv n-1$ 或 $n \pmod{n}$，从而颜色不同的边互不重合，所以每种颜色的边都有 $n-1$ 条，且构成长为 $n-1$ 的链.

13. 不可能. 注意题中操作的一个显著特点，除添加一个白色棋子外，还多一个步骤：将有关棋子改变成相反的颜色，从而要估计每个棋子在操作过程中改变颜色的次数. 显然，棋子 A 改变颜色的次数,就是 A 放入棋盘时与其相邻的空格数(每个空格放棋时 A 都要改变一次颜色),称为该格的"度",下面改用图论语言进行叙述.每当某个格 M 放入一个黑色子,就将此格中心与相邻空格的中心连线段.记棋盘的右上方方格为 G,若格 M 放入白色棋子时不与它的邻格 $N(N\neq G)$ 相连,则表明格 N 已放有棋子.根据规则,N 放子时已与 M 连了线段.这样,如果棋盘的每个格都放有白色棋子,则除 G 外,任何两个相邻格都已连了一条线段.于是,共连了奇数条线段(实际上,先想象 G 也连了 3 条线段,则共连了偶数条线段,这是因为中间的每个格的度是 8,而角上的格有 4 个,边界上同一类的格都有 4 个,从而各个点的度的和为 4 的倍数,所以线段条数为 2 的倍数,去掉 G 连的 3 条线段,还有奇数条线段).由此可见,必有某个时刻,当格 M 放入一个白色棋子时,它连了奇数条线段,这表明在 M 中放棋子时,M 有奇数个相邻的空格,设为 $r(r$ 为奇数)个相邻的空格.而以后 M 的每个相邻的空格都要放棋子,于是 M 要改变 $r(r$ 为奇数)次颜色,这样,M 中放的棋子最终变为黑色,所以棋盘不可能每个格都放有白色棋子.

14. 证明 F 中正的元素至少有 $(n+1)$ 个,同理负的元素至少有 $(n+1)$ 个,由此推出 $|F|\geqslant 2n+2$.显然 F 中没有 0,容易证明 F 中既有正数又有负数,设 F 中的正元素分别为 $x_1,x_2,\cdots,x_m$.作一个有向图 $G(V_1,V_2,\cdots,V_m;E)$:对每个 $j(1\leqslant j\leqslant m)$,由条件(1)有 $y,z\in F$ 使得 $0<x_j=y+z$.不妨设 $y>0$.于是可令 $y=x_i$.则在 G 中作一条有向边 $x_j\to x_i$,由 j 的任意性可知 G 中每个顶点的出度为 1,因此 G 中有一个圈 $x_{i1}\to x_{i2}\to\cdots\to x_{i,t-1}\to x_{it}(t\leqslant m)$.由边的作法知分别有 $z_1,z_2,\cdots,z_t\in F$ 使得

$$\begin{cases} x_{i1}=x_{i2}+z_2,\\ x_{i2}=x_{i3}+z_3,\\ \quad\vdots\\ x_{it}=x_{i1}+z_1, \end{cases}$$

求和得 $z_1 + z_2 + \cdots + z_t = 0$. 而 $z_1, z_2, \cdots, z_t \in F$, 故由条件(2)知 $t \geqslant n+1$. 从而 $m \geqslant t \geqslant n+1$. 证毕.

15. 所求 n 的最大值为 8. 用 n 个点表示 n 个人, 当且仅当两人认识, 对应的点连边, 得到 n 阶简单图 G. 首先 $n=8$ 满足要求(图 4.38).

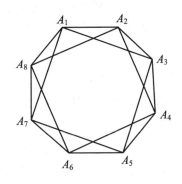

图 4.38

下面证明 $n \leqslant 8$. 为此, 先证明对任何点 A, 其度 $d(A)$ 满足: $d(A) \leqslant 5, d(A) \geqslant n-4$. 实际上, 若 A 至少认识 6 个人, 设为 $B_1, \cdots, B_6$, 由 Ramsey 定理, 这 6 个人中存在 3 个互不相识(这与已知任 3 个人中有 2 个相识矛盾); 或存在 3 个人互相认识, 这时 A 与这 3 个人共 4 人两两互相认识, 亦与已知矛盾. 若某人 A 至多认识 $n-5$ 个人, 则剩下至少 4 个人均与 A 不相识, 从而这 4 个人两两相识, 矛盾. 所以 $n-4 \leqslant d(A) \leqslant 5$, 得 $n \leqslant 9$. 当 $n=9$ 时, 不等式等号成立, 从而对每一个点 A, 有 $d(A) = 5$. 这时 9 个人产生的朋友对(相互认识的对子)的数目为 $\frac{9 \times 5}{2} \notin \mathbf{N}^*$, 矛盾. 由上述可知, 满足要求的 $n \leqslant 8$. 故所求 n 的最大值为 8.

16. k 的最小值为 4. 用点表示电话机, 当且仅当两部电话机有导线联结时, 对应的点之间连线, 得到 20 阶简单图 G. 当 $k=4$ 时,

取 G 中一个最长的圈 C,若 C 中有偶数条边,则用 1、2 色将其边相间染色,若为奇数条边,则将其中一条边染第 3 色,其余的边相间染 1、2 色. 去掉此圈 C 上的所有点及其关联的边(包括未染色的边),再在剩下的图中取最长的圈,如此下去,直至 G 中不再有圈. 然后取 G 中最长的链,对链中的边相间染 1、2 色,如此下去,直至 G 中不再有链,最后 G 中只剩下一些"孤立"的点.

现在,我们来考察那些去掉了的未染色的边,应将其适当染色. 方法如下:去掉了的圈上的点及去掉了的链上非端点的点称为中间点,考察任意一条去掉了的边 AB,则 A、B 中至少有一个是去掉了的某个圈(链)上的点(否则边 AB 未被去掉).

(1) 如果 A、B 都是中间点,将 AB 染第 4 色,则任何 2 条 4 色边没有公共端点(否则,有点引出 4 条边,矛盾),染色可以进行.

(2) 如果 A 不是中间点,则 B 必是中间点,否则 A、B 中必有一个是去掉了的链的端点,加边 AB 得到更长的链,矛盾.

① 如果 $d(A) \leqslant 2$,设 A 引出的边为 AB_1、$\cdots$、AB_i $(i \leqslant 2)$,因为 B_1 是中间点,B_1 只与 1、2、3 中的两种颜色的边相邻,从而边 AB_1 可染 1、2、3 色之中剩下的那种颜色. 而对于 A 引出的另一条边 AB_i(如果 $i=2$ 的话),将边 AB_i 染第 4 色即可(图 4.39).

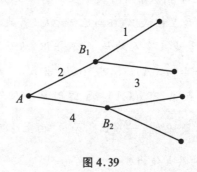

图 4.39

② 如果点 A 处引出了 3 条边,设为 AB_1、AB_2、AB_3.

4 图论方法

Ⅰ B_1、B_2、B_3 中存在两点,设为 B_1、B_2,它们相邻的边的颜色集不同.

因为 B_1、B_2 共与 4 条染色的边相邻,只有 3 种颜色,必有 2 种颜色相同,设为 1 色,于是不妨设 B_1 处已有 1、2 色的边,B_2 处已有 1、3 色的边,此时,可将 AB_1 染第 3 色,AB_2 染第 2 色,AB_3 染第 4 色.

Ⅱ B_1、B_2、B_3 处的颜色都相同,可适当调整圈、链上 3 色的位置,使 B_1、B_2、B_3 处的边都是 1、2 色(图 4.40).

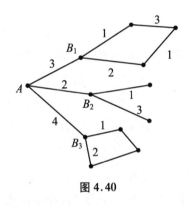

图 4.40

由于圈上至多有一条 3 色的边,从而与 B_1 相邻的 2 条已染色的边中有一条不与 3 色边相邻,此边的颜色可改为第 3 色,再把 AB_1 染上此边原来的颜色(1 色或 2 色).而对于 AB_2、AB_3,分别染第 3、4 色即可.

由上可知,$k = 4$ 合乎条件. 最后,由图 4.41 可知,$k \geqslant 4$.

实际上,反设图 4.43 中只染了 3 色,因为 A_3 引出的 3 条边互不同色,不妨设 A_3A_2 染第 1 色,A_3A_1 染第 2 色,A_3A_4 染第 3 色,由 $\triangle A_1A_2A_3$ 有 A_1A_2 染第 3 色,由 $\triangle A_2A_3A_4$ 有 A_2A_4 染第 2 色,由点 A_1 有 A_1A_5 染 1 色,由点 A_4 有 A_5A_4 染 1 色,这样点 A_5 处引出了两条 1 色的边,矛盾.

17. 设 S_i 是染第 i 种颜色的小路的条数,我们要找到一种染色方

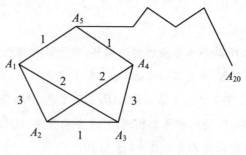

图 4.41

法，使 $S_1 = S_2 = \cdots = S_m = n$，为此，定义 $|S_1 - n| + |S_2 - n| + \cdots + |S_m - n|$ 为染色方法中颜色的偏差，则合乎要求的就是偏差为 0 的染色．在所有（只有有限种染色方法）染色方法中，设 P 是颜色偏差最小的一种染色方法，我们证明 P 中颜色的偏差为 0（偏差的最小值为 0）．

反设在 P 中存在 $S_i > n$，但 $S_1 + S_2 + \cdots + S_m = mn$，所以存在 $S_j < n$，考察所有染第 i 色、第 j 色的小路，由于每块草坪至多引出这样的小路各一条，将所有草坪看作点，小路看作边，所有染第 i 色、第 j 色的边可分成若干"最大的"连通子图，每个连通子图都是二色链，相邻的边异色，从而每条链上两色边数至多相差 1．但 $S_i > S_j$，至少有一条链，其中的 i 色边比 j 色边多 1 条，将其中的 i、j 色互换，仍是合乎条件的染色（同色边不相邻），否则只能是该链端点处的一条边与不属于该链的一条相邻边同色，所以该链改变颜色时，这两条边异色，所以该异色链可以更长，与"最大的"连通子图矛盾．注意到 S_i 减少 1，S_j 增加 1，于是

$$\begin{aligned}
|S_i - 1 - n| + |S_j + 1 - n| &= S_i - 1 - n + |S_j + 1 - n| \\
&= |S_i - n| + |S_j + 1 - n| - 1 \\
&= |S_i - n| + (|S_j + 1 - n| - |1|) \\
&< |S_i - n| + (S_j + 1 - n) - 1 \\
&= |S_i - n| + |S_j - n|.
\end{aligned}$$

4 图论方法

其中利用了不等式 $||a|-|b||\leqslant|a-b|$（等号当且仅当 a、b 异号或 $b=0$ 时成立），此处利用了它的严格不等式形式. 于是交换后的染色方法中颜色的偏差小于交换前染色方法中颜色的偏差，与 P 的最小性矛盾.

18. 用 n 个点表示 n 个演员，若某 2 个演员有一次同台表演则将对应的点连边，那么本题的条件等价于：能将 n 阶完全图 K_n 分割为若干个 p 阶完全图 K_p，使每一条边都恰属于一个 K_p. 显然，$C_p^2|C_n^2$，即 $p(p-1)|n(n-1)$. 其次，考察含点 A（以为顶点）的边，共有 $n-1$ 条，每条边都恰属于一个 K_p，从而共有 $n-1$ 个含点 A（以为顶点）的 K_p. 但每个含点 A 的 K_p 都有 $p-1$ 条含点 A 的边，从而每个 K_p 都被计算 $p-1$ 次，于是，$p-1|n-1$. 令 $n-1=k(p-1)$，则 $n=k(p-1)+1$，$n(n-1)=[k(p-1)+1]\cdot k(p-1)=k^2(p-1)^2+k(p-1)=k^2(p^2-2p)+kp+k(k-1)$，但 $p|n(n-1)$，所以 $p|k(k-1)$. 又 p 是质数的幂，所以 $p|k$ 或 $p|k-1$，从而 $k\geqslant p$，于是，$n=k(p-1)+1\geqslant p(p-1)+1$.

当 $n=p(p-1)+1$ 时，将 $p(p-1)+1$ 个点用 $A_0,A_1,A_2,\cdots,A_{p(p-1)}$ 表示，不妨设这些点均匀分布在圆周上. 对于边 A_iA_j（$0\leqslant i<j\leqslant p(p-1)$），如果它所对的劣弧上有 $t-1$ 个点，则称 A_iA_j 是 t 级边. 显然，$t\leqslant\dfrac{p(p-1)}{2}$. 我们证明：当 $p=3,4,5$ 时，可以找到 $K_{p(p-1)+1}$ 的 p 个顶点，使它们两两连的边的级别互不相同.

当 $p=3$ 时，选取 K_7 的 3 个顶点：A_0、A_1、A_3，它们包含了 1、2、3 级边.

当 $p=4$ 时，选取 K_{13} 的 4 个顶点：A_0、A_2、A_3、A_7，它们包含了 1、2、$\cdots$、6 级边.

当 $p=5$ 时，选取 K_{21} 的 5 个顶点：A_0、A_3、A_4、A_9、A_{11}，它们包含了 1、2、$\cdots$、10 级边. 因为 $K_{p(p-1)+1}$ 的 t（$1\leqslant t\leqslant\dfrac{p(p-1)}{2}$）级边都

有 $p(p-1)+1$ 条(由其中一条旋转 $p(p-1)$ 次),于是将选定的 $K_{p(p-1)+1}$ 旋转 $p(p-1)$ 次,则得到的 $p(p-1)+1$ 个 K_p 是合乎条件的分割.

19. 首先,当 $n \leqslant 90$ 时,设 AB 是圆 O 的直径,在点 A 和 B 的附近分别取 s、t($s \leqslant 45$,$t \leqslant 45$,$s+t=n$)个点,此时,最多有 $2C_{45}^2 = 45 \times 44 = 1\,980$ 个角不超过 $120°$,所以 n 不满足题意.

当 $n=91$ 时,我们证明至少有 $2\,011$ 个角不超过 $120°$.把圆周上的 91 个点 A_1、A_2、$\cdots$、A_{91} 看作一个图的 91 个顶点 v_1、v_2、$\cdots$、v_{91},若 $\angle A_i O A_j > 120°$,则在它们对应的顶点 v_i、v_j 之间连一条边,这样就得到一个图 G.设图 G 中有 e 条边,易知图中没有三角形.若 $e=0$,则有 $C_{91}^2 = 4\,095 > 2\,011$ 个角不超过 $120°$,命题得证.若 $e \geqslant 1$,不妨设顶点 v_1、v_2 之间有边相连,因为图中没有三角形,所以对于顶点 $v_i (i=3,4,\cdots,91)$,它至多与 v_1、v_2 中的一个有边相连,所以 $d(v_1)+d(v_2) \leqslant 89+2=91$,其中 $d(v)$ 表示顶点 v 的度,即顶点 v 处引出的边数.因为 $d(v_1)+d(v_2)+\cdots+d(v_{91})=2e$,而对于图 G 中的每一条边的两个顶点 v_i、v_j,都有 $d(v_i)+d(v_j) \leqslant 91$,于是,上式对每一条边求和可得

$$(d(v_1))^2 + (d(v_2))^2 + \cdots + (d(v_{91}))^2 \leqslant 91e,$$

由柯西不等式,有

$$91[(d(v_1))^2 + (d(v_2))^2 + \cdots + (d(v_{91}))^2]$$
$$\geqslant [d(v_1) + d(v_2) + \cdots + d(v_{91})]^2 = 4e^2,$$

所以

$$\frac{4e^2}{91} \leqslant (d(v_1))^2 + (d(v_2))^2 + \cdots + (d(v_{91}))^2 \leqslant 91e,$$

故

$$e \leqslant \frac{91^2}{4} < 2\,071,$$

所以 91 个顶点中至少有 $C_{91}^2 - 2\,071 = 2\,024 > 2\,011$ 个点对,它们之

间没有边相连,从而它们对应的顶点所对应的角不超过 $120°$. 综上所述,n 的最小值为 91.

20. 用 12 个点表示 12 个人,对任意 2 点,当且仅当它们对应的人不认识时连一条边,得到一个简单图 G. 若 G 中无奇圈,则 G 是二部图,其必有一部分的顶点数不少于 6. 由于这部分中的点"互不相邻",从中任取 6 点即可. 下设 G 中有奇圈,且最小的奇圈长为 d,以下分别对 $d=3,5,7,9,11$ 进行讨论.

(1) $d=3$. 设 A、B、C 互不相识,若另 9 人两两相识,则任取 6 人便两两相识,合乎要求,否则设有 D、$E(\neq A,B,C)$ 不认识. 考虑除 A、B、C、D、E 外的"七人组". 这 7 人组中任 4 个人加上 A、B、C、D、E 这 5 个人中总有 5 人两两认识,但后 5 人中至多 2 人"两两相识",则我们得到:此"七人组"中,任 4 人中总有 3 人两两相识. 那么,不可能有两个"连边的人对"没有公共顶点(否则这 4 人没有 3 人两两相识). 于是,若此"七人组"中有 $\geqslant 2$ 个"连边人对",则可设 F 与 G 连边,由"任 4 人中有 3 人两两相识"便知剩下的边都有一个端点为 F,则此"七人组"去掉 F 后的"六人组"两两不连边(两两相识),满足要求. (在"连边人对"数 $\leqslant 1$ 时当然也满足要求.)

(2) $d=5$. 此时设 A、B、C、D、E 依次是一个长为 5 的圈的顶点. 那么,这 5 人中不存在两两相识的三人组. 仍考虑除他(她)们 5 人之外的"七人组",像(1)一样,任 4 人中均有 3 人两两相识,进而完全同(1)可得此"七人组"中的一切边(如果有)有一个公共的端点. 那么,另 6 人满足要求.

(3) $d=7$. 此时设 A、B、C、D、E、F、G 依次是一个长为 7 的圈的顶点. 则取出此 7 人,再任意另取两人,有 5 人两两相识,但这 7 人中至多有 3 人两两相识(在圈上不相邻),于是"另取的两人"一定相识,进而除 $A \sim G$ 外的 5 人两两相识(*). 返回上一段,我们还可进一步把这 5 人形成的任一二人组,对应于 $A \sim G$ 中某三人形成的一个三人组,使这总共5人两两相识.由于前一个"二人组"共有 $C_5^2 = 10$ 个,但后一个"三人组"只有7种({A,C,E},{B,D,F},{C,E,G},{D,F,A},{E,G,B},{B,A,C},{G,B,D})),则必然有两个"二人组"对应的是同一个"三人组",前两个"二人组"总共涉及(除 $A \sim G$ 外的)至少3个人,加上后一个"三人组"的3人形成的≥6人两两相识(注意(*)),结论也能成立.

(4) $d = 9$. 此时这个长为9的圈上的9人中任5人中必有两人在圈上相邻,因而不认识,矛盾.

(5) $d = 11$. 设另一人为 A,则当 A 不认识圈上至少2人时,圈上任两个不认识 A 的人在圈上的距离必须为2,否则形成更短的奇圈.这样 A 就至多不认识圈上两人.设圈上除 A、B 外 A 都认识,则将圈上的人(他们在圈上依次为 B、C、D、E、F、G、H、I、J、K、L)按另一顺序 BDFHJLCEGIK 连成圈.这圈上必有5个连续的人,不妨设为 B、D、F、H、J,严格地在 A、B 之间(注意原圈上不相邻的人,如 B 和 D,一定认识,否则形成更短的奇圈),则 A、B、D、F、H、J 便是两两相识的6个人.

综上所述,本题结论成立.

21. 用 $0,1,2,\cdots,n$ 作为 $n+1$ 个顶点,牌 $[a\mid b]$ 用联结 a、b 的边表示,当 $a = b$ 时,用一个环表示,这样便得到一个 $n+1$ 阶的连通图 G(不是简单图,因为有环),G 中共有 $\frac{1}{2}(n+1)(n+2)$ 条边(此图由一个 $n+1$ 阶的完全图和 $n+1$ 个环构成).

(1) 当 n 为偶数时,每个顶点的度都是 n(偶数),其中环除外,即不算作度.不考虑环时,由欧拉定理,G 存在闭一笔画,即欧拉圈,此圈加上 $n+1$ 个环,仍为欧拉圈,此即长为 $\frac{1}{2}(n+1)(n+2)$ 的闭链,结论成立.

(2) 当 n 为奇数时,去掉任何一条闭链后,由于 $n+1$ 阶完全图

每个顶点的度为 n(奇数),去掉一条闭链,每个顶点的度减少一个偶数,仍为奇数,于是每个顶点至少还引出一条非环的边,从而不在闭链上的边数不少于 $\frac{1}{2}(n+1)$,即闭链中的边数不多于 $\frac{1}{2}(n+1)(n+2) - \frac{1}{2}(n+1) = \frac{1}{2}(n+1)^2$.

22. 设 $a_1, a_2, \cdots, a_{2006}$ 中所有不同的数为 $b_1, b_2, \cdots, b_r$. 考察集合 $S = \left\{ \frac{b_i}{b_j} \mid 1 \leqslant i, j \leqslant r \right\}$,对 $|S|$ 算两次. 一方面,由于 2 005 个不同的数 $\frac{a_{i+1}}{a_i}(i = 1, 2, \cdots, 2\,005)$ 都属于集合 S,所以 $|S| \geqslant 2\,005$. 另一方面,$S = \{1\} \cup \left\{ \frac{b_i}{b_j} \mid 1 \leqslant i \neq j \leqslant r \right\}$,所以 $|S| \leqslant 1 + 2C_r^2$. 因此,$1 + 2C_r^2 \geqslant 2\,005$,$r \geqslant 46$.

当 $r = 46$ 时,我们指出,46 阶完全图 K_{46} 在去掉一个 23-匹配(23 条两两没有公共顶点的边)后可以一笔画. 实际上,设 K_{46} 顶点为 $1, 2, \cdots, 46$,则去掉边 $(1, 2)、(3, 4)、\cdots、(45, 46)$ 后的图 G 中,每个顶点的度都为 44,故是可以一笔画的圈. 设 G 的一笔画路径为 $j_1 j_2 \cdots j_t j_1$,其中 t 为 G 的边数,$t = C_{46}^2 - 23 = 1\,012$. 记 $b_m = 2^{2^m}$,取 $a_1 = b_{j_1}$,$a_2 = b_{j_2}, \cdots, a_t = b_{j_t}, a_{t+1} = b_{j_1}, a_{t+2} = b_{j_2}, \cdots, a_{2t} = b_{j_t}, a_{2t+1} = b_{j_1}$,我们证明 $a_1, a_2, \cdots, a_{2006}$(注意 $2t + 1 = 2\,025 > 2\,006$)满足要求. 实际上,诸 a_i 中显然恰有 46 个不同的数(因为 $j_1, j_2, \cdots, j_t$ 跑遍了 K_{46} 的 46 个顶点 $1, 2, \cdots, 46$);而对 $1 \leqslant s \leqslant 2t$,如果 $a_s = b_u$,$a_{s+1} = b_v$,则将 s 与 G 中从 u 到 v 的有向边 (u, v) 相对应. 反设存在 $s \neq s'$,使 $\frac{a_{s+1}}{a_s} = \frac{a_{s'+1}}{a_{s'}}$,设 s 对应有向边 (u, v),而 s' 对应有向边 (u', v'),则有 $2^{2^v - 2^u} = 2^{2^{v'} - 2^{u'}}$,故 $2^v - 2^u = 2^{v'} - 2^{u'}$,由二进制表示知 $u = u'$,$v = v'$. 因此 s, s' 对应同一条边,方向也相同. 但 $1, 2, \cdots, 2t$ 对应的有向边分别为 $(j_1, j_2)、(j_2, j_3)、\cdots、(j_t, j_1)、(j_1, j_2)、\cdots、(j_3, j_2)$,

(j_2,j_1),由一笔画定义知这些有向边互不相同,矛盾. 所以 $\dfrac{a_{i+1}}{a_i}$($i=1,2,\cdots,2\,005$)两两不同,从而这些数满足要求. 综上所述,a_1, $a_2,\cdots,a_{2\,006}$中最少有 46 个不同的数.

下面的解答更为直截了当. 由于 45 个互不相同的正整数两两比值至多有 $45\times 44+1=1\,981$ 个,故 $a_1,a_2,\cdots,a_{2\,006}$ 中互不相同的数大于 45. 最后构造一个例子,说明 46 是可以取到的. 设 $p_1,p_2,\cdots$, p_{46} 为 46 个互不相同的素数,构造 $a_1,a_2,\cdots,a_{2\,006}$ 如下:

$p_1,p_1,p_2,p_1,p_3,p_2,p_3,p_1,p_4,p_3,p_4,p_2,p_4,p_1,\cdots$,

$p_1,p_k,p_{k-1},p_k,p_{k-2},p_k,\cdots,p_k,p_2,p_k,p_1,\cdots$,

$p_1,p_{45},p_{44},p_{45},p_{43},p_{45},\cdots,p_{45},p_2,p_{45},p_1$,

$p_{46},p_{45},p_{46},p_{44},p_{46},\cdots,p_{46},p_2,p_{46}$,

这 2 006 个正整数满足要求. 所以 $a_1,a_2,\cdots,a_{2\,006}$ 中最少有 46 个互不相同的数.

中国科学技术大学出版社中学数学用书

高中数学竞赛教程/严镇军　单墫　苏淳　等
中外数学竞赛/李炯生　王新茂　等
第51—76届莫斯科数学奥林匹克/苏淳　申强
全国历届数学高考题解集/张运筹　侯立勋
中学数学潜能开发/蒋文彬
名牌大学学科营与自主招生考试绿卡·数学真题篇/李广明　张剑
重点大学自主招生数学备考用书/甘志国

同中学生谈排列组合/苏淳
趣味的图论问题/单墫
有趣的染色方法/苏淳
组合恒等式/史济怀
集合/冯惠愚
不定方程/单墫　余红兵
概率与期望/单墫
组合几何/单墫
算两次/单墫
几何不等式/单墫
解析几何的技巧/单墫
构造法解题/余红兵
重要不等式/蔡玉书
高等学校过渡教材读本:数学/谢盛刚
有趣的差分方程(第2版)/李克正　李克大
抽屉原则/常庚哲
母函数(第2版)/史济怀

从勾股定理谈起(第2版)/盛立人　严镇军
三角恒等式及其应用(第2版)/张运筹
三角不等式及其应用(第2版)/张运筹
反射与反演(第2版)/严镇军
数列与数集/朱尧辰
同中学生谈博弈/盛立人
趣味数学100题/单墫
向量几何/李乔
面积关系帮你解题(第2版)/张景中
磨光变换/常庚哲
周期数列(第2版)/曹鸿德
微微对偶不等式及其应用(第2版)/张运筹
递推数列/陈泽安
根与系数的关系及其应用(第2版)/毛鸿翔
怎样证明三角恒等式(第2版)/朱尧辰
帮你学几何(第2版)/臧龙光
帮你学集合/张景中
向量、复数与质点/彭翕成
初等数论/王慧兴
漫话数学归纳法(第4版)/苏淳
从特殊性看问题(第4版)/苏淳
凸函数与琴生不等式/黄宣国
国际数学奥林匹克240真题巧解/张运筹
Fibonacci数列/肖果能
数学奥林匹克中的智巧/田廷彦
极值问题的初等解法/朱尧辰
巧用抽屉原理/冯跃峰

学数学.第1卷/李潜
学数学.第2卷/李潜
学数学.第3卷/李潜